O livro é a porta que
se abre para a realização do homem.

Jair Lot Vieira

Heródoto

HISTÓRIAS

Livro IV - Melpômene

Tradução, introdução e notas
Maria Aparecida de Oliveira Silva

Graduada em História. Mestre em História Econômica e Doutora em História Social (USP)
Pós-Doutora em Estudos Literários (UNESP)
Pós-Doutora em Letras Clássicas (USP)

edipro

Grafia conforme o novo Acordo Ortográfico da Língua Portuguesa.

1ª edição 2019.

Editores: Jair Lot Vieira e Maíra Lot Vieira Micales
Coordenação editorial: Fernanda Godoy Tarcinalli
Tradução, introdução e notas: Maria Aparecida de Oliveira Silva
Revisão: Marcia Men
Diagramação: Karina Tenório
Capa: Marcela Badolatto | Studio Mandragora
Imagem da capa: Melpômene, por Johann Heinrich Tischbein, 1771

Dados Internacionais de Catalogação na Publicação (CIP)
(Câmara Brasileira do Livro, SP, Brasil)

Heródoto

Histórias : livro IV : Melpômene / Heródoto ; tradução, introdução e notas Maria Aparecida de Oliveira Silva. – São Paulo : Edipro, 2019.

Título original: ΜΕΛΠΟΜΕΝΗ.
Bibliografia.
ISBN 978-85-521-0089-8

1. História antiga 2. Grécia - História I. Silva, Maria Aparecida de Oliveira II. Título.

19-29215 CDD-930

Índice para catálogo sistemático:
1. História antiga : 930

Maria Alice Ferreira - Bibliotecária - CRB-8/7964

EDITORA AFILIADA

edipro

São Paulo: (11) 3107-4788 • Bauru: (14) 3234-4121
www.edipro.com.br • edipro@edipro.com.br
@editoraedipro @editoraedipro

Sumário

Introdução ao Livro IV - Melpômene 6

Livro IV 38

Referências bibliográficas 182

Índice onomástico 186

Introdução ao Livro IV - Melpômene

I. O trágico na escrita de Heródoto

Heródoto nos traz a Cítia como temática principal neste *Livro IV – Melpômene*, constituindo-se na maior e mais detalhada narrativa conhecida sobre o povo cita, de uma extensão tal que somente os egípcios, no *Livro II – Euterpe*, superam o relato dos citas em número de páginas. Como veremos mais adiante, a comparação entre o Egito e a Cítia aparece em diversos momentos de sua narrativa. O relato herodotiano sobre os citas se inicia com a expedição militar organizada por Dario mais ou menos em 512 a.C.[1], que tem o objetivo de vingar-se da invasão da Média feita pelos citas, como lemos no trecho que se segue:

> E depois da captura da Babilônia, ocorreu uma marcha do próprio Dario contra os citas. Quando a Ásia florescia com seus homens e reunia grandiosas riquezas, Dario desejou que os citas pagassem sua pena, porque antes eles cometeram a ofensa de invadir a Média e de vencer em batalha os seus oponentes. Pois os citas comandaram na parte alta da Ásia, como também já foi dito antes por mim, durante vinte e oito anos. Pois eles invadiram a Ásia em perseguição aos cimérios, e colocaram fim ao poder dos medos; estes, antes dos citas chegarem, comandavam a Ásia. (Heródoto, *Histórias*, IV, 1)

Desse modo, o Livro IV trata das campanhas militares de Dario e da descrição dos povos que compunham os citas e de seus territórios, sem perder de vista o relato etnográfico, marcante nos livros anteriores. Convém salientar o diálogo que Heródoto estabelece entre os seus livros ao antecipar acontecimentos que serão narrados nos livros seguintes, principalmente os apresentados em seu primeiro livro. Por exemplo, quando Heródoto afirma: "pois os citas comandaram na parte alta da Ásia, como também já foi dito antes por mim, durante vinte e

1. Sobre o debate acerca da datação da expedição militar de Dario contra os citas, consultar: Jack Martin Balcer, "The Date of Herodotus IV.1 Darius' Scythian Expedition", *Harvard Studies in Classical Philology*, v. 76, 1972, p. 99 132.

oito anos" (Τῆς γὰρ ἄνω Ἀσίης ἦρξαν, ὡς καὶ πρότερόν μοι εἴρηται, Σκύθαι ἔτεα δυῶν δέοντα τριήκοντα), faz menção a este registro:

> Os citas comandaram na Ásia por vinte e oito anos, e tudo o que eles tinham era destruído pela violência e pelo descaso. Em particular, porque cobravam tributos de cada um deles que ultrapassavam uns aos outros. Além do tributo, saqueavam o que cada um tinha enquanto cavalgavam pela região. E Ciaxares e os medos convidaram a maioria deles para uma festa, quando eles estavam embriagados, eles os massacraram, e assim os medos recuperaram o seu poder, dominaram também os povos de antes, capturaram a cidade de Nino (como eles a capturaram, mostrei em outras histórias[2]) e tornaram os assírios os seus comandados, exceto a parte que pertencia à Babilônia. (Heródoto, *Histórias*, I, 106)[3]

O prólogo de Heródoto é comparado ao de Homero por Hartog, visto que ambos registram uma característica da poesia épica, que é apresentar a matéria e a fonte de suas informações.[4] Mais adiante, o autor resume muito bem a intersecção entre tragédia e história em Heródoto:

> A tragédia não se encontra na origem da história, mas simplesmente tragédias desse tipo criam um campo de aceitação, no qual se torna possível, para qualquer um, contar para seus contemporâneos as guerras entre gregos

2. Heródoto escreveu uma obra intitulada *Histórias assírias*, citada por ele no Capítulo 184 deste livro. Há outra referência a essa obra em Aristóteles, *Da história dos animais*, VIII, mas esse escrito herodotiano não perdurou até os nossos dias.

3. Heródoto. *Histórias. Livro I – Clio*. Tradução, introdução e notas de Maria Aparecida de Oliveira Silva. São Paulo: Edipro, 2015.

4. François Hartog. *O espelho de Heródoto:* ensaio sobre a representação do outro. Tradução de Jacyntho Lins Brandão. Belo Horizonte: EDUFMG, 1999. p. 286.

> e bárbaros. E os principais atores do drama podem, portanto, ser heróis trágicos. (Hartog, 1999, p. 337)[5]

Assim, o primeiro livro de *Histórias* também atua como matriz em que a construção narrativa de Heródoto remete a um estilo marcado pelo uso da técnica de *ring-composition* ou "composição anelar" em um formato minimalista[6]. Em razão disso, Heródoto retoma uma história brevemente contada para desenvolvê-la com mais vagar em outro livro, tal um trágico retira seu enredo de uma composição homérica. Convém notar que o recurso da composição anelar já se encontra bem desenvolvido em Homero.

A escrita de Heródoto representa um novo modo de ver o mundo, por sua narrativa original em prosa e por trazer aos seus ouvintes/leitores diversas anedotas, fábulas, contos, mitos e histórias dos mais diversos povos da Antiguidade. As descrições e as interpretações do que foi visto e ouvido por Heródoto desenham um mundo muito além da Hélade, ampliado pela curiosidade que o levou a investigar e elaborar relatos originais de territórios conhecidos e desconhecidos até então. Dentro deste cenário, a diversidade étnica e cultural dos povos que visitou, ou sobre os quais buscou se informar, coloriu o relato herodotiano como um arco-íris que nos encanta pela independência e pela combinação de suas cores, e a ausência de uma delas desfaz seu encanto. Os matizes de seus relatos levam o ouvinte/leitor a momentos que remetem a diferentes gêneros literários, dentre os quais destacamos o trágico.

Heródoto, como os trágicos, retirou sua matéria da poesia épica. Não por acaso tem como tema principal uma grande guerra que se apresenta em diferentes etapas, tal a Guerra de Tróia. Se antes os helenos lutaram durante dez anos para conquistar um grande reino, em sua época lutaram durante dez anos, ainda que com interrupções, para que não fossem conquistados pelo grande Império Persa. Nosso

---

5. François Hartog. *Op. cit.*

6. Lisa Irene Hau. "Herodotus". In: HAU, Lisa Irene (Ed.). *Moral history from Herodotus to Diodorus Siculus*. Edinburgh: Edinburgh University Press, 2016. p. 174.

historiador, como Homero, descreve traços marcantes da cultura de cada povo visitado, preocupando-se ainda em desenhar com palavras mapas do território que ocupavam para relacioná-lo à sua história e aos seus hábitos e costumes. As histórias de Heródoto também são explicadas pela ação divina, por meio de presságios, sonhos, oráculos e outros, com uma percepção dos fatos que não se distancia muito da homérica, matriz de todas as composições trágicas.

Heródoto conhece a tradição poética da Hélade, demonstra conhecimento das tragédias e interpreta suas histórias por meio de um olhar trágico que interpreta os acontecimentos por meio da ancestralidade, dos sonhos ambíguos, dos oráculos mal interpretados, da constante presença de Delfos, da prosperidade, da arrogância e da calamidade. Tais formas de interpretação estão contidas na tradição poética helênica de Homero a Píndaro, o que, segundo Herington, demonstra a dependência da tragédia ática na sua visão de causa e efeito dos fatos.[7]

II. A Hélade e os outros

Sob o ponto de vista etnográfico, este Livro IV é um dos mais extensos e detalhistas, somente ultrapassado pelo segundo livro, dedicado aos egípcios. Contudo, como veremos mais adiante, os citas são descritos como bárbaros, por isso destoam dos egípcios. Os citas que Heródoto nos apresenta são um povo que se encaixa no seu conceito de bárbaro: não têm cidades, nem leis, nem campos cultivados. Portanto, os citas são nômades, repetem costumes bizarros de seus antepassados, agem conforme seus instintos, não possuem um espaço físico determinado, um pensamento jurídico, nem mesmo uma fonte permanente de subsistência, leia-se, os frutos da terra, a agricultura:

---

7. Arion Herington, "The poem of Herodotus". *A Journal of Humanities and the Classics*, v. 1, n. 3, 1991, p. 7.

> as mulheres dos citas, porque seus maridos estavam fora por muito tempo, tinham relações sexuais com os escravos. E os citas cegam todos os seus escravos por causa do leite[8] que bebem, e o fazem do modo que se segue. Visto que usam canudos, pegam os feitos de ossos, muito semelhantes aos das flautas, e os introduzem na cavidade dos genitais das éguas e sopram com suas bocas, e enquanto uns sopram, outros as ordenham; e contam que eles fazem isso por causa do seguinte: quando as veias da égua recebem o ar, elas ficam cheias e suas tetas jorram o leite. E depois que eles ordenham o leite, eles o vertem em uma vasilha côncava de madeira, e colocam os cegos em volta de cada uma das vasilhas em que batem o leite; e retiram a parte do leite que fica na superfície, que eles acreditam que é a mais valiosa, e depois retiram a outra da parte mais baixa. Por causa disso, os citas cegam todo povo que capturam[9]; pois eles não aram, mas são nômades. (Heródoto, *Histórias*, IV, 1-2)

Na comparação do registro de Heródoto sobre os egípcios feito no segundo livro com os dos citas neste quarto livro, percebemos que os citas não compartilham também do mesmo refinamento e do conhecimento acumulado existentes entre os egípcios, visto que dentre estes havia homens cultos que exerciam o sacerdócio em diversos templos e eram detentores de muitos saberes:

> Ouvi ainda outros acontecimentos em Mênfis, quando fui para os colóquios com esses sacerdotes de Hefesto;

---

8. Há um artigo de West em que a autora discorre sobre o hábito dos citas de beber leite apontado por Heródoto. Consultar: Stephanie West, "Introducing the Scythians: Herodotus on Koumiss (4.2)", *Museum Helveticum*, v. 56, n. 2, 1999, p. 76-86.

9. Sobre este costume cita de cegar os cativos de guerra, O'Neil e Helmbold questionam a lógica dessa ação. Consultar: E. N. O'Neil; W. C. Helmbold, "Herodotus 4.2", *Classical Philology*, v. 47, n. 3, 1952, p. 157-160.

> além disso, quando me dirigi a Tebas[10] e a Heliópolis[11] por conta dessas mesmas informações, queria saber se concordavam com os relatos ouvidos em Mênfis; (Heródoto, *Histórias*, II, 3)[12]

Nosso autor destaca ainda as habilidades astronômicas dos egípcios, que os levaram a descobrir os ciclos dos anos (II, 4), e os seus conhecimentos geométricos, que lhes propiciaram o conhecimento de seu próprio território e o desenvolvimento da geografia entre eles (II, 5). No entanto, o historiador não descreve toda a região do Egito, mas realiza uma descrição geográfica de todo o Vale do rio Nilo, de sua planície, de suas cheias, das condições de navegação desde o mar, passando pelo seu delta, até o seu interior, o que proporciona ao leitor conhecer a geografia e compreender muitos hábitos e costumes dos egípcios, como o de comer peixes, a fabricação do papiro, a ingestão da flor de lótus, entre outros. As origens dos deuses egípcios também são relatadas por Heródoto sob a perspectiva de que os helenos assimilaram seus nomes e cultos. Tal percepção herodotiana é duramente criticada, séculos depois, por Plutarco de Queroneia:

> E que os gregos[13] aprenderam com os egípcios as procissões e os festivais e a venerar os doze deuses; que Melampo aprendeu o nome de Dioniso com os egípcios e o ensinou ao restante dos gregos; que tanto os mistérios como os ritos de Deméter foram trazidos pelas filhas de Dânao do Egito. Também afirma que os egípcios se flagelavam e choravam por um deus que ele prefere não nomear, mas manter-se em silêncio sobre

---

10. Cidade localizada no Antigo Egito, cujo nome atual é Luxor.

11. Cidade do Baixo Egito, Heliópolis, ou Cidade do Sol, Ἡλίου πόλιν (*Hēlíou pólin*), é como os helenos chamavam a cidade egípcia de Iunet Mehet.

12. Heródoto. *Histórias. Livro II – Euterpe*. Tradução, introdução e notas de Maria Aparecida de Oliveira Silva. São Paulo: Edipro, 2016.

13. Utilizamos o termo *gregos*, pois, à época de Plutarco, os helenos já eram chamados dessa forma.

> os assuntos divinos. Com relação a Héracles e Dioniso, quando declara que os egípcios os veneram como deuses antigos e os gregos como homens envelhecidos, de modo algum expõe o mesmo cuidado. E afirma que o Héracles egípcio origina-se da segunda geração dos deuses e que o Dioniso, da terceira, porque têm princípio de gênese e não são eternos. Mas igualmente os declara deuses e crê que se deve fazer-lhes oferendas como aos heróis e mortais, mas não se sacrificar como aos deuses. Isso também foi dito sobre Pan, alterando as devoções e purezas dos assuntos sagrados dos gregos com as imposturas e ficções dos egípcios. (Plutarco, *Da malicia de Heródoto*, 857C-E)[14]

Notamos que "as imposturas e ficções dos egípcios" (ταῖς Αἰγυπτίων ἀλαζονείαις καὶ μυθολογίαις) em Plutarco significam críticas à percepção de Heródoto sobre a religião e a religiosidade dos antigos egípcios e helenos. Plutarco elabora seu discurso para construir a identidade de um povo dominado pelos romanos, cuja identidade se encontra em questionamento por seus dominadores, que os consideram parte do poderoso Império Romano, muitos gozando do direito de cidadania romana, como é o caso de Plutarco. Assim, a necessidade de uma identidade pura, sem a interferência decisiva de outras culturas, serve ao seu propósito de edificar uma imagem favorável da antiga Hélade como criadora e divulgadora de uma cultura própria, não receptora e reprodutora de outras. De sua parte, Heródoto celebra as interações de seu tempo, o conhecimento de novas culturas, a tomada de novos hábitos, de um novo sistema de governo, de um novo cenário literário, todos interagindo com o passado e o seu presente de forma gloriosa.

Afinal, os helenos haviam conquistado Troia e alcançado a gloriosa fama nos poemas do Ciclo Troiano atribuídos a Homero e aos Homéridas, e que, em seu tempo, havia resistido bravamente à invasão dos persas e os vencidos após travar batalhas

14. Plutarco. *Da malícia de Heródoto*. Estudo, tradução e notas de Maria Aparecida de Oliveira Silva. São Paulo: Edusp/Fapesp, 2013.

heroicas. Portanto, ao nosso historiador do século V a.C., no período áureo da Hélade, é motivo de louvor os helenos terem saído pelo mundo em busca de conhecimento e de sabedoria, uma característica do herói Odisseu que é bastante elogiada já por Homero, o educador da Hélade. Então, nosso autor não se acanha ao registrar que:

> De fato, aqueles que dedicam um templo a Zeus Tebano, que são de uma província tebana, esses todos se mantêm longe das ovelhas e sacrificam as cabras (pois, de fato, todos os egípcios não veneram os seus deuses do mesmo modo, exceto Ísis e Osíris, então dizem que ele é Dioniso; e que todos os veneram do mesmo modo); aqueles que possuem um templo de Mendes, ou são da província mendésia, esses se mantêm longe das cabras e sacrificam as ovelhas. Portanto, os tebanos e os egípcios são os que mantêm longe as ovelhas por causa de alguns acontecimentos; dizem que a lei lhes foi estabelecida pelos seguintes motivos: Héracles queria de toda maneira ver Zeus, mas o deus não queria ser visto por ele e, por fim, depois de Héracles ter insistido, Zeus tramou o seguinte: tirou a pele de um carneiro, colocou na sua fronte a cabeça cortada do carneiro, vestiu o tosão e assim se mostrou para ele. Desde então, os egípcios moldam suas estátuas de Zeus com a cabeça de um carneiro, e os amônios o fazem graças aos egípcios e aos que são colonos dos egípcios e etíopes, e que falam uma língua que está entre ambas. Parece-me que também o nome que os amônios têm vem disso, eles o colocaram como o seu epônimo; pois os egípcios chamam Zeus de Ámon. (Heródoto, *Histórias*, II, 42)

O sincretismo religioso em Heródoto é algo digno de menção, para que não caia no esquecimento a cultura desbravadora dos helenos que levaram seus hábitos, costumes e conhecimentos aos povos mais longínquos, tornando-os melhores. No anverso da moeda, os helenos trouxeram outros hábitos, costumes e conhecimentos, os mais úteis, para torná-los melhores, capazes de ter em seu território, na gloriosa Hélade de Heródoto, as artes e as técnicas mais desenvolvidas de todo o mundo habitado. Heródoto mostra que o povo heleno pisou em terras prósperas e conheceu suas riquezas materiais e imateriais, acumulou experiências suficientes para elaborar seu panteão divino, desenvolver sua geometria, aumentar a produtividade de sua agricultura, apurar sua astronomia e desenvolver outras áreas do conhecimento. Os primeiros registros de Heródoto sobre os egípcios destacam o exímio conhecimento dos egípcios em diversos assuntos, sendo os primeiros na invenção de muitos engenhos úteis para a humanidade:

> Quanto aos acontecimentos que dizem respeito aos assuntos humanos, concordando uns com os outros, contavam assim: os egípcios foram os primeiros dentre todos os homens que descobriram a duração do ano, dividindo-o em doze partes, em conformidade com as estações; e costumavam dizer que descobriram isso por causa dos astros. E eles conduzem esse assunto de modo mais sábio que os helenos, parece-me, porque os helenos acrescentam, a cada três anos, um mês para intercalar por causa das estações, mas os egípcios transferem trinta dias para os doze meses e acrescentam cinco dias a cada ano além desse número, eles têm o ciclo das estações para este se perfazer e ficar completo. Dizem que os egípcios foram os primeiros a dar nomes apropriados aos doze deuses, e que os helenos tomaram esses nomes deles, e que também foram os primeiros a dedicar altares, imagens e templos aos deuses, também a esculpir suas imagens nas pedras. E eles então me mostraram com fatos que assim aconteceu a maioria desses eventos. (Heródoto, *Histórias*, II, 4)

A leitura atenta dos relatos revela que os citas não tiveram intenso contato com os helenos como os egípcios. Como Heródoto mostra, em seu segundo livro, a convivência entre helenos e egípcios era antiga, pois ambos foram aliados em diversos acontecimentos:

> E esses iônios e cários habitaram nesses territórios durante muito tempo; e estes mesmos são os que estão próximos ao mar, um pouco abaixo da cidade de Bubástis, na embocadura do Nilo, chamada Pelúsio. De fato, muito tempo depois, o rei Amásis retirou-os desses territórios e levou-os para que habitassem Mênfis, tornando-os membros de sua guarda pessoal em vez dos egípcios. Depois de eles terem se instalado no Egito, os helenos assim estabeleceram uma convivência com eles e começaram a conhecer com precisão todos os acontecimentos que ocorreram no Egito desde a época do rei Psamético; pois estes foram os primeiros que falavam uma língua estrangeira e que se instalaram para morar no Egito. Desde quando eles emigraram desses territórios, de fato, existem nesses locais tanto os lugares secos, para onde arrastavam os seus navios, como as ruínas das suas moradias, que existiam até a minha época. (Heródoto, *Histórias*, II, 154)

A interação entre helenos e egípcios proporcionou o desenvolvimento harmônico de ambos os povos na região do Vale do rio Nilo; assim, helenos aprenderam com os egípcios e estes, com aqueles. Além de não ter cidades, leis, tribunais, campos arados, por exemplo, os citas não erguem santuários ou templos, nem mesmo erigem estátuas. Este distanciamento dos deuses, particularmente dos cultuados pelos helenos, também é uma marca distintiva do bárbaro. A Cítia é uma região recente, fundada por um herói heleno, e atua como o extremo oposto dos egípcios, que compõem um povo antigo e com muitas tradições, porém ambos despertam interesse por suas particularidades.

III. A Líbia de Heródoto

A primeira referência de Heródoto à Líbia aparece ainda quando trata dos citas:

> E parece-me também que a raça dos bois, a mocha, que nasce neste lugar da Cítia não tem chifres por causa disso.

> E testemunha por mim esse meu pensamento também o verso de Homero na *Odisseia*, que é o seguinte:
>
> *Na Líbia, onde os cordeiros já nascem com chifres;*
>
> E está corretamente dito, nos territórios quentes os chifres despontam rapidamente; enquanto nos territórios extremamente frios, ou os rebanhos não nascem com chifres no começo, ou nascem crescendo com muita dificuldade. (Heródoto, *Histórias*, IV, 29)

Novamente, Homero se faz presente na narrativa herodotiana e nos mostra a permanência do interesse dos helenos pelos lugares por onde passaram o poeta e sua personagem Odisseu, pois este também esteve na Líbia (*Odisseia*, IV, vv. 81-89). Mas o dado que nos causa estranheza é o fato de Heródoto descrever a Líbia como sendo uma península:

> E a Líbia está em outra península; depois do Egito, a Líbia já é o próximo território. Então essa península na parte egípcia é estreita; pois a partir deste mar até o mar Eritreu são cem mil braças, e essas mesmas seriam mil estádios; e a partir desse estreito, a península é muito plana, a que é chamada Líbia. (Heródoto, *Histórias*, IV, 41)

E Heródoto justifica sua afirmação de que a Líbia é uma Península assim:

> Pois é evidente que essa Líbia é banhada de água por todos os lados, exceto a parte em que faz limite com a Ásia; sabemos que o rei Neco foi o primeiro que o demonstrou, logo que ele parou a escavação do canal que se estende do Nilo em direção ao golfo Arábico, e enviou alguns homens fenícios em barcos, e lhes ordenou que, na viagem de volta, atravessassem as Colunas de Héracles em direção ao mar do norte e assim chegassem ao Egito. (Heródoto, *Histórias*, IV, 42)

Percebemos que a construção geográfica do mundo herodotiano tem o Vale do rio Nilo como referência. E, segundo Heródoto, foi em razão desta circunavegação que os homens de seu tempo conheceram a Líbia:

> Então os fenícios, que estavam ancorados, zarparam do mar Eritreu navegando pelo mar do sul; e quando ocorria o fim do outono, aportavam e semeavam a terra em um ponto qualquer da Líbia por onde a todo momento navegavam, e esperavam o tempo da colheita; e depois que faziam a colheita do trigo, navegavam, de modo que transcorriam dois anos, e no terceiro eles circunavegavam as Colunas de Héracles e chegaram ao Egito. Então a Líbia foi conhecida primeiro desse modo. (Heródoto, *Histórias*, IV, 42-43)

A rota de circunavegação da Líbia descoberta pelos egípcios foi tomada e utilizada por Dario quando este dominou a Índia por meio da navegação do rio Indo, desenvolveu a sua esquadra naval e a direcionou para territórios desconhecidos, como expedições de exploração que foram responsáveis por diversos territórios descobertos na Ásia (IV, 44). Sobre a formação do povo líbio, Heródoto conta uma versão de sua origem que remete a um deus da Hélade, um dos Titãs, o célebre Prometeu. Vejamos:

> Pois já a Líbia vem de Líbia, é contado pela maioria dos helenos que o nome vem de uma mulher da região, e a Ásia vem do nome da mulher de Prometeu; também os lídios reclamam como seu esse nome, esclarecem que Ásia é chamada assim porque vem de Ásia, filha de Cótis, filho de Manes, mas que Ásia não vem do nome da mulher de Prometeu; que vem da tribo que se chama Asiada, em Sárdis. (Heródoto, *Histórias*, IV, 45)

Notamos que Heródoto atribui a um deus da mitologia helena a origem do povo líbio, estabelecendo assim uma ligação entre a Hélade e a Líbia, dentro de uma perspectiva do heleno como desbravador e fundador de novos povos.[15] O interessante neste relato sobre a Líbia e sua geografia é a percepção de que a Europa não compunha o imaginário da Hélade, e que os olhares helenos estavam voltados para o que então chamavam de Ásia e Líbia, as duas outras partes do mundo:

> E claro que a Europa não é de modo algum conhecida, nem os territórios voltados para o sol nascente, nem os que estão na direção norte, se é banhada de água por todos os lados; e em extensão é conhecida por ter a mesma que a das duas outras partes. Não posso inferir por qual razão a terra que é uma só recebe três nomes, com todos os nomes de mulher, e por qual motivo ela tem os limites do Nilo, um rio egípcio, e o Fásis, um colco (outros dizem os limites são o Tánais, um rio meótide, e os Estreitos Cimérios), nem posso me informar sobre os nomes dos que fizeram essa divisão, e por que colocaram esses nomes. (Heródoto, *Histórias*, IV, 45)

Deste ponto de sua narrativa Heródoto inicia sua descrição da Cítia e retoma seu relato sobre a Líbia somente após contar a história de Cirene e de seu fundador, Bato (IV, 145-167). Dentro do contexto do avanço da expedição militar de Dario contra a Líbia, nosso historiador apresenta os povos que habitavam em seu território, assim como as características geográficas da Líbia e os hábitos e costumes dos povos que eram reconhecidos como líbios. E o primeiro a ser mencionado é o povo dos adirmáquidas:[16]

---

15. A respeito dos registros feitos ao longo dos séculos sobre a localização dos povos líbios, de seus hábitos e costumes, consultar: Richard L. Smith, "What Happened to the Ancient Libyans? Chasing Sources across the Sahara from Herodotus to Ibn Khaldun", *Journal of World History*, v. 14, n. 4, 2003, p. 459-500.

16. Convém ressaltar que vários dos nomes de povos assinalados por Heródoto não correspondem ao seu nome de fato. Um exemplo estudado foi o dos garamantes, com aponta o artigo de Daniel F. McCall: "Herodotus on the Garamantes: A Problem in Protohistory", History in Africa, v. 26, 1999, p. 197-217.

> A partir do Egito, começam os primeiros dos líbios que habitam esse lugar, os adirmáquidas, que utilizam a maioria dos costumes egípcios, e trajam vestimentas tais as que vestem os demais líbios. E as suas mulheres carregam uma argola em cada uma das suas pernas; têm cabeleiras longas em suas cabeças; quando pegam seus piolhos, cada uma delas os morde de volta e assim os cospe. E esses são os únicos dentre os líbios que fazem isso, também são os únicos que apresentam suas jovens virgens ao rei quando vão se casar; e a que ao rei for a mais bela, esta será desvirginada por ele. E esses adirmáquidas estão presentes do Egito até o porto cujo nome é Plino. (Heródoto, *Histórias*, IV, 168)

Então Heródoto segue seu relato com a apresentação dos povos líbios e de seus hábitos e costumes em uma interessante narrativa etnográfica, sem descuidar de suas características geográficas (168-199), pois encerra seu relato sobre a Líbia comparando seu território a outros quanto à sua fertilidade:

> Parece-me que a Líbia não é próspera nem boa, de modo que é comparada ou à Ásia, ou à Europa, à exceção apenas de Cínips; pois a terra tem o mesmo nome que o rio. Essa é igual à melhor das terras que produz o fruto e Deméter, e não se parece em nada com o restante da Líbia; pois sua terra é negra e abundante em água de fontes, e não se preocupa com a secura nem é devastada com muita chuva que absorve; pois, de fato, chove nessa terra da Líbia. E a produção da colheita desse lugar coloca-se à altura da feita na terra da Babilônia. E a terra é boa, também o é a que os evesperitas habitam; pois ela produz em uma relação de cem por um, quando a terra é melhor que ela mesma, e a terra de Cínips tem a relação de trezentos por um. (Heródoto, *Histórias*, IV, 198)

E destaca ainda a fertilidade do solo de sua principal cidade: "e o território de Cirene, quando se está do lado mais alto da Líbia em que os nômades habitam, tem ainda três colheitas por ano nele, é algo digno de admiração" (IV, 199). Ao findar sua descrição da Líbia, Heródoto volta a narrar a entrada dos persas em território líbio e a tomada de Barca (200-205), cidade que primeiro os persas tiveram de cercar por nove meses.

IV. Héracles, herói fundador e educador dos bárbaros

A Cítia é o ponto extremo do mundo habitado na descrição de Heródoto, o que nos remete aos dois primeiros versos de Ésquilo em sua peça *Prometeu Acorrentado*, quando Crato diz a Hefesto: "Chegamos ao longínquo solo da terra,/ na rota da Cítia, no deserto sem mortais." (Χθονὸς μὲν ἐς τηλουρὸν ἥκομεν πέδον,/ Σκύθην ἐς οἶμον, ἄβροτον εἰς ἐρημίαν). O único contato direto que os citas tiveram com os helenos foi na sua própria origem: Heródoto conta como Héracles, o grande herói da Hélade, chegou ao território dos citas, a partir deste relato dos helenos que habitam o Ponto:

> Quando Héracles conduzia as vacas de Gérion, chegou nessa terra que era deserta, a que os citas agora habitam. E Gérion mora fora do Ponto, que ele colonizou a ilha que os helenos dizem que é Eriteia, a que está próxima aos gadiros, fora das Colunas de Héracles, no litoral do Oceano; em teoria, dizem que o Oceano começava no lugar do Sol das regiões orientais e de onde começam a correr em volta de toda a terra; na prática, não demonstraram isso. Quando Héracles veio de lá para o território que agora é chamado da Cítia – pois foi surpreendido por uma tempestade rigorosa e fria – e ele estava envolvido na pele do leão quando dormiu, e as suas éguas estavam posicionadas embaixo do carro, nesse decorrer do tempo, desapareceram por um divino acaso. (Heródoto, *Histórias*, IV, 8)

Heródoto refere-se ao episódio em que Euristeu ordenou a Héracles que fosse a Eriteia roubar o rebanho de Gérion, filho de Posídon e de Gorgo. Trata-se de um ser fantástico que tinha três cabeças, com triplo corpo a partir da cintura, cuja única riqueza era o seu sagrado rebanho. Então, no decorrer do cumprimento de um dos seus Doze Trabalhos, Héracles aporta na Cítia e, como se estivesse cumprindo um desígnio divino, o herói é envolvido por um ardil.

Havia neste lugar uma víbora que, ao encontrar Héracles dormindo, foi tomada pelo desejo e tramou para que o herói da Hélade se deitasse com ela, episódio que Heródoto assim relata:

> Quando Héracles despertou, ele foi procurá-las, e percorreu todos os lugares do território; por fim, chegou à terra chamada Hilea; e lá ele encontrou em uma caverna um ser de dupla forma que era metade mulher jovem e metade víbora; a parte superior dos seus membros, a partir das nádegas, era de uma mulher, e a parte inferior era de uma serpente. E depois de tê-la visto, espantou-se e perguntou-lhe se ela viu onde estavam as suas éguas perdidas. E ela lhe disse que havia se apossado delas e que não as devolveria até que ele tivesse relações sexuais com ela; e Héracles teve relações sexuais com ela por esse pagamento. Ela de fato ultrapassou o tempo da devolução das éguas, por querer estar junto com Héracles o máximo de tempo possível, enquanto ele queria se livrar dela e levar embora as suas éguas. (Heródoto, *Histórias*, IV, 9)

Trata-se de Equidna, conhecida por "a Víbora", pois ἔχιδνα (*ékhidina*) significa "víbora". Equidna era um monstro com tronco de mulher e víbora na parte inferior. Segundo Hesíodo, em sua *Teogonia,* versos 295 a 336, Equidna era filha de Fórcis e Ceto, os filhos de Ponto e de Geia, e ela era metade uma mulher sempre jovem e outra metade serpente, tal vemos nestes versos:

> Ela pariu outro incombatível prodígio nem par
> A homens mortais nem a Deuses imortais
> Numa gruta cava: divina Víbora de ânimo cruel,
> Semininfa de olhos vivos e belas faces
> E prodigiosa semi-serpente terrível e enorme,

> Cambiante carnívoro sob covil na divina terra
> Aí sua gruta lá embaixo está sob côncava pedra
> Longe dos Deuses imortais e dos homens mortais,
> Aí lhe deram os Deuses habitas ínclito palácio.
> Em Árimos sob o chão reteve-se a lúgubre Víbora
> Ninfa imortal e sem velhice para sempre
> (Hesíodo, *Teogonia*, vv. 295-305)[17]

E Heródoto termina por esclarecer a finalidade da exigência de Equidna: a víbora pretendia ter filhos com o herói.

> E finalmente, quando foi devolvê-las, ela disse: "De fato, quando as suas éguas chegaram aqui, eu as salvei para ti, e tu me deste a recompensa por elas, pois tenho três filhos gerados contigo. Esses, quando forem criados, o que preciso fazer, mostra-me tu, se os instalo neste lugar (pois eu mesma tenho o poder sobre este território), se os envio para ti". Ela então perguntou isso, e dizem que ele lhe disse o seguinte: "Quando vires que as crianças se tornaram adultos, faz isso que se segue e não cometerás um erro. se vires um deles estendendo este arco, assim como eu o distendo, e com este cinturão, do modo como uso o meu cinturão, faz dele um habitante deste território; e quem deixar de lado um desses trabalhos que eu realizo, expulsa-o do teu território. E faz isso e tu própria te alegrarás e farás o que eu lhe prescrevi.". (Heródoto, *Histórias*, IV, 9)

Notamos que a passagem de Héracles pela região foi decisiva para a formação de um novo povo que aprendeu com o herói heleno as artes e atividades que os caracterizavam. Vemos, claramente, que Heródoto ressalta o quanto Héracles desempenhou o papel de educador de bárbaros:

---

17. Hesíodo. *Teogonia: a origem dos deuses*. Estudo e tradução de Jaa Torrano. 3. ed. São Paulo: Iluminuras, 1995.

> Então ele estirou um dos seus arcos (pois Héracles carregava dois arcos o tempo todo), mostrou-lhe como ele usava o seu cinto e entregou-lhe o seu arco e o seu cinto com uma taça de ouro no alto do seu encaixe; depois de entregá-los, ele livrou-se dela. E ela, depois que seus filhos nasceram e que os meninos se tornaram adultos, ela colocou nomes neles: para um deles deu o nome de Agatirso; para o seguinte, de Gelono; e de Cita para o mais novo; e lembrou do ordenado e fez o que lhe foi ordenado. E dois dos filhos que tinha, Agatirso e Gelono, não foram capazes de cumprir a missão estabelecida, foram expulsos por sua geradora e partiram, enquanto Cita, o mais novo deles, completou a missão e permaneceu no território. E de Cita, filho de Héracles, nasceram os sucessivos reis dos citas; além disso, a partir dessa taça até esta época, os citas carregam uma taça nos seus cinturões. E esta reminiscência foi um expediente tramado pela mãe de Cita. E os helenos habitantes do Ponto contam isso. (Heródoto, *Histórias*, IV, 10)

Os citas eram conhecidos como exímios arqueiros; Heródoto nos apresenta aqui uma versão mítica dessa habilidade cita. No entanto, outra vez notamos que o nosso historiador coloca os helenos como educadores dos bárbaros. Vimos no Livro I, 31-43, o exemplo do encontro de Sólon e Creso em que Heródoto nos revela sua percepção de Sólon como um sábio que leva preceitos da filosofia helena aos bárbaros, para torná-los mais prudentes.

V. A Cítia de Heródoto

A expedição militar de Dario contra a Cítia é o pretexto de Heródoto para trazer ao seu leitor/ouvinte informações sobre este longínquo e quase desconhecido território da Cítia, cujo patronímico os helenos associavam ao nomadismo. No entanto, os poucos citas que tiveram contato mais intenso com os helenos foram os que se tornaram sedentários e viviam nas estepes, junto às colônias helenas do mar Negro. Sobre a origem do povo cita, Heródoto conta que:

> E como alguns citas contam, o seu é o mais novo dentre todos os povos, e esse se originou do modo que se segue. Um homem nasceu primeiro nessa terra que era deserta, cujo nome era Targitau; e contam que os pais desse Targitau, para mim não dizem coisas confiáveis, mas eles as dizem, era Zeus e uma filha do rio Borístenes. Então, de tal linhagem nasceu Targitau; desse nasceram três filhos, Lipoxes, Arpoxes e o mais novo, Colaxes. Na época em que os três irmãos reinaram, do céu vieram uns objetos de ouro: um arado, um jugo, uma sagáris e uma taça, que caíram no território da raça cita, e dentre eles quem os viu primeiro foi o irmão mais velho que foi se aproximando por querer pegar o ouro, mas o ouro se inflamou, e ele se afastou. Depois de tê-lo abandonado, o segundo irmão se aproximou, e o ouro novamente fez o mesmo. Então os dois se afastaram porque o ouro se inflamou, e, em terceiro lugar, quando o irmão mais novo aproximou-se do ouro, o fogo se esvaiu, e ele o levou consigo; e os irmãos mais velhos compreenderam os acontecimentos e entregaram todo o reino para o mais novo. (Heródoto, *Histórias*, IV, 5)

Ao registrar a versão em que a origem dos citas vem da relação do grande deus dos helenos com uma mulher local, Heródoto reafirma o epíteto de "pai dos deuses e dos homens" (πατὴρ ἀνδρῶν τε θεῶν τε / *patēr andrōn te theōn te*) que Homero dá a Zeus (Ilíada, XXII, v. 167). E, como vimos antes, a versão dos helenos que habitam o Ponto é a de que a raça[18] dos citas é descendente de Héracles, o que retoma esta característica de multiplicação da espécie e com isso a garantia de sua preservação, pois o herói é o filho dileto de Zeus e o que mais se assemelha ao pai. As duas versões então apresentadas dão conta de uma origem autóctone do povo cita, e ambas falam de parentesco com os helenos,

---

18. Segundo Jones, ἔθνος (*éthnos*) e γένος (*génos*), ou "etnia" e "raça", são usados do mesmo modo para designar um determinado grupo étnico. Consultar: C. P. Jones, "ἔθνος and γένος in Herodotus", *The Classical Quarterly*, v. 46, n. 2, 1996, p. 317.

quer divino ou semidivino. Heródoto afirma que acredita em outra versão dada pelos citas:

> E existe também um outro relato que é o seguinte, o qual é mais contado e estou mais inclinado a estabelecer. Os citas nômades que habitavam na Ásia estavam pressionados pelos masságetas na guerra; depois da travessia do rio Araxes, avançaram sobre a terra ciméria; pois os citas a ocupam agora – contam que antigamente eram os cimérios. Enquanto os citas avançavam, os cimérios deliberavam porque o exército que estava avançando contra eles era numeroso; e, além disso, eles estavam divididos entre duas opiniões e ambas as partes debatiam com veemência, e a melhor opinião foi a dos reis; pois a opinião do povo conduzia a solução do problema para a sua retirada, porque não deveria correr perigo enfrentando muitos inimigos, e a dos reis era a de ir contra aqueles que os atacavam e travar com eles um combate pelo seu território. Então, o povo não quis se deixar persuadir pelos reis, nem os reis pelo povo. Eles então deliberaram que partiriam sem participar da batalha, abandonariam seu território àqueles que os atacavam, mas esses reis pensavam que seria melhor ficar em seu próprio território e morrer, não fugir com o povo, por terem calculado quantas coisas boas eles experimentaram e quantas coisas ruins eles experimentariam fora de sua pátria, e que haveria perigo. Depois de eles terem pensado isso, separaram-se e se posicionaram em dois grupos numericamente iguais para lutar uns contra os outros; e todos foram mortos por eles, e o povo dos cimérios os enterrou; ao lado do rio Tira (e ainda é possível a vista do seu enterramento), e tão logo os cimérios os tinham enterrado, saíram do território. E os citas retornaram para se apossar do seu território que estava deserto. (Heródoto, *Histórias*, IV, 11)

Embora afirme que confia mais nesta última versão, notamos que Heródoto não dá conta da origem do povo cita, mas de seu território, por onde vagam saqueando e cobrando tributos dos que nele habitam. Para seguir com sua narrativa sobre a origem dos povos citas, Heródoto serve-se de Arísteas do Proconesos, que compôs três livros sobre as viagens que fez ao extremo da terra, conhecidos como *Arismapeia*, uma espécie de *Odisseia* local. No entanto, vemos outra vez a questão do território, não da origem do povo:

> E Arísteas, filho de Cestróbio, um homem do Proconesos, compondo versos épicos, chegou à terra dos issedonos por ter sido inspirado por Febo, e acima dos issedonos habitavam os arimaspos, que eram homens que tinham um olho só, e depois desses vêm os grifos, que são os guardiões do ouro, e depois desses vêm os hiperbóreos, que habitavam a região em torno do mar; então todos esses, à exceção dos hiperbóreos, começando pelos arimaspos, sempre atacam os seus vizinhos; e os issedonos foram expulsos de seu território pelos arimaspos, e os citas pelos issedonos, e os cimérios que habitam na costa do mar do sul foram pressionados pelos citas a abandonar o seu território. Assim, essa história sobre esse território não concorda com a dos citas. (Heródoto, *Histórias*, IV, 13)

Por essa associação entre a origem dos povos citas e seus territórios, notamos a relação direta que Heródoto estabelece entre um povo e o território que ocupa. Se pensarmos que havia a edificação de um santuário e a purificação simbólica deste lugar, o território não somente abriga uma linhagem humana, mas também zela por sua divindade fundadora, que é sua protetora, além das outras que a tornam prósperas pelos frutos da terra e do mar. O território também é o local onde a cidade enterra e cultua seus mortos, e o mais importante: é no território que se encerram suas memórias. Um povo sem um espaço para crescer, defender e desenvolver carece de história, de laços que os unam em uma cidade. Porém, nem todos os povos citas eram nômades; Heródoto conta que existem os citas helenizados (Ἑλληνοσκύθαι / *Hellēnoskýthai*), cujas práticas e costumes se aproximam das dos helenos:

> A partir do entreposto comercial dos boristenitas (pois esse entreposto está no ponto mais central dos que estão na costa marítima de toda a Cítia), os primeiros a ocupar esse lugar foram os calípidas, que são citas helenizados, e acima deles existe outro povo que se chama alazones; estes e também os calípidas cultivam em outros aspectos os mesmos costumes dos citas: semeiam trigo, cebolas, alho, lentilha e milho. Mais acima dos alazones habitam os citas lavradores, os que não semeiam trigo para a sua alimentação, mas para a venda. E mais ao norte desses, habitam os neuros. E do povo dos neuros em direção ao vento norte é um deserto, sem homens, na medida do que nós vimos. E esses são os povos situados às margens do rio Hípanis em direção ao poente do Borístenes. (Heródoto, *Histórias*, IV, 17)

Portanto, nosso historiador não refuta a origem helena dos citas, visto que a arte do arco e flecha foi ensinada por Héracles, o pai de todos os citas, nem mesmo a origem divina comum aos helenos, que se consideram filhos de Zeus. E os povos citas que mantiveram contato com os helenos desde a época das fundações das colônias helenas dos séculos VIII e VII na região do mar Negro[19] são os que se mostram mais organizados e desenvolvidos, a ponto de haver os que se denominavam olbiopolitas (Ὀλβιοπολίτας / *Olbiopolítas*), ou "cidadãos da cidade feliz", conforme lemos neste relato:

> Mas atravessando o Borístenes, o primeiro a partir do mar, vem a Hilea, e indo mais acima habitam os citas agricultores; os helenos que habitam a região do rio

19. É interessante anotar aqui algumas conclusões de Armayor, que coloca em dúvida a veracidade das informações herodotianas com o argumento de que Heródoto não poderia ter viajado sozinho no mar Negro, pois este périplo estava circunscrito a poucos navegadores, que o faziam de empório a empório, ou seja, era uma viagem demorada e com fins comerciais. De onde então Heródoto retirou suas informações? De Hecateu, conclui o autor. Consultar: O. Kimball Armayor, Did Herodotus Ever Go to the Black Sea? *Harvard Studies in Classical Philology*, v. 82, 1978, p. 48-49.

> Hípanis os chamam de borístenitas, mas eles mesmos se chamam de olbiopolitas. Portanto, esses citas agricultores ocupam um lugar na direção da aurora que está a um caminho de três dias, quando chegam ao rio cujo nome é Panticapes, e em direção ao vento norte, são onze dias de navegação acima do Borístenes. E já mais ao norte desses territórios é completamente deserto, e depois desse deserto habitam os andrófagos, um povo que tem características próprias e que de modo algum é de origem cita. (Heródoto, *Histórias*, IV, 18)

Depois de apresentar os povos citas e os territórios que ocupavam, nosso historiador segue sua narrativa com o registro dos povos vizinhos aos citas (IV, 21-27) e as características climáticas da região (28-31). Heródoto registra dados importantes sobre a geografia da Europa e da Ásia (36-45) e ainda descreve a circunavegação da África (42-43), mas os rios que correm na Cítia são os merecedores de um longo e detalhado registro (46-58). Sobre estes, afirma:

> E os citas descobriram essas coisas porque sua terra lhes é conveniente e os rios são seus aliados de guerra; pois essa terra é uma planície coberta de pasto e abundante em água, e os rios que correm através dessa terra não são muito inferiores em número aos canais do Egito. E quais são os seus nomes e quantos são navegáveis até o mar, esses eu nomearei: o Istro de cinco bocas, depois dele vêm o Tire, o Hípanis, o Borístenes, o Pantícapes, o Hipáciris, o Gerro e o Tánais. (Heródoto, *Histórias*, IV, 47)

Então vemos que Heródoto destaca o uso militar que os citas fazem de seus rios e os compara com os vistos no Egito. De fato, os rios egípcios foram admirados e descritos tal como o faz neste Livro IV com os rios citas; porém, as atividades descritas do Egito mostram que seus rios eram há muito utilizados, principalmente, para o comércio:

> Antigamente, Náucratis era o único local de comércio marítimo do Egito. Se alguém chegasse a qualquer

> outra das embocaduras do Nilo, era preciso que fizesse o juramento de que não fora voluntariamente para lá e, depois de ter feito o seu juramento, navegava em sua própria embarcação em direção à embocadura Canópica; ou, se não fosse possível navegar por ela por causa dos ventos contrários, as mercadorias deviam ser transferidas para as barcas egípcias, passando em torno do Delta, até onde se alcançasse a cidade de Náucratis. (Heródoto, *Histórias*, II, 179)

Entre outras semelhanças apontadas por Heródoto entre helenos e egípcios no seu segundo livro, percebemos, especialmente, o uso de seus rios para o desenvolvimento do comércio, a ponto de comparar o rio Nilo ao Aqueloo:

> pois os rios desses territórios, que formam aluviões, estão nas embocaduras do Nilo, que são cinco; nenhum deles é digno de ser comparado com a sua magnitude. Ainda há outros rios não tão extensos como o Nilo, os quais são produtores de obras grandiosas; dentre eles, eu posso citar os seus nomes, mas o Aqueloo não é o menor deles, cujas correntes atravessam a Arcânia e desembocam no mar das Ilhas Equinadas, e que já tornou metade delas em uma planície. (Heródoto, *Histórias*, II, 10)

Este famoso rio da Etólia serve de fronteira para essa região e a Arcânia, local de intensas trocas comerciais. Também era considerado o maior da Hélade e venerado como um deus, filho de Oceano e de Tétis. E depois de descrever os rios da Cítia, Heródoto assim inicia seu registro etnográfico sobre os citas:

> Desse modo, os citas têm recursos abundantes que são, de fato, os mais importantes, e o que nos resta relatar é que entre eles se encontram os costumes que se seguem. Os únicos deuses que são cultuados em cerimônias expiatórias são os seguintes: principalmente Héstia, e depois de Zeus e Geia, porque consideram que Geia é

> esposa de Zeus; e depois deles, Apolo, Afrodite Urânia, Héracles e Ares; todos os citas os cultuam, e os chamados citas reais também realizam sacrifícios a Posídon. E os citas chamam Héstia de Tabiti; e Zeus, que é chamado do modo mais correto, segundo meu pensamento: Papeu, e Geia é chamada de Ápi, Apolo de Getosiro, Afrodite Urânia de Argimpasa, Posídon de Tagimasada. E eles não costumam fazer estátuas, altares e templos para esses deuses, exceto para Ares. E eles o cultuam. (Heródoto, *Histórias*, IV, 59)

Como já fizera com os egípcios, Heródoto associa o panteão divino dos helenos ao dos citas, o que nos mostra sua preferência por destacar os hábitos e os costumes daqueles que interagiram com a cultura helênica como se estivesse investigando até onde o homem heleno chegou, pois, até esse ponto, o homem deixa de ser nômade, dedica-se à agricultura e ao comércio que esta e o pastoreio demandam, ou aprende algo importante para o seu desenvolvimento. Um aspecto que deve ser ressaltado é que Heródoto, apesar de colocar a cultura helena em primeiro plano, não deixa de considerar produtiva a adoção de costumes ou de artes técnicas propícias à melhoria de vida dos habitantes da Hélade, tal como fizeram seus antigos sábios que viajaram em busca de novos conhecimentos. A obra de Heródoto é marcada por este hibridismo que apresenta ao seu leitor/ouvinte a face híbrida de um povo que se imagina autóctone e uno sob o ponto de vista étnico, como é o caso dos atenienses.[20]

Heródoto elabora um extenso relato sobre os costumes dos citas, sua religiosidade, suas habilidades guerreiras, os seus meios de adivinhação e outros costumes relacionados ao modo como faziam

---

20. A respeito da leitura etnográfica híbrida como embasamento teórico da narrativa herodotiana, consultar: Susan McWilliams, "Hybridity in Herodotus", *Political Research Quarterly*, v. 66, n. 4, 2013, p. 745-755.

juramentos e enterravam seus mortos – particularmente, os seus reis[21] (IV, 59-82). Sobre estes últimos, Heródoto conta:

> E as tumbas dos reis citas estão no território dos gerros, até o ponto em que o Borístenes é navegável. Lá, quando o seu rei morre, cavam um grande fosso quadrado na terra, e depois de o deixarem pronto, ocupam-se do cadáver, cujo corpo já está coberto de cera, e o ventre aberto e purificado, cheio de junça longa triturada, incenso, semente de salsa e anis, e cozido de novo; eles o transportam em uma carroça até outro povo. E aqueles que recebem o cadáver transportado fazem exatamente o mesmo que os citas reais; eles cortam um pedaço da sua orelha, raspam os cabelos em volta da cabeça, fazem cortes em seus braços, esfolam sua face e seu nariz e transpassam uma flecha na sua mão esquerda. E de lá transportam o cadáver do rei em uma carroça até outro povo dentre os quais comandava; e eles são acompanhados pelos povos que vieram primeiro. E quando todos os povos que transportam o cadáver chegam ao território dos gerros, os que eles dominam e estão dentre os povos que habitam os seus confins e neste território estão os túmulos. E depois, quando colocam o cadáver em uma câmara funerária sobre um leito de folhagem, fincam lanças de um lado e do outro do cadáver, e as prendem com madeiras e em seguida as recobrem com caniços; e no amplo espaço restante da câmara funerária, enterram uma das suas concubinas, o escanção, o cozinheiro, um palafreneiro, um servo, um mensageiro, cavalos,

---

21. Descobertas arqueológicas recentes revelam que a descrição herodotiana dos rituais de sepultamento dos reis citas condizem com as peças de ouro encontradas na região do Cáucaso. Para mais detalhes, consultar: Andrew Curry, "Rites of the Scythians", *Archaeology*, v. 69, n. 4, 2016, p. 26-32. Sobre as semelhanças entre o relato de Heródoto e os achados arqueológicos, consultar também: Francis R. B. Goldolphin, "Herodotus: On the Scythians". *The Metropolitan Museum of Art Bulletin*, New Series, v. 32, n. 5, From the Lands of the Scythians: Ancient Treasures from the Museums of the U.S.S.R. 3000 B.C.-100 B.C., 1973/1974, p. 129-149.

> primícias de todos os demais bens e fíales de ouro; e não utilizam nem prata nem ouro; e depois de terem feito isso, todos o cobriam com grandes amontoados de terra, disputavam com empenho fazer o maior monte possível. (Heródoto, *Histórias*, IV, 71)

Estes amontoados de terra nos fazem lembrar uma versão rudimentar das pirâmides, locais em que os faraós eram enterrados ao lado de seus pertences, o que incluía aqueles que os serviam e também alguns familiares. Findo o relato sobre os costumes, hábitos, mitos e histórias peculiares dos citas, Heródoto segue seu relato narrando os preparativos da expedição militar dos persas e sua travessia do Bósforo alcançando a Europa, onde vencem os trácios e os getas (IV, 83-96). O dado mais impressionante dessa travessia é modo como ela ocorreu, segundo Heródoto:

> E depois de Dario ter presenteado Mândrocles, ele fez sua travessia para a Europa, mas antes ordenou aos iônios que navegassem para o Ponto até o rio Istro, e assim que chegassem ao Istro, esperassem por ele lá, enquanto se juntavam para formar uma ponte que ligasse as duas margens; pois, nesse momento, iônios, eólios e helespontinos conduziam a frota. E o exército náutico navegou atravessando as Ciâneas e depois navegou direto para o Istro, quando navegou subindo o rio durante dois dias, do mar até o estreito do rio, a partir do qual se dividem as embocaduras do Istro, o exército náutico se juntou formando uma ponte, ligando as duas margens do rio. E Dario, assim que atravessou o Bósforo pela ponte de barcos, marchou através da Trácia, e chegou às nascentes do rio Téaro, onde fez seu acampamento militar por três dias. (Heródoto, *Histórias*, IV, 89)

Concluída a narrativa sobre a travessia de Dario, nosso historiador prossegue descrevendo a Cítia sob a perspectiva geográfica, não mais hidrográfica, mas topográfica, quando apresenta os povos vizinhos e narra a tentativa frustrada dos citas de tê-los como aliados, que eram os tauros, agatirsos, neros, andrófagos, melanclenos, gelonos, budinos e saurómatas (IV, 102) e dos quais Heródoto registra alguns costumes. Diante do irrefreável avanço persa sobre a Cítia, esses povos reunidos decidiram que não guerreariam contra os persas a favor dos citas (118-119). Entre o apelo dos citas aos povos vizinhos e a reunião deliberativa que realizaram para decidir seu destino na guerra de citas e persas, há a história das Amazonas[22], de como elas chegaram ao território dos citas e formaram um novo povo com eles, os saurómatas (110-117). De acordo com Heródoto:

> E a respeito dos saurómatas conta-se o que se segue. Quando os helenos combateram contra as Amazonas (os citas chamam as Amazonas de *Eórpata*; esse nome, conforme a língua da Hélade, tem o mesmo valor de "matadoras de homens", pois *eór* é como os citas chamam "homem", e *patá* é "matar"), nessa época, o relato dos helenos é que, depois de terem vencido a batalha às margens do Termodonte, eles zarparam em três embarcações com as Amazonas que conseguiram capturar vivas. E quando estavam em alto-mar, elas atacaram e eliminaram os homens. E foram levadas conforme a onda e o vento; e como elas não conheciam a navegação nem sabiam utilizar os lemes, nem as velas, nem os remos; mas, visto que haviam eliminado os homens, elas foram levadas conforme a onda e o vento. E elas chegaram a Cremnos, na região do lago Meótis; e Cremnos faz parte da terra dos citas livres. Lá as Amazonas desceram das embarcações e caminharam pela estrada em direção a um lugar habitado. E elas encontraram a primeira manada de cavalos que levaram e, nesses, cavalgaram e pilharam os territórios dos citas. (Heródoto, *Histórias*, IV, 110)

---

22. Para mais detalhes sobre a versão herodotiana do mito das Amazonas, consultar o excelente artigo de Frieda S. Brown e Blake Tyrrell: "ἐκτιλώσαντο: A Reading of Herodotus' Amazons", *The Classical Journal*, v. 80, n. 4, 1985, p. 297-302.

Na língua helena, σαύρα (*saúra*) também significa "membro viril", especialmente, de menino. Percebemos, então, que o uso deste vocábulo nos leva à questão da anterioridade dos povos, que Heródoto relaciona ao seu conhecimento acumulado – quanto mais antigo, mais sábio. Por isso, o povo originado da união de citas e Amazonas é um povo viril e jovem, tal como Heródoto assinalara quando da origem dos citas: estes são mais jovens que os persas, helenos, egípcios, por exemplo. E a narrativa herodotiana continua com o registro das movimentações militares dos persas em busca dos citas e as dos citas para se defenderem dos persas, e termina com a retirada dos persas do território cita (120-144). Em seguida, a expedição militar dos persas contra a Líbia passa a figurar no relato de Heródoto, que inicia com a fundação de Cirene (145-158), a história de Bato, o seu fundador (150-158), a história de Cirene (158-167), características geográficas, descrição da fauna e os aspectos etnográficos da Líbia (168-199)[23]. Heródoto encerra sua narrativa com a tomada de Barca pelos persas:

> Então, os persas fizeram o cerco de Barca por nove meses, enquanto cavavam fossos subterrâneos que os levavam para dentro da muralha e faziam os mais violentos ataques. Então, um homem que era ferreiro encontrou os fossos com seu escudo revestido de bronze, depois de ele ter planejado o seguinte: ele levava o escudo por dentro da muralha em volta dela e o batia no chão da cidade; ele batia o bronze do seu escudo em cada um dos fossos, uns estavam mudos e outros tinham ressonância; onde os barceus escavaram fossos diante desses e mataram os escavadores persas. De fato, isso foi inventado assim, e os barceus repeliram os seus ataques. Durante muito tempo, de ambos os lados, muitos estavam se desgastando e tombando, e não foram poucos

23. Há um artigo interessante sobre a descrição etnográfica do povo líbio, do capítulo 181 ao 185, em que o autor destaca a rota feita por Heródoto no deserto do Saara. Consultar: Mario Liverani, "The Libyan Caravan Road in Herodotus IV,181-185", *Journal of the Economic and Social History of the Orient*, v. 43, n. 4, 2000, p. 496-520.

> dentre os persas; Amásis, o estratego da infantaria, tramou o seguinte: depois de compreender que os barceus pela força não seriam capturados, mas, pela astúcia, [...]. (Heródoto, *Histórias*, IV, 200-201)

Por meio deste episódio, Heródoto demonstra que o poderio militar nem sempre basta para que uma guerra seja ganha; é preciso ter astúcia também – dado que nos remete ao mundo de Homero, ao herói Odisseu, sempre astucioso, que vence seus inimigos não apenas com a força, mas também com a sua inteligência. Para além de descrever as conquistas dos persas na região da Cítia, intermediária entre a Ásia e a Europa, no que hoje conhecemos por Eurásia. O cruzamento dessas fronteiras representa a passagem de um mundo da pólis, leia-se, da ágora, das leis, da agricultura e do pastoreio, do comércio desses produtos, incluindo os artesãos e suas artes, enfim, de um mundo plural, diversificado em suas práticas e costumes, ordenado por leis, para um mundo simples da caça, da pesca, da colheita de frutos silvestres, da guerra com arco e flecha, com o uso da sua geografia, sem estratégias militares, sem arte. A Cítia aparece então como o contraponto da Hélade: povos que se distinguem, mas que se assemelham quando interagem e se misturam, sempre sob a perspectiva de que o heleno é quem os tira da escuridão da ignorância e os traz para os primeiros raios de luz, que é o conhecimento de algum tipo de arte.

VI. Da tradução

Esta edição de *Histórias* está dividida em nove volumes não apenas pela extensão dos livros de Heródoto, que por si só justificariam uma edição em volumes, mas por conta desta tradução trazer notas explicativas que contemplam várias áreas do conhecimento, pois anotam questões literárias, míticas, históricas, geográficas e filológicas. A principal finalidade dessas notas é aproximar o leitor da narrativa de Heródoto, colocando-o em um posto confortável, para que sua atenção não seja dispersa com a consulta constante a uma literatura de apoio, e ainda lhe propicie um entendimento maior e mais rápido do que está sendo lido.

A tradução deste *Livro IV – Melpômene* foi realizada diretamente do texto grego, cuja estrutura sintática buscamos preservar na medida do possível na língua portuguesa. Do mesmo modo, procuramos manter o estilo discursivo de Heródoto, a fim de que o leitor conheça não somente o seu modo de expressão, mas também de pensar. A tradução de *Histórias*, apresentada neste volume, tem como texto base a *Coleção Guilhaume Budé*, com tradução, introdução e notas de Ph. E. Legrand: *Hérodote. Histoires*. v. 4. Paris: Les Belles Lettres, 1952.

Maria Aparecida de Oliveira Silva

Graduada em História,
Mestre em História Econômica
e Doutora em História Social (USP)
Pós-Doutora em Estudos Literários (UNESP)
Pós-Doutora em Letras Clássicas (USP)

Livro IV

1. E depois da captura[24] da Babilônia[25], ocorreu uma marcha do próprio Dario[26] contra os citas[27]. Quando a Ásia florescia com seus homens e reunia grandiosas riquezas, Dario desejou que os citas pagassem sua pena, porque antes eles cometeram a ofensa de invadir a Média[28] e vencer em batalha os seus oponentes. Pois os citas comandaram na parte alta da Ásia[29], como também já foi dito

---

24. Heródoto narra a conquista da Babilônia no Livro III, capítulos 150 a 159. Para mais detalhes sobre a guerra de tomada da Babilônia, consultar: Heródoto. *Histórias. Livro III – Talia*. Tradução, introdução e notas de Maria Aparecida de Oliveira Silva. São Paulo: Edipro, 2017.

25. E nosso historiador assim descreveu a Babilônia: "Depois de ter dominado todos os povos do continente, Ciro atacou os assírios. Na região da Assíria, existem outras muitas e grandes cidades, mas a mais famosa e poderosa era a Babilônia, onde instituíram o poder real após Nínive ter sido destruída, assim era essa cidade. Situada na extensa planície, tendo o tamanho de frente de cada lado de cento e vinte estádios, formando um quadrado; esses estádios, todos juntos, perfaziam quatrocentos e oitenta de perímetro para a cidade. Então, o extenso tamanho, que é próprio da cidade da Babilônia, foi ornamentado como nenhuma outra cidade dentre as que nós mesmos vimos." (*Histórias*, I, 178). In: Heródoto. *Histórias. Livro I – Clio. Op. cit.*

26. Filho de Histaspes, não se sabe o nome de sua mãe. Terceiro rei da dinastia aquemênida, Dario era o soberano da Pérsia, onde reinou de 550 a 485 a.C. Era conhecido como Dario, o Grande por ter sido o conquistador de grande parte da Ásia, Cáucaso e da África, incluindo o Egito, as ilhas do mar Egeu, norte da Hélade, a Macedônia e a Trácia.

27. Habitantes da Cítia, região da Eurásia, eram povos nômades e pastores; contudo, os helenos assim denominavam todos os povos nômades das estepes, vizinhos das colônias helenas do mar Negro. Também eram conhecidos por serem exímios arqueiros.

28. A Média era um império vizinho aos impérios babilônico e lídio, regiões que foram todas conquistadas por Ciro, o Grande, rei da Pérsia. Heródoto não faz esta distinção e por isso chama a guerra entre helenos e persas de Guerras Médicas (τὰ Μηδικά / *tà Mēdiká*), que em nossa tradução optamos por chamar de Guerras Persas, a fim de manter o nome mais apropriado, visto que os persas, ou os reis do Império Aquemênida, foram os que dominaram essas regiões, incluindo o Império Egípcio, e fizeram várias tentativas de dominação da Hélade, como veremos nos próximos livros desta Coleção Heródoto.

29. Norte da Ásia, fronteira com o rio Hális.

antes[30] por mim, durante vinte e oito anos. Pois eles invadiram a Ásia em perseguição aos cimérios, e colocaram fim ao poder dos medos; estes, antes dos citas chegarem, comandavam a Ásia. E como os citas estavam fora de sua pátria por vinte e oito anos, e por um longo espaço de tempo, eles desceram de volta para sua terra, e não tiveram esforço de combate menor que o que tiveram com o povo da Média; pois encontraram um exército indo ao encontro deles não menor que os dos medos; as mulheres dos citas, porque seus maridos estavam fora por muito tempo, tinham relações sexuais com os escravos.

2. E os citas cegam todos os seus escravos por causa do leite que bebem, e o fazem do modo que se segue. Visto que usam canudos, pegam os feitos de ossos, muito semelhantes aos das flautas, e os introduzem na cavidade dos genitais das éguas[31] e sopram com suas bocas, e enquanto uns sopram, outros as ordenham; e contam que eles fazem isso por causa do seguinte: quando as veias da égua recebem o ar, elas ficam cheias e suas tetas jorram o leite. E depois que eles ordenham o leite, eles o vertem em uma vasilha côncava de madeira, e colocam os cegos em volta de cada uma das vasilhas em que batem o leite; e retiram a parte do leite que fica na superfície, que eles acreditam que é a mais valiosa, e depois retiram a outra da parte mais baixa[32]. Por

---

30. Heródoto refere-se a este registro: "Os citas comandaram na Ásia por vinte e oito anos, e tudo o que eles tinham era destruído pela violência e pelo descaso. Em particular, porque cobravam tributos de cada um deles que ultrapassavam uns aos outros. Além do tributo, saqueavam o que cada um tinha enquanto cavalgavam pela região. E Ciaxares e os medos convidaram a maioria deles para uma festa; quando eles estavam embriagados, eles os massacraram, e assim os medos recuperaram o seu poder; dominaram também os povos de antes, capturaram a cidade de Nino (como eles a capturaram, mostrei em outras histórias) e tornaram os assírios os seus comandados, exceto a parte que pertencia à Babilônia." (*Histórias*, I, 106). In: Heródoto. *Histórias. Livro I – Clio. Op. cit.*

31. Ainda hoje no Cazaquistão o leite de égua é bebido e tratado como um produto medicinal. A carne de cavalo também é muito consumida, sendo a carne mais nobre e cara.

32. Os citas retiravam a nata que ficava na parte superior e o queijo que se sedimentava no fundo da vasilha.

causa disso, os citas cegam todo povo que capturam; pois eles não aram, mas são nômades[33].

3. Desses escravos e mulheres dos citas, então, cresceu um grupo de jovens. Os que logo que souberam de sua origem resistiram aos citas que estavam retornando da Média. E primeiro interceptaram o acesso ao território, escavaram um largo fosso que se estendia das montanhas Táuricas[34] até lago Meótis[35], que tinha uma largura maior; depois disso, quando os citas tentaram avançar, eles se colocaram diante deles e travaram combate. E ocorreu um combate continuado e porque os citas não eram capazes de ter nenhuma potência maior em batalha, um deles disse o seguinte: "O que estamos fazendo, homens citas? Ao combatermos com os nossos escravos, se eles nos matarem, nós mesmos ficaremos em menor número, e se nós os matarmos, comandaremos menos escravos no futuro. Agora então, penso que é bom largarmos as lanças, e os arcos e as flechas, e cada um de nós pegarmos nosso chicote próprio para cavalo e irmos nos aproximando deles. Pois no momento em que nos virem com as armas, eles se considerarão iguais a nós e que têm a mesma origem; e se eles nos virem com chicotes em vez de armas, perceberão que eles são nossos escravos, e compreendendo isso, não farão resistência."[36]

---

33. Heródoto grafa νομάδες (*nomádes*), plural de νομάς (*nomás*), que significa "que vagueia como os rebanhos".

34. Região montanhosa situada no mar Negro, localizada na península Táurica, no Quersoneso.

35. Os helenos deram o nome de lago Meótis ao que os habitantes da Ásia Menor chamavam de mar de Azov, localizado em uma região pantanosa do Cáucaso.

36. Heródoto nos mostra que a relação entre senhores e escravos é algo natural, instintivo, como se os escravos fossem animais a ser dominados da mesma forma que os cavalos. Em um registro posterior ao de Heródoto, Aristóteles afirma que: "pois é um escravo por natureza aquele que pode ser de outro (por esse motivo também é de outro), e aquele que participa da razão tanto quanto a percebe, mas não a tem. Pois os demais seres vivos não a percebem pelo pensamento, mas estão submetidos aos seus instintos. E sua utilidade também faz pouca diferença: pois a sua ajuda para as coisas necessárias com o seu corpo é igual para ambos, tanto para os escravos como para os animais domésticos". (*Política*, 1254b20-26). In: Aristóteles. *Política*. Tradução, introdução e notas de Maria Aparecida de Oliveira Silva. São Paulo: Edipro, 2018.

4. Após terem ouvido esses argumentos, os citas os cumpriram com perfeição; e os escravos ficaram atordoados com a circunstância presente, desertaram da batalha e fugiram. Assim, os citas comandaram na Ásia, e foram novamente expulsos pelos medos e desse modo retornaram para seu território. E por causa disso, Dario quis que eles pagassem por isso, e reuniu uma expedição militar contra eles.

5. E como alguns citas contam, o seu é o mais novo dentre todos os povos, e esse se originou do modo que se segue. Um homem nasceu primeiro nessa terra que era deserta, cujo nome era Targitau; e contam que os pais desse Targitau, para mim não dizem coisas confiáveis, mas eles as dizem, era Zeus[37] e uma filha do rio Borístenes[38]. Então, de tal linhagem nasceu Targitau; desse nasceram três filhos, Lipoxes, Arpoxes e o mais novo, Colaxes. Na época em que os três irmãos reinaram, do céu vieram uns objetos de ouro: um arado, um jugo, uma sagáris[39] e uma taça, que caíram no território da raça cita, e dentre eles quem os viu primeiro foi o irmão mais velho, que foi se aproximando por querer pegar o ouro, mas o ouro se inflamou, e ele se afastou. Depois de tê-lo abandonado, o segundo irmão se aproximou, e o ouro novamente fez o mesmo. Então os dois se afastaram porque o ouro se inflamou, e, em terceiro lugar, quando o irmão mais novo aproximou-se do ouro, o fogo se esvaiu, e ele o levou consigo; e os irmãos mais velhos compreenderam os acontecimentos e entregaram todo o reino para o mais novo.

---

37. Pai dos deuses e dos homens, Zeus, filho de Crono e Reia, reinou sobre todos depois de destronar o pai; sobre a origem e os acontecimentos que antecederam seu reinado, consultar: *Teogonia*, 468-506, de Hesíodo.

38. Rio que nasce na região do Cáucaso e desemboca no mar Negro. Borístenes também era o nome de uma colônia helena, uma ilha colonizada pelos milésios em 647 a.C.

39. A σάγαρις (*ságaris*) era uma espécie de machado de um ou dois gumes usados pelas amazonas, pelos citas e pelos persas. Segundo Heródoto, Livro I, 215, os masságetas também faziam uso da sagáris.

6. Então, de Lipoxes nasceram dentre os citas uma linhagem dos que são chamados aucatas, do irmão do meio, Arpoxes, os que são chamados de catíaros e tráspis, e do mais novo deles, o rei, os chamados paralatas. E todos eles são chamados de escolotos, o epônimo do rei; e citas é como os helenos os nomeiam.

7. Portanto, os citas contam que eles se originaram desse modo, e depois que foram gerados, eles dizem que o total de anos que eles existem, desde o primeiro rei Targitau até a travessia de Dario contra eles, é de mil anos, mas não mais que isso. E esse ouro sagrado os reis guardam com o máximo de cuidado, e vão todo ano levar-lhe grandes sacrifícios para ofertá-los. E se o guardião do ouro sagrado adormecesse na festa ao ar livre, ele, é dito pelos citas, não viveria mais que um ano; e lhe oferecem por isso o perímetro de quanto ele percorresse com o seu cavalo em um único dia. E pela grande extensão do seu território, Colaxes estabeleceu três reinos para seus filhos e criou um reino desses maiores, no qual o ouro estava guardado. E a Cítia superior, na direção do vento norte, contam, além deles os vizinhos, que ninguém é capaz de a ver nem de atravessá-la pelas plumas espalhadas; pois tanto o ar como a terra estão cheias de plumas, e essas são as que impedem a vista.

8. Os citas assim dizem em favor deles e da grande extensão do seu território, enquanto os helenos que habitam o Ponto[40] contam o que se segue. Quando Héracles[41] conduzia as vacas[42] de Gérion[43], chegou nessa terra que era deserta, a que os citas agora habitam. E

40. Trata-se do Ponto Euxino, antigo nome do mar Negro.

41. Filho de Zeus e Alcmena, são inúmeras as histórias que envolvem o herói heleno; dentre as mais famosas, está o ciclo dos Doze Trabalhos, façanhas executadas por determinação de seu primo Euristeu, como expiação pelo assassinato dos filhos que gerara com Mégara. Plutarco compôs uma biografia sobre o herói da qual nos resta apenas um fragmento recolhido por Robert Flacelière (fr. 8 Fl.).

42. Este foi o Décimo Trabalho de Héracles, por ordem de Euristeu o filho de Zeus foi até Eriteia para roubar o rebanho de Gérion, que foi morto por Héracles quando tentava impedi-lo.

43. Filho de Crisaor e Calírroe, descendia de Posídon por parte de pai e de Oceano por parte de mãe. Gérion era um gigante de três cabeças, de triplo corpo até a cintura.

Gérion mora fora do Ponto, ele que colonizou a ilha que os helenos dizem que é Eriteia[44], a que está próxima aos gadiros[45], fora das Colunas de Héracles[46], no litoral do Oceano; em teoria, dizem que o Oceano começava no lugar do Sol das regiões orientais[47] e de onde começam a correr em volta de toda a terra; na prática, não demonstraram isso. Quando Héracles veio de lá para o território que agora é chamado da Cítia – pois foi surpreendido por uma tempestade rigorosa e fria – e ele estava envolvido na pele do leão quando dormiu, e as suas éguas estavam posicionadas embaixo do carro, nesse decorrer do tempo, desapareceram por um divino acaso.

9. Quando Héracles despertou, ele foi procurá-las, e percorreu todos os lugares do território; por fim, chegou à terra chamada Hilea[48]; e lá ele encontrou em uma caverna um ser de dupla forma que era metade mulher jovem e metade víbora[49]; a parte superior dos seus membros, a partir das nádegas, era de uma mulher, e a parte inferior era de uma serpente. E depois de tê-la visto, espantou-se e perguntou-lhe se ela viu onde estavam as suas éguas perdidas. E ela lhe disse que havia

44. Ἐρυθεία (*Erytheía*) é também conhecida por "A ilha vermelha", já radical de seu nome que deriva de ἐρύθημα (*erýthēma*), que significa "vermelhidão", atribui-se esse nome à ilha ao fato de o Sol se pôr no mar e causar um efeito avermelhado em seu território. A ilha de Eriteia está localizada no Mar Negro.

45. Habitantes de Gadira, atual cidade de Cádis, sul da Espanha.

46. As Colunas de Héracles são dois grandes rochedos, um localizado no continente europeu, o monte Calpe e o outro localizado no continente africano, o monte Musa, o que hoje é o Estreito de Gibraltar, que segundo o mito de Héracles, foi aberto com os ombros do herói que passava apressado pela região para cumprir os seus Doze Trabalhos.

47. Lugar do horizonte onde o Sol se levanta no Oriente, do lado do Mediterrâneo Oriental, o chamado Levante.

48. Região de floresta situada próxima ao mar Negro.

49. Trata-se de Equidna, conhecida por "a Víbora", pois ἔχιδνα (*ékhidina*) significa "víbora". Equidna era um monstro com tronco de mulher e víbora na parte inferior. Segundo Hesíodo em sua *Teogonia*, versos 295 a 336, Equidna era filha de Fórcis e Ceto, os filhos de Ponto e de Geia, e ela era metade uma mulher sempre jovem e outra metade serpente.

se apossado delas e que não as devolveria até que ele tivesse relações sexuais com ela; e Héracles teve relações sexuais com ela por esse pagamento. Ela de fato ultrapassou o tempo da devolução das éguas, por querer estar junto com Héracles o máximo de tempo possível, enquanto ele queria se livrar dela e levar embora as suas éguas. E finalmente, quando foi devolvê-las, ela disse: "De fato, quando as suas éguas chegaram aqui, eu as salvei para ti, e tu me deste a recompensa por elas, pois tenho três filhos gerados contigo. Esses, quando forem criados, o que preciso fazer, mostra-me tu, se os instalo neste lugar (pois eu mesma tenho o poder sobre este território), se os envio para ti". Ela então perguntou isso, e dizem que ele lhe disse o seguinte: "Quando vires que as crianças se tornaram adultos, faz isso que se segue e não cometerás um erro: se vires um deles estendendo este arco, assim como eu o distendo, e com este cinturão, do modo como uso o meu cinturão, faz dele um habitante deste território; e quem deixar de lado um desses trabalhos que eu realizo, expulsa-o do teu território. E faz isso e tu própria te alegrarás e farás o que eu lhe prescrevi."

10. Então ele estirou um dos seus arcos (pois Héracles carregava dois arcos o tempo todo), mostrou-lhe como ele usava o seu cinto e entregou-lhe o seu arco[50] e o seu cinto com uma taça de ouro no alto do seu encaixe; depois de entregá-los, ele livrou-se dela. E ela, depois que seus filhos nasceram e que os meninos se tornaram adultos, ela colocou nomes neles: para um deles deu o nome de Agatirso; para o seguinte, de Gelono; e de Cita para o mais novo[51]; e lembrou do ordenado e fez o que lhe foi ordenado. E dois dos filhos que tinha, Agatirso e Gelono, não foram capazes de cumprir a missão

50. Os citas eram conhecidos como exímios arqueiros. Heródoto nos apresenta aqui uma versão mítica dessa habilidade cita. No entanto, outra vez notamos que o nosso historiador coloca os helenos como educadores dos bárbaros. Vimos no Livro I, 31-43, o exemplo do encontro mítico de Sólon e Creso: Heródoto nos revela sua percepção de Sólon com um sábio que leva preceitos da filosofia helena aos bárbaros, para torná-los mais prudentes. In: Heródoto. *Histórias. Livro I – Clio. Op. cit.*

51. Os epônimos dos povos que formam a Cítia, como veremos mais adiante no capítulo 104 sobre os agatirsos e no capítulo 108 sobre os gelonos.

estabelecida, foram expulsos por sua geradora e partiram, enquanto Cita, o mais novo deles, completou a missão e permaneceu no território. E de Cita, filho de Héracles, nasceram os sucessivos reis dos citas; além disso, a partir dessa taça até esta época, os citas carregam uma taça nos seus cinturões. E esta reminiscência foi um expediente tramado pela mãe de Cita. E os helenos habitantes do Ponto contam isso.

11. E existe também um outro relato que é o seguinte, o qual é mais contado e estou mais inclinado a estabelecer. Os citas nômades que habitavam na Ásia[52] estavam pressionados pelos masságetas[53] na guerra; depois da travessia do rio Araxes[54], avançaram sobre a terra ciméria; pois os citas a ocupam agora – contam que antigamente eram os cimérios. Enquanto os citas avançavam, os cimérios deliberavam porque o exército que estava avançando contra eles era numeroso; e, além disso, eles estavam divididos entre duas opiniões e ambas as partes debatiam com veemência, e a melhor opinião foi a dos reis; pois a opinião do povo conduzia a solução do problema para a sua retirada, porque não deveria correr perigo enfrentando muitos inimigos, e a dos reis era a de ir contra aqueles que os atacavam e travar com eles um combate pelo seu território. Então, o povo não quis se deixar persuadir pelos reis, nem os reis pelo povo. Eles então deliberaram que partiriam sem participar da batalha,

---

52. Sobre a região que os citas e os masságetas habitavam, Heródoto escreve no seu primeiro livro: "Pelo outro lado, que nos conduz em direção ao Oriente desse mar chamado Cáspio encerra-se o Cáucaso, e pelo lado em direção à aurora e ao sol nascente tem a extensa planície, infinita, para além da visão. De fato, não é a menor parte dessa extensa planície que os masságetas habitam" (*Histórias*, I, 204). In: Heródoto. *Histórias. Livro I – Clio. Op. cit.*

53. Os masságetas eram conhecidos por sua coragem na guerra, como Heródoto registra: "Depois de Ciro ter conquistado esse povo, desejou colocar os masságetas sob o seu poder. E diz-se que esse povo também era numeroso e corajoso, habitando na direção da aurora e do sol nascente, do outro lado do rio Araxes, e em frente aos homens issedônios. Há os que dizem que eles são do povo da Cítia." (*Histórias*, I, 201). In: Heródoto. *Histórias. Livro I – Clio. Op. cit.*

54. Um rio extenso, que corta as montanhas do Cáucaso, cortando os territórios da Ásia Menor e desembocando no mar Hircânio, atual mar Cáspio.

abandonariam seu território àqueles que os atacavam, mas esses reis pensavam que seria melhor ficar em seu próprio território e morrer, não fugir com o povo, por terem calculado quantas coisas boas eles experimentaram e quantas coisas ruins eles experimentariam fora de sua pátria, e que haveria perigo. Depois de eles terem pensado isso, separaram-se e se posicionaram em dois grupos numericamente iguais para lutar uns contra os outros; e todos foram mortos por eles, e o povo dos cimérios os enterrou; ao lado do rio Tira[55] (e ainda é possível a vista do seu enterramento), e tão logo os cimérios os tinham enterrado, saíram do território. E os citas retornaram para se apossar do seu território que estava deserto.

12. E agora existem na Cítia as Muralhas Cimérias[56], também existe um estreito da Ciméria[57], e ainda existe um território cujo nome é Ciméria, e existe um Bósforo chamado Ciméria[58]. E parece que os cimérios fugiram dos citas em direção a Ásia e colonizaram a península na qual agora está estabelecida a cidade helena de Sinope[59]. E é claro também que os citas os perseguiram, erraram o caminho e invadiram a terra Média; pois os cimérios sempre fugiam beirando o mar, enquanto os citas, com o Cáucaso ao seu lado direito, perseguiram-nos até o ponto em que se desviaram do caminho indo para o interior. E essa é outra história relatada em comum que é contada por helenos e bárbaros.

---

55. Rio da planície do Cáucaso, hoje chamado rio Dniestre, que nasce na Ucrânia, corre pela Moldávia e desemboca no mar Negro, quando retorna ao território da Ucrânia.

56. As muralhas ainda podem ser vistas na Península de Kerch e região, com uma distância de 32 quilômetros em torno do mar Negro, na Península da Crimeia, note-se a semelhança do nome com o da Ciméria.

57. Estreito do Bósforo, que liga o mar Negro ao mar de Mármara.

58. Estreito de Kerch que permite a passagem para o mar de Azov, também conhecido como lago Meótis.

59. Cidade litorânea da Ásia Menor situada no mar Negro, ou, nas palavras de Heródoto: "Capadócia (a cidade de Ptéria é a mais forte da região, na vizinhança da cidade de Sinope, que estava mais situada no Ponto Euxino) (*Histórias*, I, 76). In: Heródoto. *Histórias. Livro I – Clio. Op. cit.*

13. E Arísteas[60], filho de Cestróbio, um homem do Proconesos[61], compondo versos épicos, chegou à terra dos issedonos[62] por ter sido inspirado por Febo[63], e acima dos issedonos habitavam os arimaspos[64], que eram homens que tinham um olho só[65], e depois desses[66]

---

60. Arísteas de Proconesos, século VII a.C., foi um poeta afeito aos cultos de Apolo, e compôs três livros intitulados *Arismaspeias, que tratam da viagem que Arísteas fez ao extremo da região norte.*

61. Cidade colonizada pelos milésios no século VI a.C., localizada na Propôntida.

62. Os issedonos eram "os seguidores de Ísis", a deusa egípcia que é muitas vezes associada a Afrodite Habitavam no norte da Cítia.

63. Φοῖβος (*Phoîbos*) era outro nome dado ao deus Apolo, cujo significado é "o Brilhante", de onde φοιβόλαμπτος (*phoibólamptos*) também pode ser lido como "iluminado por Apolo", pois o radical λαμπτ- (*lampt-*) está presente no substantivo λαμπτήρ (*lamptḗr*), que é o epíteto de Dioniso e significa "o Iluminador".

64. É interessante notar que Heródoto está reproduzindo o relatado nos versos de Arísteas de Procomeno, porém a narrativa que se segue nos leva a imaginar o mundo descrito por Homero em sua Odisseia. O poeta de Procomeno parece reavivar a narrativa homérica e assim nos revelar um imaginário comum aos de seu tempo: o de que os seres mais estranhos aos humanos habitam nas extremidades da Terra. Com isso, os helenos se colocam no centro da civilização antiga – quanto mais distantes deles, mais exóticos –, o que também acentua a coragem dos helenos de desbravarem o desconhecido.

65. O relato de Arísteas aqui lembra o encontro de Odisseu com os Ciclopes. No Canto IX da Odisseia, Homero retrata um episódio em que Odisseu, fazendo as vezes de um aedo, canta as aventuras e desventuras de seu retorno a Ítaca ao lado de seus companheiros da Guerra de Troia. Odisseu começa a narrativa sobre a sua chegada à terra dos Ciclopes (γαίης Κυκλώπων / *gaíēs Kyklṓpōn*), onde encontrará Polifemo (Πολύφημος / *Polýphēmos*) cujo nome significa "de muitas vozes" ou "muito celebrado"; no caso do gigante o segundo é mais adequado, por ser o chefe dos Ciclopes e filho do deus Posídon e da ninfa Toosa. Polifemo, o gigante de um olho só, é apresentado como um ser violento, que habita em uma caverna, come carne crua, não tinha o hábito de beber vinho, e quando o fazia, não o fazia com moderação.

66. Ἀριμασποί (*Arimaspoí*), palavra cita que significa "de um olho só", derivada de ἄριμα (*árima*) que equivale a ἕν (*hén*) que significa "um" e de σποῦ (*spoû*) que equivale ao substantivo ὀφθαλμός (*ophthalmós*) que significa "olho". Heródoto reproduz aqui os versos de Arísteas, visto que no Livro III, 116, o nosso historiador expõe o seu ponto de vista sobre este relato: "Além disso, parece que existe muito

vêm os grifos, que são os guardiões do ouro[67], e depois desses vêm os hiperbóreos[68], que habitavam a região em torno do mar; então todos esses, à exceção dos hiperbóreos, começando pelos arimaspos, sempre atacam os seus vizinhos; e os issedonos foram expulsos de seu território pelos arimaspos, e os citas pelos issedonos, e os cimérios que habitam na costa do mar do sul foram pressionados pelos citas a abandonar o seu território. Assim, essa história sobre esse território não concorda com a dos citas.

14. E de onde era Arísteas, o que compôs essa história, isso já foi dito; e contarei sobre a história que ouvi no Proconesos e em Cízico[69]. Pois contam que Arísteas, que não era inferior em linhagem a nenhum dos habitantes da cidade, entrou na oficina de um cardador do Proconesos e lá morreu, e o cardador trancou-o em seu local de trabalho e foi comunicar o cadáver aos parentes. E a história de que Arísteas estava morto já estava espalhada pela cidade quando

---

ouro no norte da Europa. Como ele se origina, eu não posso dizer isso com exatidão, mas diz-se que ele é pilhado pelos homens de narizes aduncos, os arimaspos, homens que tinham um olho só; mas não estou convencido disso, como homens nascem com um olho só, mas têm o restante da sua constituição física semelhante às dos outros homens. Portanto, parece verossímil que os territórios situados nos confins, que circundam o restante do seu território e encerram-no em seu interior, parece-nos que são os mesmos que têm as coisas mais belas e as mais raras." In: Heródoto. *Histórias. Livro III – Talia. Op. cit.*

67. Havia entre os antigos helenos um mito que foi disseminado por babilônios, assírios e persas de que existia um Grifo, um ser com cabeça e asas de águia e corpo de leão que botava ovos de ouros em ninhos de ouro, o que ilustra a riqueza aurífera da região. Os helenos acreditavam que o Grifo e seus descendentes eram propriedade de Zeus.

68. Habitantes de *Hiperbórea,* palavra composta pela preposição ὑπερ (*hýper*), que significa "além", e do substantivo βόρεια (*bóreia*) que significa "norte", região localizada no extremo norte. A região também recebe este nome por ser o local onde nasce Bóreas, que é a personificação do vento Norte. Diferentemente dos arimaspos, antes de Arísteas, os hiperbóreos haviam recebido a visita de outros heróis helenos: Teseu e Perseu, dois heróis considerados civilizadores. Por isso essa região, apesar de estar nos confins do território, era considerada perfeita por ter o sol brilhando durante todos os dias e noites do ano, razão pela qual o deus Apolo ser o mais cultuado ali.

69. Cidade da Mísia, na região da Ásia Menor, vizinha à Bitínia.

um homem de Cízico que tinha acabado de chegar da cidade de Ártace[70] entrou em discordância com aqueles que afirmavam isso, e disse-lhes que encontrou Arísteas quando estava indo para Cízico e que chegou a trocar algumas palavras com ele. E esse homem debatia com seus opositores com veemência, enquanto os parentes do falecido estavam indo para a oficina do cardador com as coisas necessárias para que retirassem o cadáver de lá; quando o recinto foi aberto, Arísteas não apareceu, nem vivo nem morto. E depois de seis anos, ele apareceu no Proconesos e lá compôs seus versos épicos, esses que agora são chamados de *Arismapeia* pelos helenos, e depois de terminar sua epopeia, ele desapareceu pela segunda vez.

15. Essas cidades contam isso, e sei isto: que aconteceu aos metapontinos na Itália, duzentos e quarenta anos depois do segundo desaparecimento de Arísteas, como eu descobri comparando as histórias em Proconesos e Metaponto[71]. Pois os metapontinos contam que o próprio Arísteas lhes apareceu no território para ordenar que fosse erigido um altar em honra do deus Apolo e uma estátua colocada ao lado do altar com o nome de Arísteas, o proconésio; pois ele lhes disse que eram os únicos italiotas a cujo território Apolo chegou, e que ele mesmo o seguiu, que agora ele era Arísteas; mas que na ocasião, quando ele seguia o deus, ele era um corvo[72]. Também depois de ter dito isso, ele desapareceu, e os metapontinos contam que eles enviaram um mensageiro a Delfos[73] para perguntar ao deus sobre qual era o sentido

---

70. Cidade portuária da Propôntida, próxima a Cízico.

71. Cidade situada na Península Itálica, às margens do Golfo de Tarento.

72. Na antiga Hélade, o corvo era considerado um pássaro solar e por isso estava associado ao culto de Apolo, que também era venerado como o deus do Sol. Segundo Estrabão, IX, 3, foram os corvos que determinaram o local exato onde o Ônfalo de Delfos deveria ser posto. Este Ônfalo de Delfos era considerado o centro do mundo, o seu nome vem de ὀμφαλός (*omphalós*) que significa "umbigo".

73. Santuário localizado aos pés do monte Parnaso que abrigava o Templo de Apolo, famoso por seus oráculos.

da aparição daquele homem. E a Pítia[74] ordenou-lhes que obedecessem à aparição, e eles ficaram convencidos de que isso seria lhes seria mais proveitoso; e eles receberam este oráculo e cumpriram com suas tarefas. E agora está colocada uma imagem com o nome de Arísteas[75] junto à estátua de Apolo que foi erigida na ágora[76]. Então sobre Arísteas, já foi dito o bastante.

16. E a respeito dessa terra, o discurso que se inicia para discorrer sobre ela, ninguém sabe com precisão o que existe além dela. Porque não existe de fato nenhuma testemunha ocular que diga algo, não sou capaz de saber nada por meio de informações; pois nem mesmo Arísteas, de quem há pouco tempo lembrei por isso, nem mesmo ele contou ter ido além dos issedonos nos seus versos épicos[77], mas o que ele contou sobre as regiões mais ao norte foi por ter ouvido, afirmando que os issedonos era os que contavam isso. Mas, quanto a nós, o máximo do possível do que fomos capazes de alcançar com precisão ouvindo sobre os acontecimentos, tudo já foi dito.

---

74. Sacerdotisa de Apolo que cumpria o dever de pronunciar o oráculo do deus ao seu consulente.

75. De acordo com Plínio, *História natural*, VIII, 174, a estátua representava o momento em que Arísteas abandona a sua forma de corvo.

76. Praça principal de uma cidade helena, com construções públicas, templos e comércios, onde eram realizados assembleias e debates entre os cidadãos, considerada um espaço de manifestação da cidadania. Com está evidente pelo contexto, neste caso, ágora assume o significado de mercado.

77. Percebemos nesta narrativa o uso que Heródoto faz do conteúdo dos versos dos poetas épicos para compor suas *Histórias*, o que nos revela que o nosso historiador trata as informações destes poetas como fatos históricos, em um enlace entre a história e a poesia, que leva o nosso historiador também a escrever uma prosa com conteúdo poético, que se estende a sua escrita. Como pode ser visto nos capítulos 112 a 120 do Livro II, em que Heródoto conta a história de Helena divergindo e ao mesmo tempo dialogando com a perspectiva homérica. Outro exemplo claro disso está neste relato: "E quem falou a respeito do Oceano, porque remonta a um mito obscuro, não há o que refutar; pois eu mesmo não conheço um rio que seja Oceano, e Homero, ou algum dentre os primeiros poetas que existiram, parece-me que inventou esse nome e o introduziu na sua poesia." (*Histórias*, II, 23). In: Heródoto. *Histórias. Livro II – Euterpe. Op. cit.*

17. A partir do entreposto comercial dos boristenitas[78] (pois esse entreposto está no ponto mais central dos que estão na costa marítima de toda a Cítia), os primeiros a ocupar esse lugar foram os calípidas, que são citas helenizados, e acima deles existe outro povo que se chama alazones; estes e também os calípidas cultivam em outros aspectos os mesmos costumes dos citas, semeiam trigo, cebolas, alho, lentilha e milho. Mais acima dos alazones habitam os citas lavradores, os que não semeiam trigo para a sua alimentação, mas para a venda[79]. E mais ao norte desses, habitam os neuros. E do povo dos neuros em direção ao vento norte é um deserto, sem homens, na medida do que nós vimos. E esses são os povos situados às margens do rio Hípanis[80] em direção ao poente do Borístenes.

18. Mas atravessando o Borístenes, o primeiro a partir do mar, vem a Hilea, e indo mais acima, habitam os citas agricultores[81]; os helenos que habitam a região do rio Hípanis os chamam de boristenitas, mas eles mesmos se chamam de olbiopolitas[82]. Portanto,

---

78. Trata-se da cidade de Olbia (Ὀλβία / *Olbía*) que significa "cidade feliz", localizada às margens do mar Negro. Cidade fundada em 645 a.C. pelos milésios, os habitantes de Mileto. A descrição de Heródoto das regiões situadas no extremo Norte passa também por uma espécie de viagem ao mundo explorado pelos helenos, com a intenção de mostrá-los como desbravadores e civilizadores das terras bárbaras, eliminando ou se mesclando a monstros e seres estranhos e gerando novas raças dotadas de artes e técnicas vindas da Hélade.

79. Note-se que os citas que não foram helenizados são nômades, vivem do pastoreio e desconhecem as práticas comerciais.

80. Rio situado ao norte do Danúbio, atual rio Bug.

81. Nesta descrição, Heródoto pensa duas categorias de citas, a dos Σκύθαι ἀροτῆρες (*Skýthai arotêres*), "os citas lavradores" e a dos Σκύθαι γεωργοί (*Skýthai geōrgoí*), "os citas agricultores". Supomos que a distinção se justifique pela natureza comercial que os primeiros deram ao cultivo de seus grãos, ao passo que os segundos plantavam em menor escala.

82. Ao denominar os segundos de olbipolitas (Ὀλβιοπολίτας / *Olbiopolítas*), ou "os cidadãos da cidade feliz", Heródoto reflete o pensamento de uma época que coloca o comércio entre as atividades vis e vê a agricultura como a mais nobre. Tradição esta iniciada por Hesíodo e preservada nos escritos de Xenofonte, de a agricultura ser uma atividade que auxilia na formação moral e militar dos cidadãos:

esses citas agricultores ocupam um lugar na direção da aurora que está a um caminho de três dias, quando chegam ao rio cujo nome é Panticapes[83], e em direção ao vento norte, são onze dias de navegação acima do Borístenes. E já mais ao norte desses territórios é completamente deserto, e depois desse deserto, habitam os andrófagos[84], um povo que tem características próprias e que de modo algum é de origem cita. E mais ao norte desses territórios já é um verdadeiro deserto e não existe ninguém da raça humana, na medida do que nós sabemos.

19. E o território na direção da aurora desses citas agricultores, depois da travessia do rio Pantícapes, já são os citas nômades que o ocupam. Eles não semeiam nenhum tipo de alimento nada nem aram; e todo o território, exceto o de Hilea, é desprovido de árvores; e esses nômades[85] estão no território mais voltado mais para a direção da aurora em um caminho de quatorze dias até o rio Gerro[86].

"Nem os mais prósperos podem manter-se afastados da agricultura. Cuidar dela, acho, é ao mesmo tempo uma atividade prazerosa, um meio de fazer crescer o patrimônio e exercitar o corpo para que esteja apto para tudo quanto convém a um homem livre [...] Seria de admirar, penso eu, se um homem possuísse algo mais agradável que isso ou se encontrasse uma ocupação mais agradável ou mais útil para a vida (Xenofonte, *Econômico*, v, 1-11). In: Xenofonte. *Econômico*. Tradução de Anna Lia Amaral de Almeida Prado. São Paulo: Martins Fontes, 1999.

83. Não se sabe ao certo de qual rio se trata.

84. ἀνδροφάγοι (*androphágoi*), substantivo composto por ἀνδρο- (*andro-*), que significa "homem", e φάγοι (*phágoi*), que significa "comedores", ou seja, "comedores de homens". Note-se que estes andrófagos não tiveram qualquer contato com os helenos e que mantêm os seus costumes intactos, por isso são seres não-civilizados.

85. Os citas nômades apenas tiveram um contato breve com Héracles e ainda assim aprenderam com ele a usar o arco e a flecha. No entanto, não são considerados civilizados por não viverem em cidades, conforme os helenos e os citas helenizados. Aristóteles, no século IV a.C., escreve: "o homem é por natureza um animal político, e o homem sem cidade por natureza, não por acaso, ou é insignificante, ou está acima do homem." (*Política*, 1253a2-4). In: Aristóteles. *Política*. *Op. cit.*

86. Não se sabe ao certo de qual rio se trata.

20. E do outro lado do Gerro, de fato, estão as chamadas terras reais[87], onde os mais corajosos e numerosos e que consideram que os outros citas são seus escravos; e eles se estendem em direção ao território sul da região da terra táurica[88], e o território na direção da aurora até o fosso cavado pelos filhos dos cegos[89], e das margens do lago Meótis até o entreposto comercial chamado Cremnos[90]; e uma parte dele se estende até o rio Tánais[91]. E mais ao norte dos descendentes dos reis citas, na direção do vento norte, habitam os melanclenos[92], mas é outro povo, e não é característico da Cítia, e mais ao norte é um deserto onde não existe a raça humana, na medida do que nós sabemos.

21. E depois de atravessar o rio Tánais, não é mais território da Cítia, mas a primeira parte do território é o dos saurômatas[93], os que possuem este que se inicia a partir da parte mais profunda do lago Palo Meótis[94] ocupam o território mais voltado para o vento norte por um caminho de quinze dias, todo desprovido de árvores, tanto as silvestres como as cultivadas. E habitam, além desses, a segunda parte do território que pertence aos budinos[95], com uma terra inteira coberta com todo tipo de árvore.

---

87. Heródoto mostra mais uma distinção entre os citas: no caso destes, seriam os citas pertencentes a famílias descendentes de antigos reis dos citas.

88. Trata-se da Táurica ou Táuris, localizada na região do mar Negro, no Quersoneso Táurico.

89. Heródoto conta a origem desses cegos no capítulo 2.

90. Localizado no lago Méotis, do lado do Bósforo Cimério.

91. Rio da região do Cáucaso que desemboca no lago Meótis, atual mar de Azov.

92. μελάγχλαινος (*melánklainos*), melancleno, substantivo composto por μελάγ- (*melán*), que significa "negro" e χλαινος (*klainos*) que significa "manto", isto é, "manto negro".

93. Povo que habitava a margem esquerda do lago Meótis até o mar Cáspio, era nômade e formado por pastores.

94. Localizado na planície do Cáucaso, o Ponto Meótis recebe as águas do rio Tánais e desemboca no Ponto Euxino.

95. Extremo norte do Cáucaso, onde hoje está localizado o rio Volga.

22. E mais ao norte dos budinos na direção norte existe o primeiro deserto por um caminho de sete dias, e depois desse deserto, um território que se estende mais para o vento leste os tisságetas[96] o ocupam, um povo numeroso e com características próprias; e eles vivem da caça. E na continuidade desses territórios, nesses mesmos lugares, habitam esses que são chamados de povo iirca[97], e eles vivem da caça do seguinte modo: o caçador sobe na árvore e se esconde – as árvores estão por todo o seu território; e cada um tem o seu cavalo instruído para se posicionar sobre o seu ventre, porque está abaixado, está de prontidão; também tem seu cão; e quando avista o animal do alto da árvore, ele lança uma flecha, monta no seu cavalo e o persegue, enquanto o cão se mantém junto do animal. E acima desses iircos, voltando-se na direção da aurora, habitam outros citas que se revoltaram contra os citas reais e vieram para esses territórios.

23. De fato, até o território desses citas, tudo o que foi descrito é formado por uma terra plana e solo fecundo, e a partir deste ponto o território é pedregoso e irregular. E depois de atravessar esse território muito irregular, habitam os homens das elevadas montanhas[98] que contam que são todos calvos desde o seu nascimento, homens e mulheres por igual, com seus narizes chatos e mandíbulas grandes, falantes de uma língua própria, usam vestimentas citas e vivem dos frutos de certas árvores. A árvore que utilizavam para viver chamava-se pôntico[99], que é mais ou menos maior que uma figueira; e produz um fruto igual ao grão de fava e tem caroço. Quando esse fruto se torna maduro, eles o espremem e filtram com pedaços de pano, e dele escorre um líquido espesso e negro. O nome desse líquido que

---

96. Masságetas e *Tisságetas* são alguns dos getas, povos guerreiros pouco conhecidos do tronco indoirânico que expulsaram os cimérios. Os tisságetas habitavam o sul dos montes Urais, na altura do mar Cáspio.

97. Habitantes dos montes Urais, na altura do mar Cáspio, vizinhos aos tisságetas.

98. Heródoto descreve a região que hoje conhecemos como os montes Urais.

99. δένδρεων ποντικόν (*déndreōn pontikón*), ou a árvore do Ponto, que é a aveleira para os helenos. No entanto, a descrição nos leva a pensar em uma espécie de ameixa ou cereja.

escorre é ásqui[100]; e eles lambem esse líquido e o bebem junto com leite, e do que se sedimenta, eles fazem bolos de frutas e uma bebida fermentada e os comem; pois eles não têm muitos rebanhos; pois os pastos no território não são bons. E cada um deles ocupa uma árvore, e quando vem o inverno, cobre a árvore com manta impermeável branca, e quando vem o verão, fica sem a manta. Ninguém ofende esses homens (pois contam que eles são sagrados), nem adquire nenhum tipo de arma de guerra; também isto: são eles os que resolvem as divergências existentes com os seus vizinhos, e isto: se algum fugitivo se refugiar com eles não é ofendido por ninguém. Eles se chamam argipeus[101].

24. Então, até esses calvos, há muita visibilidade do território e dos povos diante deles; pois alguns citas também chegaram até eles, e não foi difícil de buscar informações sobre isso, também alguns helenos do entreposto comercial do Borístenes e dos demais entrepostos do Ponto. E os citas que vão até eles fazem suas negociações por meio de sete intérpretes para sete línguas[102].

25. Então, até estes territórios nos é conhecido, e mais ao norte desses calvos, ninguém saber dizer o que existe com exatidão; pois as montanhas florestadas, intransponíveis, impedem a passagem; de fato, ninguém as transpôs. E esses calvos contam, mas eu não tenho confiança no que dizem, que homens com pés de cabra habitam as montanhas[103], e que atravessando o território desses

---

100. Existe uma bebida nos Urais chamada *atchi* que é um suco feito de cereja silvestre.

101. Os helenos imaginavam que os primeiros povos não conheciam a guerra, só a agricultura e o pastoreio. Note-se com isso que o comércio está associado à degeneração dos costumes.

102. Com esse relato, Heródoto revela a intensidade do comércio marítimo no Ponto Euxino, com diversos produtos advindos das mais diferentes regiões e negociados com diversos povos. Heródoto relata vários entrepostos comerciais importantes, como por exemplo os de Olbia, Panticapeu e Tánais, o que demonstra a magnitude das transações comerciais, já que necessitavam de vários entrepostos.

103. A descrição de Heródoto nos remete ao imaginário heleno sobre o deus primitivo Pan. Filho de Hermes e de Dríope, Pan é considerado o deus dos pastores

calvos, existem outros que dormem seis meses do ano[104]; e isso eu não aceito como fonte. Mas se conhece com exatidão o território dos calvos em direção à aurora que é habitado pelos issedonos; no entanto, o território mais ao norte voltado para o vento norte não é conhecido nem pelos calvos nem pelos issedonos, a não ser pelo que eles próprios contam.

26. E contam que os issedonos adotam os costumes que se seguem. Quando o pai de um homem morre, todos os parentes trazem reses, depois realizam sacrifícios com elas e cortam as carnes e eles cortam também o pai morto de quem os recebeu, e preparam toda a carne para ser servida no banquete[105]. E raspam a cabeça do morto, limpam bem e derramam ouro sobre ela, e depois eles as utilizam como estátuas e cumprem todos os anos os rituais costumeiros com grandiosos sacrifícios. E o filho faz isso para o seu pai, do mesmo modo que os helenos fazem nos aniversários de seus mortos. Além

---

e dos rebanhos. Os helenos contam que ele é originário da Arcádia e representado como uma divindade semi-humana: tem um rosto barbudo, queixo saliente e a testa com dois chifres; seu corpo é peludo e os membros inferiores são de bode. Os seus atributos mais frequentes são uma siringe (flauta de Pan), um cajado de pastor e uma coroa de pinheiro. O relato de Heródoto novamente nos traz um paralelo entre a Hélade desenvolvida e as regiões primitivas, e eleva os helenos ao patamar de civilizadores do mundo bárbaro.

104. As informações parecem inverossímeis, mas há que se considerar o intenso inverno boreal que impossibilita que seus habitantes saiam de suas casas e os obriga a permanecer meses em seus lares. As conhecidas noites polares não só atingem uma temperatura de 60º C negativos, mas têm como característica a presença de seguidas e intensas tempestades de neve.

105. Convém lembrar que o relato de Heródoto sobre os issedonos é um tanto semelhante ao que fez sobre os masságetas: "quando se tornam muito velhos, todos os seus descendentes vêm e os matam, mas, ao mesmo tempo, também a alguns animais do seu rebanho; depois cozinham suas carnes e realizam uma celebração com um farto banquete. Essas coisas são consideradas as mais felizes para eles, e quando alguém morre por doença, eles não se alimentam dessa carne, mas o enterram em seu chão, e ficam pesarosos, porque não foi alcançado o momento de ser sacrificado." (*Histórias,* I, 216). In: Heródoto. *Histórias. Livro I – Clio. Op. cit.*

disso, contam que os issedonos são justos[106], e que as mulheres têm poderes iguais aos dos homens[107].

27. Então, eles também conhecem esse povo. E mais ao norte desses estão os issedonos, que contam que são os homens de um olho só e são os guardiões dos grifos de ouro, e influenciados por eles, os citas contam o mesmo, e influenciados pelos citas, nós partilhamos as informações de quem são esses outros, e os chamamos à moda dos citas de arimaspos; pois "arima" é como os citas chamam o número um, e "spos" é olho.

28. E todo esse vasto território relatado é de um clima tão rigoroso que durante oito meses o frio acontece com uma intensidade insuportável; nesses meses não derramam água no chão para fazer lama, mas necessitam do fogo para fazer a lama; e o mar congela, também todo o Bósforo Cimério[108], e nessa rocha cristalizada de gelo, os citas habitantes de fora do fosso atravessam com seus exércitos e marcham avançando com seus carros até o território dos sindos[109]. Assim então se passam os oito meses com esse inverno, e nos quatro meses restantes assim mesmo é frio. E esse inverno tem características peculiares e difere de todos os outros territórios habitados que são frios: nele, durante a estação das chuvas, não chove nada digo de menção, e o verão não deixa de trazer chuvas. E quando os trovões acontecem na outra estação, na qual não acontecem, mas que são abundantes durante o verão; se um trovão acontece no inverno, os seus habitantes ficam admirados com esse sinal extraordinário enviado pelos deuses. E ainda se acontece um terremoto, quer no verão quer no inverno, na Cítia, isso é considerado um sinal extraordinário enviado pelos deuses. E os cavalos suportam e se mantêm nesse inverno; enquanto

---

106. Trata-se de um lugar-comum na literatura helena que os povos mais antigos e lendários são mais justos e virtuosos. O mito da Raça de Ouro em Hesíodo é um exemplo dessa percepção.

107. Esta questão será discutida no século seguinte ao de Heródoto, uns as viam como iguais em participação citadina e outros restringiam aos homens essa participação.

108. Estreito que possibilita a passagem do Mar Negro para o Lago Meótis.

109. Habitantes da Península de Tamna, às margens do Lago Meótis.

em outros territórios, os cavalos que são colocados neste frio passam por convulsões, mas asnos e mulas se mantêm nele.

29. E parece-me também que a raça dos bois, a mocha[110], que nasce neste lugar da Cítia não tem chifres por causa disso. E testemunha por mim esse meu pensamento também o verso de Homero[111] na *Odisseia*, que é o seguinte:

Na Líbia[112]*, onde os cordeiros já nascem com chifres;*[113]

E está corretamente dito, nos territórios quentes os chifres despontam rapidamente; enquanto nos territórios extremamente frios, ou os rebanhos não nascem com chifres no começo, ou nascem crescendo com muita dificuldade[114].

30. Então, lá na Cítia, por causa do frio acontece isso. E fico admirado (pois desde o início do meu discurso eu procuro fazer digressões) porque em todo território da Élide[115] não se é capaz de gerar uma mula, nem quando não está um tempo frio, nem existe qualquer outra causa clara para nada disso; e os próprios elidenses contam que no território deles não nascem mulas por causa de uma certa maldição. Mas quando se aproxima a hora de as éguas se emprenharem, eles as conduzem para os territórios vizinhos e, em seguida, tocam os burros para o lugar onde elas estão, até o momento em que as éguas tenham seus ventres fecundados; e depois eles retornam para o seu território.

---

110. O nome da raça é τὸ κόλον (*tò kólon*), isto é, "a que nasce sem chifres" ou "mocha".

111. Poeta épico heleno a quem é atribuída a autoria dos versos em hexâmetro dactílicos da *Ilíada* e da *Odisseia*.

112. A geografia homérica é a mesma utilizada por Heródoto, pois ambos a situam no Norte da África.

113. Homero, *Odisseia*, IV, 85.

114. Em razão disso, τὸ κόλον (*tò kólon*) também pode significar "a que tem chifres curtos".

115. Localidade situada na região costeira da península do Peloponeso, também conhecida como Élis, cuja capital é a cidade de Pirgos.

31. E a respeito das plumas[116], os citas contam que o ar é repleto delas, e por causa delas não é possível nem ver o que está adiante nem atravessar o seu território, e tenho o pensamento que se segue sobre isso. Quanto às características desse território mais ao norte é que sempre neva, e menos no verão que no inverno, como é plausível; então alguém que já viu de bem perto a neve caindo maciça, sabe o que estou dizendo; pois a neve se parece com as às plumas; e por causa desse inverno que é assim, territórios mais para o norte dessa planície são inabitados. Portanto, penso que os citam falam de plumas por elas se parecerem com a neve. Então, esses foram os acontecimentos já relatados sobre o que se conta sobre os territórios mais remotos.

32. E a respeito dos hiperbóreos, nem os citas dizem algo, nem algum dos outros povos que habitam esse território, a não ser talvez os issedonos; e como eu penso, nem eles dizem nada sobre isso[117]; pois os citas também contariam algo sobre isso, como contam a respeito dos homens de um olho só. Mas, a respeito dos hiperbóreos, já foi falado por Hesíodo[118], e também por Homero em seus *Epígonos*[119], se é que na realidade Homero compôs esses versos épicos[120].

33. E os délios contam muitas coisas a respeito dos hiperbóreos, afirmando que algumas oferendas sagradas são envolvidas em palha de trigo para serem levadas para a Cítia, e da Cítia já as recebem continuamente dos povos vizinhos, passam por cada um deles,

---

116. Consultar o capítulo 7 deste Livro IV.

117. Heródoto refere-se aos versos de Arísteas em sua *Arimaspeia*, de onde retirou as informações sobre os hiperbóreos, como vimos no capítulo 13 deste Livro IV.

118. Poeta heleno nascido na cidade de Ascra, na Beócia, século VIII a.C. Autor de *Teogonia* e *Os trabalhos e os dias*. Nas obras preservadas de Hesíodo, não encontramos referências aos hiperbóreos.

119. Apenas fragmentos dessa obra foram conservados, que não nos trazem qualquer informação sobre os hiperbóreos.

120. Na poesia, as referências que conhecemos são as de Píndaro, *Píticas*, X, 46-71 e Baquílides, *Odes*, III, 59.

vão com elas até o mar Adriático[121] em direção ao poente, e de lá são levadas em direção ao sul e os primeiros dentre os helenos que as recebem são os dodoneus[122], e depois deles, descem até o golfo Maleia[123] e atravessam a Eubeia[124], e vão de cidade em cidade até Caristo[125], e de lá, deixam Andros[126] para trás; pois os carístios são os que as acompanham até Tenos[127], e de Tenos para Delos[128]. Então, eles contam que essas oferendas sagradas chegam assim a Delos, e primeiro os hiperbóreos enviam as duas virgens que carregam as oferendas sagradas, as quais os délios chamam Hipéroque[129] e Laódice[130]; e ao mesmo tempo, por motivo de segurança delas,

---

121. Situado no extremo norte do mar Mediterrâneo, o mar Adriático separa a península Itálica da península dos Balcãs.

122. Habitantes de Dodona, uma cidade localizada na região de Épiro, onde está situado o mais antigo santuário da Hélade, sendo o seu primeiro templo dedicado à deusa Reia ou Geia, a deusa-mãe. Depois foram construídos diversos templos dedicados a Héracles, Dione, Afrodite, Têmis e Zeus; no período clássico, o oráculo de Zeus era o mais consultado.

123. Localizado no mar Egeu, o golfo serve de passagem da região de Dodona para atravessar os montes Pindo, que separam a Tessália de Épiro.

124. Ilha helena situada no mar Egeu, cuja cidade principal é Cálcis.

125. Um vilarejo situado ao sul da ilha da Eubeia.

126. Ilha helena pertencente ao grupo de ilhas conhecido como Cíclades, do lado oriental.

127. Mais uma ilha helena situada na região da Cíclades.

128. Uma das menores ilhas helenas que compõem as Cíclades, que recebem esse nome por estarem no centro do mar Egeu e, juntas, terem o formato de um círculo; não à toa, seu nome deriva do termo *kyklos* (κύκλος), que significa "círculo".

129. Ὑπερόχη (*Hyperókhē*), ou Hipéroque, significa "o estar sobre", ou "o levantar-se sobre ou no alto"; também traz o sentido de "poder" e "alto grau de proeminência", que nos remete ao aspecto solar do deus, visto que estava associado ao culto do Sol.

130. Λαοδίκη (*Laodíkē*), ou Laódice, significa "a justiça do povo", que nos leva ao seu aspecto divinatório. A justiça também era feita por meio de oráculos; lembremos que a punição que Édipo recebeu por seu crime veio por meio de um oráculo, com a noção bem clara de que existe uma justiça divina. Ainda que Édipo não tivesse tido a intenção, ele era um parricida e um incestuoso, merecedor da ira divina.

os hiperbóreos enviam cinco varões dentre os cidadãos como sua escolta, esses são os que agora são chamados Perferes[131], que recebem grandes honras em Delos; e visto que homens que haviam sido enviados não retornavam para a sua terra natal, os hiperbóreos olhavam como circunstâncias ruins e os que eles sempre enviavam não retornavam, assim então os hiperbóreos traziam as oferendas sagradas envolvidas em palha de trigo até as suas fronteiras, e tendo isso em grande conta, pedem aos vizinhos que eles as levem até o outro povo. E eles contam que assim são levadas essas oferendas para Delos. E eu próprio conheço um costume que é semelhante a esse das oferendas sagradas, que é o seguinte: as mulheres trácias[132] e as peônias[133], quando realizam sacrifícios para Ártemis[134] Basileia[135], não realizam suas oferendas sem a palha de trigo. E isso é de fato o que eu sei que essas mulheres fazem.

34. E em honra dessas jovens virgens dos hiperbóreos que morreram em Delos, as moças e os rapazes de Delos cortam seus cabelos[136]; as

---

131. Περφερέες (*Perpherées*) também poder ser interpretado como "os portadores das oferendas".

132. Habitantes da Trácia, região situada no extremo norte da Hélade.

133. Habitantes da Peônia, região situada ao norte da Macedônia, próxima à Trácia.

134. Deusa helena, filha de Zeus e Leto, irmã gêmea de Apolo, era conhecida como a deusa da caça e protetora do parto. Apolo era representado com as armas douradas e associado ao Sol; já a deusa, com armas argênteas e associada à Lua. Consultar: *Hino homérico a Ártemis* e *Hino homérico a Apolo*.

135. Em razão da extensão territorial e da consequente diversidade cultural da Hélade, as divindades recebiam epítetos locais, como este de Basileia (Βασιλεία/*Basileía*), que significa Rainha, do qual não sabemos explicar a origem. Já o culto a Ártemis justifica-se por ser a irmã gêmea de Apolo, sempre lembrada em função do mito comum.

136. Oferecer os cabelos como oferendas a deuses e heróis é um costume dos antigos helenos e de outros povos como, por exemplo, os egípcios. Sobre eles, Heródoto conta: "E os egípcios observam as normas religiosas de modo notável ao restante dos assuntos relacionados aos seus templos [...] e cada um deles em sua cidade, quando cumprem seus votos ao deus, fazem essas orações para um animal que é próprio do deus; raspam toda a cabeça dos seus filhos ou a metade, ou a terça parte da cabeça." (*Histórias*, II, 65). In: Heródoto. *Histórias. Livro III – Talia. Op. cit.*

moças, antes do seu casamento, cortam um cacho, e o enrolam em um fuso e o colocam sobre o seu túmulo (e o túmulo está na entrada do Artemísion[137] quando se entra pelo lado da mão esquerda, no qual uma oliveira cresceu); e quanto aos jovens délios, eles enrolam alguns cachos dos seus cabelos em volta de uma erva ainda verde e os colocam sobre o túmulo.

35. E elas recebem essa honra dos habitantes de Delos. E eles próprios contam que Arge[138] e Ópis[139], que eram virgens vindas do território dos hiperbóreos, que passavam por esses mesmos povos para ir até Delos, onde Hipéroque e Laódice haviam chegado primeiro; estas então chegaram a Delos antes para ofertar diante de Ilitia[140] o tributo que os hiperbóreos impuseram a si mesmos pela rapidez do parto[141], enquanto Arge e Ópis chegaram ao mesmo tempo trazendo suas mesmas deusas[142]. E os délios contam que elas receberam outras honras deles; de fato, as mulheres délias organizam coletas em sua honra, enquanto evocam seus nomes em um hino para elas pelo canto de Ólen[143], um homem lício que o compôs, e compôs também os outros hinos antigos que são cantados em Delos),

---

137. Templo de Ártemis situado ao lado do de Apolo, data do século VII a.C.

138. Ἄργη (*Árgē*) deriva de ἀργής (*árgēs*) que significa "de um branco brilhante" ou "resplandecente", o que nos remete às argênteas armas de Ártemis.

139. Ὦπις (*Ópsis*) ou Ópis é o epíteto de Ártemis no território dos hiperbóreos.

140. Ilitia era filha de Hera, deusa da maternidade que, segundo esta tradição retratada por Heródoto, era enviada por sua mãe para auxiliar as parturientes. Interessante notar que o mito mais recorrente é o de que Ártemis nasceu primeiro e foi quem auxiliou sua mãe Leto no parto de seu irmão Apolo.

141. O parto rápido é considerado um parto feliz. Neste caso, as hiperbóreas celebram o parto rápido dos irmãos gêmeos Ártemis e Apolo.

142. Leto e Ilitia. A primeira é filha do titã Urano e da titânide Febe; portanto, pertence à primeira geração divina. Leto é mãe de Apolo e de Ártemis, os quais teve com Zeus. Ilitia é filha de Zeus e Hera, que se rebelou contra a mãe e foi auxiliar Leto durante o seu parto, por conta da cólera de Hera por Leto ter gerado filhos com Zeus, o seu esposo.

143. Poeta épico mítico, atribuído ao século VIII a.C., quando se data a introdução do culto de Apolo e Ártemis em Delos, que teriam sido trazidos da Lícia por Ólen.

também quando as coxas das vítimas sacrificiais são queimadas em cima do altar, a cinza resultante é espalhada pelo sepulcro de Ópis e Arge. E o sepulcro delas está atrás do Artemísion, voltado para a aurora, muito próximo da sala para banquetes do povo de Ceos[144].

36. E está dito isso sobre os hiperbóreos. Pois existe uma história sobre Ábaris[145] que eu não contarei; porque eles contam que era um hiperbóreo, eles contam que ele carregou sua flecha em volta de toda a terra, sem comer nada. E se existem uns homens que são hiperbóreos, também existem uns outros que são os hipernótios[146]. E dou risada de ver que muitos já traçaram mapas da terra e não prestam atenção em nada do que estão expondo, que desenham o Oceano[147] correndo em volta da terra[148], que é circular, como se feita por um compasso, e desenham a Ásia em proporção igual à Europa. Pois, em poucas palavras, eu mostrarei a extensão de cada uma delas e como se pode fazer um desenho de cada uma delas.

37. No centro da Ásia os persas habitam, se estendendo até o mar do sul, o chamado Eritreu[149]; e depois deles, na direção do vento

---

144. Mais uma ilha localizada no mar Egeu pertencente ao grupo de ilhas denominado Cíclades.

145. Poeta cita que recebeu de Apolo o dom da adivinhação e a flecha de ouro com a qual o deus havia matado os Ciclopes, a mesma que havia colocado no templo dos hiperbóreos.

146. Heródoto faz sua suposição a partir do nome dos hiperbóreos, pois ὑπερβόρεοι (*hyperbóreoi*) significa "os que estão no extremo norte", e na lógica de nosso autor, deveria existir "os que estão no extremo sul", os ὑπερνότιοι (*hypernótioi*), ou seja, os hipernótios.

147. Oceano era o rio que se acreditava correr em torno da Terra, personificado por um titã homônimo, o filho mais velho de Urano e de Geia, conhecido como deus das águas doces.

148. Consultar o mapa apresentado na Introdução Geral às Histórias de Heródoto nesta Coleção. In: Heródoto, *Histórias. Livro I – Clio. Op. cit.*, p. 11.

149. Mar que banhava a região da Eritreia, famosa por seus recursos minerais; o mar Eritreu, hoje, recebe o nome de mar Vermelho.

norte, habitam os medos, e depois dos medos, habitam os sáspiros[150], e depois dos sáspiros, habitam os colcos[151] se estendendo até o mar do norte, no território onde deságua o rio Fásis[152]. Esses são os quatro povos que habitam de uma ponta do mar até a outra.

38. E desse lugar, em direção ao poente, duas penínsulas se estendem desse centro da Ásia em direção ao mar, as quais descreverei adiante. De lá, uma das penínsulas se estende até os territórios em direção ao norte, onde começa o rio Fásis, e se prolongam até o mar ao lado do Ponto[153]

---

150. Heródoto faz referências aos sáspiros em outros livros. No primeiro, registra: "O caminho do lago Meótis até o rio Fásis e para o território dos colcos é de trinta dias para um homem ágil, e de colcos não se caminha muito para o território dos medos, mas há um único povo pelo meio deles, os sáspiros, e passando por esse lugar, chega-se à região dos medos." (*Histórias*, I, 104). E no terceiro livro conta que: "E os paricânios e os etíopes da Ásia pagavam quatrocentos talentos; e essa era a décima sétima província. E os matienos, sáspiros e alaródios tinham estabelecido como tributo o valor de duzentos talentos; e essa era a décima oitava província. Para moscos, tibaremos, macrones, mossinecos e mares, Dario pedia a quantia de trezentos talentos; e essa era a décima nona província." (*Histórias*, III, 94). In: Heródoto. *Histórias. Livro I – Clio. Op. cit.*; *Histórias. Livro III – Talia. Op. cit.*

151. Heródoto assim descreve os colcos: "Pois parece que os colcos sao egípcios. Digo isso porque eu mesmo compreendi isso primeiro ou porque ouvi isso de outros; quando tive isso no meu pensamento, perguntei a ambos os povos, e os colcos recordavam mais dos egípcios do que os egípcios dos colcos; e os egípcios disseram que consideravam que os colcos eram os homens do exército de Sesóstris. E eu mesmo comparei as seguintes coisas: também porque eles têm suas peles negras, cabelos crespos (e isso não leva a lugar nenhum; pois são semelhantes a outros povos), mas há o seguinte, que é o mais importante, porque somente os colcos, os egípcios e os etíopes dentre todos os homens são os que praticam, desde a sua origem, a circuncisão das suas partes pudendas." (*Histórias*, I, 194). É interessante perceber que as características físicas dos colcos em nada intereferem nos costumes, que isso não é importante na avaliação de Heródoto. In: Heródoto. *Histórias. Livro I – Clio. Op. cit.*

152. Rio localizado em uma cidade homônima, que foi colonizada por habitantes da cidade de Mileto no século VII a.C. Apolônio de Rodes relata que o herói Jasão navegou por suas águas durante a sua aventura em busca do Velo de Ouro. Consultar: *Argonautica*, II, 401.

153. O mar Negro era, originalmente, chamado de Ponto Euxino.

e do Helesponto[154] até o Sigeu[155] de Tróade[156], os territórios em direção ao sul da mesma península se estendem do golfo Miriândrico[157], situado na Fenícia, e se estendem até o mar[158] até o cabo Triópio[159]. E habitam, nesta península, trinta povos da humanidade.

39. Então essa aqui é a outra dessas penínsulas. E essa outra, de fato, começa na Pérsia[160] e se prolonga até o mar Eritreu, o lado que é da Pérsia, e deste o território seguinte é a Assíria[161], e da Assíria o seguinte é a Arábia[162]; e esta termina, contudo não termina a não ser pelo costume, e em direção ao golfo da Arábico, até a época em que Dario levou para o território um canal vindo do Nilo[163]; então, até a Fenícia, a partir do território dos persas, existe uma extensão ampla

---

154. Estreito que liga o mar Egeu ao mar de Mármara na Ásia Menor.

155. Promontório localizado na Tróade.

156. Cidade vizinha a Troia, localizada na entrada do Helesponto.

157. Situado em Miriandro, uma cidade da Ásia Menor, atual Turquia, conhecida pela batalha que Alexandre, o Grande, travou nesta localidade em 333 a.C., quando venceu o rei Dario III na famosa Batalha de Isso, decisiva para a entrada do rei macedônio no Oriente.

158. Trata-se do mar Egeu.

159. Cidade e promontório da Cária famosa por abrigar o Santuário de Apolo Triópio, na península de Cnido. Sobre este santuário exclusivo dos iônios, Heródoto conta que "eles o protegem excessivamente para não permitir a entrada de nenhum dos dórios no Santuário Triópio, mas também excluem da participação os que, dentre eles mesmos, cometeram ilegalidades no templo. Pois, nos jogos em honra de Apolo Triópio, há muito ofereciam trípodes de bronze aos seus vencedores, mas era preciso que esses que as recebessem não as retirassem do templo, mas que lá as deixassem depositadas para o deus." (*Histórias*, I, 144). In: Heródoto. *Histórias. Livro I – Clio. Op. cit.*

160. Império que geograficamente corresponde ao atual Irã.

161. Região situada ao norte da Mesopotâmia, em torno do rio Tigre.

162. Região da península Arábica que separa a Ásia da África.

163. Segundo maior rio do mundo em extensão, o rio Nilo corta quase todos os territórios do norte da África. Heródoto descreve a região do Delta do Nilo no *Livro II – Euterpe* desta Coleção, capítulo 10 e ss.

de terra, enquanto a partir da Fenícia ao longo deste mar[164], essa península segue ao longo da Síria[165] Palestina[166] e do Egito, onde ela termina. Nessa península, existem três povos somente.

40. E esses são os territórios habitados que estão em direção ao poente da Ásia. E os territórios mais ao norte dos persas, dos medos, dos sáspiros e dos colcos, os que estão voltados para a aurora e do sol nascente, a partir desse território seguem ao longo do mar Eritreu, e em direção ao norte, está o mar Cáspio[167] e o rio Araxes[168], que corre em direção ao sol nascente. E até o território da Índia, a Ásia está habitada; e deste ponto desse deserto até já na direção da aurora, ninguém pode dizer nada sobre qual é o seu tipo.

41. Desse tipo e dessa extensão é a Ásia. E a Líbia está em outra península; depois do Egito, a Líbia já é o próximo território. Então essa península na parte egípcia é estreita; pois a partir deste mar[169]

---

164. Trata-se do mar Mediterrâneo.

165. A Síria, que era formada basicamente por assírios e arameus, também foi ocupada pelos persas e, posteriormente, por Alexandre, o Grande.

166. Região situada na antiga Síria. Heródoto conta que os citas atravessaram a Síria Palestina para dominar o Egito: "Todavia, os citas não avançaram por esse caminho, mas deram uma volta muito mais extensa ao norte desse caminho que, no seu lado direito, eles tinham a montanha do Cáucaso, onde os medos se encontraram com os citas, e foram vencidos na batalha, e perderam o seu poder, e os citas dominaram toda a Ásia. De lá, eles avançaram contra o Egito. E quando eles estavam em um ponto da Síria que era a Palestina, Psamético, rei do Egito, depois de ter se apresentado diante deles com presentes e súplicas para que não marchassem adiante, retornou. Depois de eles terem retornado, voltaram para a cidade de Ascalão, na Síria; a maior parte dos citas passou por eles sem feri-los, alguns poucos deles ficaram para trás e saquearam o templo de Afrodite Urânia." (*Histórias*, I, 104-15). In: Heródoto. *Histórias. Livro I – Clio. Op. cit.*

167. É o maior corpo fechado de água no mundo. Há duas interpretações para essa grande formação de água: ou se referem ao Cáspio como o maior lago do mundo ou como um mar. Os antigos o denominavam Oceano ou mar Hircânio.

168. Um rio extenso que atravessa as montanhas do Cáucaso, corta os territórios da Ásia Menor e desemboca no mar Hircânio.

169. Trata-se do mar Mediterrâneo.

até o mar Eritreu são cem mil braças[170], e essas mesmas seriam mil estádios[171]; e a partir desse estreito, a península é muito plana, a que é chamada Líbia.

42. Portanto, fico admirado com os que delimitaram e dividiram a terra em Líbia, Ásia e Europa; pois não é pequena a diferença dentre elas. Pois, em termos de comprimento, a Europa estende-se ao lado de ambas, enquanto que, em termos de largura, parece-me que não é digna de ser comparada com nenhuma. Pois é evidente que essa Líbia é banhada de água por todos os lados, exceto a parte em que faz limite com a Ásia; sabemos que o rei Neco[172] foi o primeiro que o demonstrou, logo que ele parou a escavação do canal que se estende do Nilo[173] em direção ao golfo Arábico[174], e enviou alguns homens

---

170. ὄργυια (*órgyia*) era uma medida fixa de quatro côvados, ou seis pés, aproximadamente 1,80 m.

171. Um estádio equivale aproximadamente a cem braças, então são mais ou menos 180 m.

172. Trata-se de Neco II, faraó egípcio durante os anos 660 e 593 a.C., época em que houve a ascensão ao poder do rei Nabudonosor, quando foi obrigado a se aliar à Assíria para conter o avanço da Babilônia na região. No entanto, a tentativa de Neco II foi infrutífera, pois o rei babilônio dominou a ambos os Impérios e tanto assírios como egípcios serviram ao poderoso rei Nabucodonosor. Neco II também ficou conhecido por ter incentivado a navegação do mar Vermelho feita pelo fenício Hanon, que navegou o referido mar indo em direção à costa do Norte da África até chegar ao mar Mediterrâneo, por onde retornou ao Egito, um marco da navegação do período.

173. Segundo maior rio do mundo em extensão, o rio Nilo corta quase todos os territórios do norte da África.

174. Heródoto nos traz mais detalhes sobre este canal: "do Golfo Arábico. Por ele, o trajeto é menor e é o caminho mais curto que vem do mar do norte passando por cima, em direção ao mar do sul, também este é chamado de Eritreu, proveniente do Monte Cásio, que divide a fronteira entre o Egito e a Síria; desse lugar até o golfo Arábico são mil estádios de distância; esse é o caminho mais curto, mas o canal é muito mais extenso do que ele, tanto quanto é mais sinuoso. No período em que Neco reinou, dentre os homens que foram utilizados para a escavação do canal do rei, vinte mil morreram; então, Neco interrompeu a escavação do canal no meio dela, por ter recebido a resposta de um oráculo, que lhe colocava um obstáculo, que dizia o que se segue: que ele estava antecipando o trabalho dessa obra para o

fenícios em barcos, e lhes ordenou que, na viagem de volta, atravessassem as Colunas[175] de Héracles[176]em direção ao mar do norte[177] e assim chegassem ao Egito. Então os fenícios, que estavam ancorados, zarparam do mar Eritreu navegando pelo mar do sul[178]; e quando ocorria o fim do outono, aportavam e semeavam a terra em um ponto qualquer da Líbia por onde a todo momento navegavam, e esperavam o tempo da colheita; e depois que faziam a colheita do trigo, navegavam, de modo que transcorriam dois anos, e no terceiro eles circunavegavam as Colunas de Héracles e chegavam ao Egito.

43. Então a Líbia foi conhecida primeiro desse modo, e depois disso, os carquedônios[179] são os que contam que é assim, depois que

---

bárbaro; e os egípcios chamam de bárbaros aqueles que não falam a mesma língua que eles." (*Histórias*, II, 158). In: Heródoto. *Histórias. Livro II – Euterpe. Op. cit.* Convém ressaltar que Heródoto, uma vez mais, utiliza a sua visão de mundo helênica para interpretar os costumes dos estrangeiros, pois sua afirmação de que os egípcios consideravam bárbaro todo aquele que não falava sua língua remete-nos ao que era pensado na Hélade. É senso comum entre os helenistas que, para os helenos, os bárbaros eram qualquer povo que não falava a sua língua; por conseguinte, os que não eram helenos. Como eles não entendiam a língua dos povos bárbaros, diziam que esses indivíduos falavam *bar bar bar*.

175. Nome dado aos promontórios localizados no estreito de Gilbratar que separam os continentes africano e europeu.

176. Filho de Zeus e Alcmena, são inúmeras as histórias que envolvem o herói heleno; dentre as mais famosas, está o ciclo dos Doze Trabalhos, façanhas executadas por determinação de seu primo Euristeu como expiação pelo assassinato dos filhos que gerara com Megara. Plutarco compôs uma biografia sobre o herói, da qual nos resta apenas um fragmento recolhido por Robert Flacelière (fr. 8 Fl.).

177. Heródoto refere-se ao mar Mediterrâneo.

178. Trata-se do oceano Índico.

179. Nome dado aos cartagineses habitantes de Carquédon, outro nome dado à cidade de Cartago, localizada no norte da África, cuja colonização foi feita por fenícios das cidades de Tíron e de Sídon. Ambas eram as principais fontes de riquezas dos fenícios, as mais ricas da região; seus habitantes migraram para o norte da África e fundaram a grandiosa Cartago, que também se desenvolveu por ser um grande entreposto comercial que rivalizava com a Sicília, vencendo-a em combates e tornando-se a senhora do comércio mediterrâneo até ser destruída

Sataspes, filho de Teaspis[180], um aquemênida[181], não circunavegou a Síria, apesar de ter sido enviado a esse lugar para isso, porém, por ter temido a longa duração da navegação e sua solidão, retornou, e não cumpriu a ordem que a sua mãe colocou como uma missão. Pois havia violentado a virgem filha de Zópiro[182], filho de Megabizo[183]; depois, por causa dessa acusação, ele foi condenado pelo rei Xerxes[184] a ser empalado, mas quando isso estava prestes a acontecer, a mãe de Sataspes, que era irmã de Dario, intercedeu e lhe disse que ela mesma lhe imporia um castigo maior que aquele; pois ele seria obrigado a fazer a circunavegação da Líbia até chegar

---

por Roma na chamada Terceira Guerra Púnica, em 146 a.C., o que revela a extensão do poder de Cartago.

180. Não dispomos de mais dados sobre eles.

181. Quando Heródoto faz a apresentação dos persas no *Livro I*, capítulo 126, ele afirma que: "os aquemênidas eram clãs de onde os reis da Pérsia eram originários". In: *Histórias. Livro I – Clio. Op. cit.*

182. Filho de Megabizo. Antes de se revoltar, era sátrapa da Babilônia, que ele ajudou Dario a conquistar. Sobre este episódio, Heródoto conta que "foi ao encontro de Dario e informou-se se ele dava muita importância para a captura da Babilônia. Depois de ter sido informado que em muito ele estimava essa conquista [...] Nesse momento, pensando que fosse um gesto fácil de suportar, mutilou-se em flagelo de modo irreparável; pois cortou seu próprio nariz, orelhas, também raspou terrivelmente a sua cabeleira e açoitou-se com chicote, e foi para a corte de Dario. E Dario suportou muito mal ver um homem notabilíssimo mutilado [...] perguntou-lhe [...] Mas, por quê, tolo, os inimigos irão se render mais rápido contigo mutilado? [...] Pois eu, como estou, passarei para o outro campo do muro e direi aos babilônios que, por tua causa, eu sofri estas mutilações; também penso que, se eu os persuadir que as coisas foram desse modo, eles prepararão um exército para mim. [...] Pois, como eu penso, quando eu demonstrar meus grandes feitos e outras coisas, os babilônios se voltarão para o meu lado; além disso, eu terei as chaves das portas. E doravante, eu e os persas teremos de nos empenhar para fazer as coisas que devemos.". (*Histórias*, III, 154-156). In: Heródoto. *Histórias. Livro III – Talia. Op. cit.*

183. Depois de ter sido bem-sucedido ao lado de seus amigos na derrubada do rei Esmérdis e colaborado para a coroação de Dario I como rei da Pérsia, Megabizo tornou-se comandante do exército do rei no Helesponto.

184. Filho de Dario I, neto de Ciro, o Grande, 518-465 a.C.

no Golfo Arábico[185]. E depois de Xerxes ter concordado com suas palavras, Sataspes partiu para o Egito com naus e nautas dessa região e navegou para as Colunas de Héracles e as atravessou. Ainda contornou o cabo da Líbia[186], cujo nome é Solos[187], navegou em direção ao sul, passou por uma longa extensão do mar em muitos meses, depois disso sempre faltava muito mais; ele retornou e navegou de volta para o Egito. E de lá foi até o rei Xerxes e contou que no ponto mais distante da sua navegação pela costa apareceram homens de baixa estatura que vestiam roupas de folhas de palmeira, que sempre que eles atracavam com sua nau, eles fugiam para as montanhas, deixando as suas cidades para trás; e eles entravam nelas sem lhes causar nenhum prejuízo, e pegavam delas apenas víveres. E contou-lhe porque ele não circunavegou a Líbia por completo, e pelo motivo ainda de que o seu barco não podia ir adiante, e lá ficou detido. E Xerxes percebeu que ele não lhe contara a verdade, que ele certamente não havia cumprido a missão, e o condenou à empalação, impondo-lhe a sentença inicial. E um eunuco desse Sataspes fugiu para Samos[188] imediatamente depois de ser informado sobre a morte do seu senhor com uma grande riqueza; um homem sâmio apoderou-se dela; embora eu saiba o seu nome, eu o deixo ao esquecimento por decisão própria.

44. E a maioria das descobertas do território da Ásia foi proporcionada por Dario, que queria saber se o rio Indo[189] deságua no mar,

---

185. O mar Vermelho. Note que a mãe de Sataspes ordenou-lhe que circunavegasse no sentido inverso do feito pela expedição enviada pelo rei Neco.

186. Região da Líbia que é assim descrita por Heródoto: "ponto extremo da Líbia, ao longo de todo esse território vê-se os líbios e os seus diversos povos, exceto a parte em que os helenos e os fenícios habitam; a outra parte desse território situado abaixo da linha do mar e dos povos habitantes do litoral; a Líbia está repleta de animais selvagens, e mais ao sul dos territórios habitados pelos animais selvagens e uma região arenosa, extremamente desprovida de água, e o deserto mais inabitado de todos." (*Histórias*, II, 32). In: Heródoto. *Histórias. Livro II – Euterpe. Op. cit.*

187. Extremo do norte da África, onde hoje está situado o Marrocos.

188. Ilha helena situada no mar Egeu.

189. O maior rio da Ásia que tem sua nascente no Tibet.

que esse é o segundo dentre os rios que apresenta crocodilos[190], e enviou outros com barcos nos quais ele confiava que lhe diriam a verdade; além disso, também Cílaca, um homem de Carianda[191]. E eles se deslocaram da cidade de Caspatiro[192] e da terra Páctica[193] e navegaram rio abaixo na direção da aurora e do sol nascente até alcançarem o mar, e pelo mar em direção ao oeste, e em trinta meses navegaram e chegaram nesse território de onde o rei egípcio enviou os fenícios, dos quais falamos antes, para realizar a circunavegação da Líbia. E depois de eles terem concluído a circunavegação, Dario subjugou os indianos e começou a utilizar esse mar. Assim também sobre a Ásia, exceto os territórios voltados para o sol nascente, o restante dos territórios apresenta descobertas semelhantes às da Líbia.

45. E claro que a Europa não é de modo algum conhecida, nem os territórios voltados para o sol nascente nem os que estão na direção norte, se é banhada de água por todos os lados; e em extensão é conhecida por ter a mesma que a das duas outras partes[194]. Não posso

---

190. O primeiro rio é o Nilo, que foi visitado por Heródoto e sua brilhante descrição está no segundo livro dele, onde registra toda a sua passagem pelo Egito. Entre tantas descrições admiráveis, encontramos esta sobre os crocodilos: "Durante os quatro meses mais invernais, eles não se alimentam de nada. Embora seja um animal com quatro patas, também é um habitante dos lagos e dos pântanos; põe seus ovos na terra e os choca; durante todo o dia, passa seu tempo na terra seca e, durante toda a noite, no rio; pois a água é mais quente que o ar livre e o orvalho. Dentre todos os seres mortais que nos conhecemos, esse é o que se torna maior depois de ter sido tão pequeno em sua origem; os seus ovos não muito maiores do que os de um ganso quando são postos; e o crocodilo recém-nascido também nasce do mesmo tamanho do ovo, mas, depois de crescido, torna-se ainda maior, com dezoito côvados de extensão. [...] E é cego dentro da água, enquanto tem a visão mais aguçada ao ar livre. [...] De fato, uns entre os egípcios são sagrados, como os crocodilos, enquanto outros não, ao contrário, eles os tratam como inimigos." (*Histórias*, II, 32). In: Heródoto. *Histórias. Livro II – Euterpe. Op. cit.*

191. Cidade da Cária próxima a Halicarnasso, terra natal de Heródoto.

192. Não sabemos ao certo qual é a localização de Caspatiro, provavelmente localizada próxima ao rio Indo.

193. Região localizada entre o mar Cáspio e o Ponto Euxino.

194. Ásia e Líbia.

inferir por qual razão a terra que é uma só recebe três nomes, com todos os nomes de mulher, e por qual motivo ela tem os limites do Nilo, um rio egípcio, e o Fásis, um colco (outros dizem os limites são o Tánais, um rio meótide, e os Estreitos Cimérios[195]), nem posso me informar sobre os nomes dos que fizeram essa divisão, e por que colocaram esses nomes. Pois já a Líbia vem de Líbia[196], é contado pela maioria dos helenos que o nome vem de uma mulher da região, e a Ásia vem do nome da mulher[197] de Prometeu[198]; também os lídios reclamam como seu esse nome, esclarecem que Ásia é chamada assim porque vem de Ásia, filha de Cótis, filho de Manes[199], mas que Ásia não vem do nome da mulher de Prometeu; que vem da tribo que se chama Asiada, em Sárdis[200]. E, de fato, a Europa não é conhecida por nenhum dos homens; não se sabe se é banhada por águas por todos os lados, nem de onde ela recebeu esse nome, nem

---

195. Constituem o limite entre a Europa e a Ásia. A respeito desse pensamento, Heródoto afirma: "mostro que os helenos e os próprios iônios não sabem calcular: os que dizem que três partes perfazem toda a terra, Europa, Ásia e Líbia. Pois, de fato, eles devem considerar ainda o Delta do Egito como sua quarta parte, se não pertence nem à Ásia, nem à Líbia. O Nilo não é, conforme esse raciocínio, o que delimita a fronteira entre a Ásia e a Líbia; e o Nilo divide-se em dois braços na bifurcação desse delta e poderia estar entre a Ásia e a Líbia." (*Histórias*, II, 16). In: Heródoto. *Histórias. Livro II – Euterpe. Op. cit.*

196. Nome da ninfa que dá nome ao que hoje conhecemos como a África do Norte, filha de Épafo, em outros mitos aparece como filha de Io, mas sempre com Zeus. Líbia gerou com o deus Posídon os filhos Belo e Agenor, os dois heróis míticos da Fenícia e do Egito.

197. Heródoto nos apresenta uma leitura diferente do mito corrente de que Ásia é filha de Oceano e de Tétis, e que com Iápeto gerou Atlas, Prometeu, Epimeteu e Menécio.

198. Filho de Iápeto, um titã, e de Ásia, filha de Oceano, Prometeu é primo de Zeus. O mito de Prometeu é contado por Hesíodo na *Teogonia*, por Apolodoro na *Biblioteca* e por Ésquilo em *Prometeu acorrentado.*

199. Rei mítico da Lídia.

200. Principal cidade da Lídia, localizada no fértil vale do rio Hermo, importante entreposto comercial; cidade em que habitou o ilustre Creso, rei dos lídios. Sobre a sua geografia e administração, consultar o relato de Heródoto nos capítulos 30-48 do Livro III. In: Heródoto. *Histórias. Livro III – Talia. Op. cit.*

está claro quem foi o que o colocou, a não ser que digamos que o território recebeu esse nome da tíria Europa[201]; e antes não tinha nome, tal como as outras duas terras. Mas ela certamente parecia que vinha da Ásia e não chegou até essa terra que é chamada de Europa pelos helenos, mas que da Fenícia para Creta[202], e de Creta para a Lícia[203]. Sobre isso então já foi dito o bastante; pois nós utilizamos as considerações deles.

46. E o Ponto Euxino, contra o qual Dario começava a organizar uma expedição militar, dentre todos os territórios é o que apresenta, fora os citas, os povos mais ignorantes; pois não podemos fazer referência à sabedoria de nenhum povo dentre os que estão no interior da região do Ponto, nem sabemos se algum homem erudito nasceu por lá, fora os citas e Anacársis[204]. E nós sabemos que a raça cita encontrou a mais sábia solução para um dos maiores problemas da humanidade, todavia eu não admiro as suas outras ações. E assim tiveram a sua maior descoberta de modo que ninguém escape quando avançar contra eles, se não quiserem ser descobertos, que não seja possível ser capturados. Pois eles não têm cidades nem construções que tenham muralhas, mas todos são carregadores de suas próprias casas[205] e são arqueiros com cavalos, que não vivem do arado, mas do que possuem, e tinham víveres em suas casas; como eles não seriam invencíveis e inacessíveis para encontrar em batalha?

---

201. Filha de Agenor e de Telefaassa, Europa destacava-se por sua beleza a ponto de despertar o desejo de Zeus; transformado em touro, ele a raptou e levou para Creta, onde gerou com ela três filhos: Minos, Sarpédon e Radamante. Heródoto registra essa informação e alguns episódios envolvendo essas personagens em *Histórias*, I, 173. In: Heródoto. *Histórias. Livro I – Clio. Op. cit.*

202. Maior ilha helena, localizada no mar Egeu.

203. Região que fazia fronteira com a Cária, onde Sarpédon, o filho de Zeus e de Europa, tornou-se rei.

204. Filósofo cita que viajou da Cítia pelo mar Negro até chegar a Atenas, século VI a.C.

205. Porque os citas viviam em carros com cavalos.

47. E os citas descobriram essas coisas porque sua terra lhes é conveniente e os rios são seus aliados de guerra; pois essa terra é uma planície coberta de pasto e abundante em água, e os rios que correm através dessa terra que não muito inferiores em número aos canais do Egito[206]. E quais são os seus nomes e quantos são navegáveis até o mar, esses eu nomearei: o Istro[207] de cinco bocas, depois dele vêm o Tire, o Hípanis, o Borístenes, o Pantícapes, o Hipáciris, o Gerro e o Tánais. E eles correm do modo que se segue.

48. O Istro é o maior de todos os rios dentre os que nós conhecemos, corre sempre igual a si mesmo[208], tanto no verão como no inverno[209], e é o primeiro que corre em direção ao poente dentre os que estão em território cita e é o mais importante por tal característica a seguir, de fato, porque outros rios deságuam nele. E estes

---

206. Os canais do Egito são descritos no seguinte relato de Heródoto: "Depois de Sesóstris ter retornado ao Egito, ele se vingou do seu irmão e o colocou para trabalhar em companhia daqueles os quais ele havia subjugado seus territórios, e ele o utilizou para fazer o seguinte: eles carregaram as pedras que foram levadas à época do seu reinado para o templo de Hefesto, que eram enormes em tamanho; esses foram os que as arrastaram e também foram obrigados a escavar todos os canais que ainda hoje existem no Egito; fizeram isso não voluntariamente ao Egito, antes disso, todo lugar era bom para cavalgar e andar de carros, e houve a necessidade dessas atividades; pois, desde aquele tempo do Egito, embora sendo todo o território de planície, não havia cavalos nem carros; e as razões disso eram os seus canais, porque eram muitos, estavam em toda parte e os tinham de todos os modos. Por causa disso, o rei recortou o seu território. Quantos dentre os egípcios que não habitassem nas margens do rio, mas no seu interior, de modo que, quando o rio retornava [...], ficavam necessitados de sua água e se serviam de água potável, das que dragavam dos poços. De fato, por causa disso, o Egito é todo entrecortado." (*Histórias*, II, 108). In: Heródoto. *Histórias. Livro II – Euterpe. Op. cit.*

207. Rio Istro é o atual rio Danúbio, que corta a região conhecida pelos antigos como Dácia. Vemos aqui, então, uma inconsistência geográfica, o que nos leva a crer que Heródoto se enganou com o nome.

208. Heródoto refere-se ao fluxo regular do rio que o mantém sempre com o mesmo nível de água.

209. A comparação estabelecida com o Nilo nos faz perceber a esta diferença entre os rios, pois o rio do Egito era irregular em seu fluxo de água e apresenta períodos de estiagem e de cheia, como Heródoto narra no Livro II, capítulo 25.

são os rios que o fazem maior em volume de água: pelo território da Cítia correm cinco grandes rios: o que os citas chamam de Pórata, e os helenos o chamam Píreto, além dele há o Tiaranto, o Áraro, o Náparis e o Ordesso. O primeiro dos rios mencionado é grande e corre na direção da aurora, e suas águas se encontram com o Istro, e o segundo rio mencionado, o Tiaranto, é o que está mais voltado para o oriente e também o menor, e o Áraro, o Náparis e o Ordesso vão pelo meio deles e desembocam no Istro. Esses são os rios citas que são nascidos na própria Cítia e que, juntos, aumentam o fluxo de água do rio Istro. E do território dos agatirsos[210] corre o rio Máris[211] que se encontra com o Istro.

49. E dos picos das montanhas do Hemo[212], outros três grandes rios correm em direção ao vento norte e desembocam nele: são o Atlas, o Auras e o Tíbisis. E através da Trácia, dos crobizos[213] trácios, correm o Átris, o Noes e o Artanes que desembocam no Istro; e dos territórios dos pêones e da montanha Rodope, o rio Cios cortando pelo meio do Hemo deságua nele. E do território dos ilírios, corre, em direção ao vento norte, o rio Angro, que deságua na planície Tribálica e no rio Brongo, e o Brongo deságua no Istro; desse modo, são esses dois grandes rios que o Istro recebe. E desse território mais em direção ao norte dos ômbrios[214], correm o rio Cárpis e o outro, o Álpis, que vão em direção ao vento norte; também esses correm e desembocam nele. Pois o Istro corre por toda a Europa, começando no território dos citas, são eles que, depois dos cinetas, habitam no território mais extremo dentre os que estão na Europa em direção ao sol poente; e corre por toda a Europa e deságua nos flancos da Cítia.

---

210. Habitantes da região da Transilvânia, atual Romênia.

211. Nasce nos Cárpatos Orientais, afluente do Danúbio.

212. Cordilheira dos Balcãs.

213. Povo trácio.

214. Os ômbrios habitavam na região central da península Itálica que, depois da dominação romana, passou a ser chamada de Úmbria, em vez de Ômbria, e os seus habitantes ficaram conhecidos como umbros.

50. Portanto, porque esses rios mencionados e muitos outros trazem juntos o seu volume de água, o rio Istro se torna o maior, visto que, certamente, ao comparar um com o outro, o Nilo prevalece em volume de água; pois nenhum outro rio nem outra fonte desemboca nele para aumentar o seu fluxo de água[215]. E talvez o Istro corra no verão e no inverno por um dado a seguir, como me parece. Quando é inverno, o rio tem a vazão que lhe é própria, e em pouco se torna maior que o seu nível natural; pois chove muito pouco nessa terra quando é inverno, e neva continuamente. E quando é verão, a neve que caiu no inverno, que é abundante, derrete-se por toda parte e desemboca no rio Istro; e essa neve desemboca nele e aumenta o seu volume de água também com muitas e fortes chuvas dessa estação; pois o verão é a época em que chove; e quanto maior é a quantidade de água que cai nele, o sol a puxa para si no verão ou no inverno[216],

---

215. O rio Nilo recebe outros afluentes que estão mais ao sul, onde Heródoto não esteve, dado que retiramos de sua própria obra, em que admite ter ido até a altura de Elefantina: "Portanto, por até quatro meses de navegação e de estrada, o Nilo é conhecido, além do seu curso no Egito; pois essa é a quantidade de meses que eu calculei, os meses que foram descobertos pelo tempo que levamos para ir de Elefantina a esses automolos; e ele corre do oeste e do sol poente. A partir desse ponto, ninguém pode dizer nada com clareza, pois esse território é deserto por causa do calor ardente." (*Histórias*, II, 31). In: Heródoto. *Histórias. Livro II – Euterpe. Op. cit.*

216. Sobre o sol como elemento importante para o volume de água dos rios, Heródoto relata: "Quando o sol atravessa os territórios do alto da Líbia, faz o seguinte: como por todo o tempo o ar é sereno nesses territórios, e a região está exposta ao sol e sem ventos frios, quando o sol passa por lá, age igual; também durante o verão, como está acostumado a fazer quando vai para o meio do céu, pois puxa para si a água, depois de puxá-la, leva-a embora para a parte alta do território, quando os ventos a carregam e a dispersam, fazendo-a evaporar; e os ventos que costumeiramente sopram a partir desta região, o Noto e o Lips, são em muito os mais chuvosos dentre todos os ventos. Mas me parece que o sol não restitui a todo momento para o Nilo toda a sua água anual, mas que também a deixa um pouco para si. Quando o inverno se torna brando, o sol retorna para o meio do céu e, doravante, já puxa igualmente a água de todos os rios. Durante todo o tempo, pelas águas da chuva que se misturam todas com eles, porque o território é banhado pela chuva e sulcado por cursos d'agua, eles correm cheios; e quando as chuvas de verão os abandonam, ficam enfraquecidos pelo sol que puxa a sua água. E o Nilo, quando está sem a água da chuva e sua água é puxada pelo sol, pois é o único dentre os rios

tanto que o Istro tem as águas misturadas em nível semelhante ao das águas do verão ou mesmo do inverno. E esses fenômenos contrários geram uma compensação, de modo que se mostra sempre igual em volume.

51. De fato, o Istro é um dos rios que os citas têm. Depois dele, vem o Tire, que é proveniente do território do vento norte, e que começa correndo de um grande lago que divide a terra da Cítia da Nêuride; na embocadura do rio, habitam alguns helenos que se chamam tiritas[217].

52. E o terceiro rio é o Hípanis que é proveniente do território cita, e que corre de um grande lago que à sua volta pastam cavalos brancos selvagens; e esse lago chama-se corretamente Mãe de Hípanis. Portanto, dele nasce o Hípanis, rio que corre em uma extensão de cinco dias de navegação; sua água é rasa e doce, e desse rio em direção ao mar é uma distância de quatro dias de navegação, e a água é terrivelmente amarga; pois desemboca nele uma forte de água amarga que é tão especialmente amarga que, apesar de ser pequena em volume de água, altera o sabor da água do Hípanis, que é um grande rio entre poucos. E essa fonte está nos confins do território dos citas agricultores e dos alazones; o nome da fonte e do lugar onde corre a fonte no território dos citas é chamado de Exampeu, conforme a língua dos helenos Caminhos Sagrados; e o Tire e a Hípanis confluem para as regiões limítrofes aos alazones; e a partir desse ponto cada um deles se volta para direções diferentes e correm se afastando do seu ponto de encontro.

53. E o quarto rio é o Borístenes, que é o maior deles depois do Istro e o mais abundante em recursos, conforme a nossa opinião, não somente

---

que é provável durante essa mesma época que corra para si mesmo em nível muito mais baixo que durante o verão, porque, nesse momento, depois de todas ás águas por igual serem absorvidas, é o único exaurido durante o inverno. Assim, considero o sol a causa desses acontecimentos." (*Histórias*, II, 25). In: Heródoto. *Histórias. Livro II – Euterpe. Op. cit.*

217. Trata-se dos milésios, que colonizaram a região no século VI a.C. e fundaram lá a cidade de Tire.

ainda dentre os rios citas, mas também dentre todos os outros, exceto o Nilo do Egito; pois não é possível compará-lo a nenhum outro rio; e dentre os restantes dos rios, o Borístenes é o mais abundante em recursos, e que os mais belos e os mais bem-cuidados pastos oferece aos rebanhos, e os maiores e melhores peixes, sem contestação, e é o que tem a água mais agradável de se beber, e corre límpido ao lado dos que têm águas turvas, e a melhor semeadura acontece no seu entorno; e onde o território não é semeado, a grama é mais densa; e em sua embocadura, quantidades abundantes de sal[218] cristalizam de modo natural; e fornece para salgas grandes peixes sem espinhas chamados antaceus[219], e muitas outras coisas admiráveis e valiosas. Então, até o território do povo gerro, que leva quarenta dias de navegação, sabe-se que corre vindo do vento norte, e que mais para o norte corre por entre territórios de povos sobre os quais ninguém pode dizer algo; e se observa que ele corre pelo deserto em direção ao território dos citas agricultores; pois esses citas habitam ao seu redor onde deste ponto são dez dias de navegação. E esse é o único rio, também o Nilo, que eu não posso afirmar quais são as suas nascentes, e opino que não há ninguém dentre os helenos que possa afirmar isso. De fato, quando o Borístenes está correndo próximo do mar nasce, ele se junta com o Hípanis e desemboca no mesmo pântano. E o lugar que fica no meio desses rios, que é uma língua de território, é chamado de promontório de Hipolau[220], no qual erigiu-se um templo de Deméter[221]; e do outro lado do templo, às margens do Hípanis, os boristeneitas habitam.

54. Essas são as informações vindas sobre esses rios. E depois desses, existe um outro quinto rio cujo nome é Pantícapes; e esse

218. O sal era um produto importante para a economia da região.

219. Peixe que se assemelha ao esturjão, de cuja ova se faz o caviar.

220. Herói cita que se destaca por suas habilidades com cavalos e arco e flecha.

221. Deusa helena relacionada ao culto da terra cultivada; em particular, à cultura do trigo. Também pertence à segunda geração divina, filha de Crono e de Reia. Seu mito comumente aparece ligado ao de sua filha, Perséfone, por quem busca fervorosamente após esta ter sido raptada por Hades, o deus do mundo ínfero. Para mais detalhes, consultar: *Hino a Deméter*, atribuído a Homero.

corre também do norte vindo de um lago, e no território situado no meio dele e do Borístenes, habitam os citas agricultores; e desemboca na Hilea, depois de passar ao lado dela, e se junta com o Borístenes.

55. E o sexto rio é o Hipáciris, que começa a partir de um lago, corre pelo meio do território dos citas nômades e desemboca próximo à cidade de Carcinitis[222], afastando-se pela direita da Hilea e o chamado Corredor[223] de Aquiles[224].

56. E o sétimo rio é o Gerro, que se separa do Borístenes até o ponto do território que se conhece o Borístenes; então se separa a partir desse território e tem o mesmo nome desse território, Gerro, corre em direção ao mar e delimita o território dos citas nômades do dos citas reais, e desemboca no Hipáciris.

57. E o oitavo rio é o Tánais, que corre começando desde a sua origem em um grande lago e desemboca em um lago ainda maior, chamado Meótis, o que serve de fronteira entre os citas reais e os saurómatas. E nesse Tánais deságua um outro rio, cujo nome é Hirgis.

58. Esses, de fato, são os rios tão especialmente famosos pelos quais os citas são providos de recursos, e a grama que cresce na Cítia é, dentre todas as que nós conhecemos, a que é mais favorável para a secreção da bílis; quando se abre o canal das reses pode-se constatar que isso é assim.

59. Desse modo, os citas têm recursos abundantes que são, de fato, os mais importantes, e o que nos resta relatar é que entre eles se encontram os costumes que se seguem. Os únicos deuses que são

---

222. Golfo de Carcinitis localizado a oeste da Cítia, próximo a cidade homônima.

223. Corredor de Aquiles era uma extensa faixa de terra junto ao litoral ao sul da Hilea. De acordo com o mito de Aquiles, após a sua morte, sua mãe Tétis o teria levado para essa região do mar Negro, a uma ilha chamada Ilha Branca.

224. Filho de Peleu, rei da Ftia, e da deusa Tétis, filha de Oceano. Aquiles foi o principal herói da Guerra de Troia; sem ele, conforme um oráculo, não haveria a tomada das muralhas troianas, pois ele estava destinado a nela morrer jovem em troca da glória eterna.

cultuados em cerimônias expiatórias são os seguintes: principalmente Héstia[225], e depois de Zeus e Geia[226], porque consideram que Geia é esposa de Zeus; e depois deles, Apolo[227], Afrodite[228] Urânia[229],

---

225. Filha de Crono e de Reia, Héstia é considerada a deusa do lar. Como personificação do Lar, ela é o centro religioso da casa e da morada dos deuses, também conhecida como a Deusa da Lareira.

226. Personificação da Terra, Geia é um elemento primordial e gerou raças divinas. De acordo com Hesíodo, esta é a linhagem de Geia: "Sim bem primeiro nasceu Caos, depois também/ Terra de amplo seio, de todos sede irresvalável sempre [...] Terra primeiro pariu igual a si mesma/ Céu constelado, para cercá-la toda ao redor/ e ser aos Deuses venturosos sede irresvalável sempre./ Pariu altas montanhas, belos abrigos das Deusas/ ninfas que moram nas montanhas frondosas./ e pariu a infecunda planície impetuosa de ondas/ o Mar, sem o desejo amor. Depois pariu/ do coito com Céu: Oceano de fundos remoinhos/ e Coios e Crios e Hipérion e Jápeto/e Teia e Reia e Têmis e Memória/ e Febe de áurea coroa e Tétis amorosa./ E após com ótimas armas Crono de curvo pensar/ o filho mais terrível: detestou o florescente pai./ Pariu ainda os Ciclopes de soberbo coração:/ Trovão, Relâmpago e Arges de violento ânimo/ que a Zeus deram o trovão e forjaram o raio./ Eles no mais eram comparáveis aos Deuses,/ único olho sozinho repousava na fronte./ Vigor, violência e engenho possuíam na ação./ Outros ainda da Terra e do Céu nasceram,/ três filhos enormes, violentos, não nomeáveis,/ Cotos, Briareu e Giges, assombrosos filhos./ Deles, eram cem braços que saltavam dos ombros,/ improximáveis; cabeças de cada um cinquenta/ brotavam dos ombros, sobre os grossos membros./ Vigor sem limite, poderoso na enorme forma." (*Teogonia*, 116-153). In: Hesíodo. *Teogonia: a origem dos deuses*. Tradução de Jaa Torrano. *Op. cit.*

227. Filho de Zeus e Leto, irmão gêmeo da deusa Ártemis, é considerado o deus da adivinhação e da música, conhecido também por sua excepcional beleza física.

228. Deusa do amor, filha de Urano, nascida dos órgãos sexuais de seu pai cortados por Crono, que caíram nas ondas do mar e que, em suas espumas, geraram Afrodite. Nas águas do mar, a deusa foi levada à ilha de Citera e, em seguida, a Cipro, ou Chipre.

229. Epíteto de Afrodite. Conforme Heródoto relata no Capítulo 131 deste livro, ela era cultuada no Oriente Médio por árabes e assírios. No *Livro III – Talia*, capítulos 131 e 132, Heródoto registra que Afrodite era venerada por outros povos do Oriente com nomes diferentes; por exemplo, os persas denominavam-na Mitra, enquanto os assírios chamavam-na Milita.

Héracles[230] e Ares[231]; todos os citas os cultuam, e os chamados citas reais também realizam sacrifícios a Posídon[232]. E os citas chamam Héstia de Tabiti[233]; e Zeus, que é chamado do modo mais correto, segundo meu pensamento: Papeu[234], e Geia é chamada de Ápi[235], Apolo de Getosiro[236], Afrodite Urânia de Argimpasa[237], Posídon de

---

230. O herói heleno também era cultuado no Egito, como vemos neste relato: "E a respeito de Héracles, ouvi o seguinte relato: que ele era um dos doze deuses. Mas outro relato a respeito de Héracles, que os helenos conhecem, em parte alguma do Egito eu pude ouvir. Ainda que, certamente, o nome de Héracles não foi transmitido pelos helenos, mas, sem dúvida, os helenos o tomaram dos egípcios, e esses helenos colocaram o nome de Héracles no filho de Anfitrião, tenho muitas e outras evidências de que isso foi desse modo, e ainda no seguinte acontecimento: que ambos os pais desse Héracles, Anfitrião e Alcmena, eram naturais desde a sua origem do Egito, e por isso os egípcios dizem que não conhecem os nomes nem de Posídon nem dos Dióscoros, e que esses deuses não são aceitos por eles entre os seus demais deuses." (*Histórias*, II, 43). In: Heródoto. *Histórias. Livro II – Euterpe. Op. cit.*

231. Filho de Zeus e de Hera, pertence à segunda geração dos deuses olímpicos, considerado o deus da guerra, do combate. Sobre a origem de Ares, consultar: Hesíodo, *Teogonia*, 921-922.

232. Deus dos mares, filho de Crono e Reia. Como deus do mar, tem o poder de controlar as ondas, as tempestades, as marés, os rios e os lagos e ainda criar fontes, tudo com o toque de seu tridente.

233. Divindade cita que era representada ora como um ser biforme, metade mulher e metade serpente, ora como uma divindade ladeada por um cão e um corvo.

234. Deus do céu. Para Παπαῖος (*Papaîos*), existem duas possibilidades para a afirmação de Heródoto; a primeira de παπαῖος (*papaîos*) está relacionado ao substantivo πάππας (*páppas*) que é uma forma infantil de se chamar o pai, como o nosso papai; já πάππος (*páppos*) é o nome usado para avô. Na primeira hipótese, Zeus aparece com a imagem de "pai dos homens e dos deuses", como nos apresenta Homero; na segunda, por sua vez, Zeus aparece com a imagem de homem mais envelhecido com sua barba comprida e branca como um sinal de sabedoria.

235. O radical *api-* em iraniano nos remete à água, provavelmente com o entendimento de que a Geia fosse mais composta de água que terra, pensamento amplamente aceito em nossa época.

236. O deus do Sol.

237. A deusa da Lua.

Tagimasada[238]. E eles não costumam fazer estátuas, altares e templos para esses deuses, exceto para Ares. E eles o cultuam.

60. E todos os citas têm essa cerimônia de sacrifício estabelecida de modo semelhante para todos os seus ritos sacrificiais, e essas oferendas sacrificiais são realizadas do modo que se segue. A vítima sacrificial fica com as patas dianteiras atadas, colocada de pé, enquanto o sacrificador, que se posiciona atrás do animal, puxa a corda e o derruba. Quando a vítima sacrificial cai, ele invoca os deus para o qual é feito o sacrifício; em seguida, ele envolve o seu pescoço do animal com uma corda sacrificial com um bastão, e o introduz no laço e o estrangula, sem acender um fogo[239], nem realizar os ritos sacrificiais iniciais[240], nem fazer libações[241]. E depois de estrangulá-la e de esfolá-la inteira, ele se volta para o seu cozimento.

---

238. Não se sabe ao certo.

239. A ausência de fogo nos ritos sacrificiais revela o sincretismo religioso deste rito, ao mesmo tempo em que revela a sua porção bárbara, visto que o fogo é tratado como um marco no desenvolvimento das artes e todas as atividades desempenhadas pelos helenos. Na peça *Prometeu acorrentado*, de Ésquilo, o fogo é um presente que Prometeu ofertou aos homens e tal ato desagradou a Zeus, como vemos nas palavras de Crato: "A tua flor, o fulgor do fogo útil a todas as artes,/ roubou e ofereceu aos mortais; por tal erro,/ ele deve pagar sua pena aos deuses,/ para que aprenda a aceitar/ a tirania de Zeus, e parar de ser amigo dos homens." (*Prometeu acorrentado*, 6-11). Em outro momento Prometeu afirma: "Por ter oferecido um privilégio/ aos mortais, estou atado nestas fatalidades, miserável!/ Preenchida a férula, arrebatei a fonte/ do fogo roubada, que é a mestre/ de toda arte e grande recurso aos mortais./ Por estes erros pago com minhas dores./ exposto com correntes pregado." (107-114). In: Ésquilo. *Prometeu acorretado*. Tradução e notas de Maria Aparecida de Oliveira Silva. São Paulo: Martin Claret, 2019.

240. Outro indício de sincretismo religioso que indica um barbarismo no ritual sacrificial.

241. É interessante notar que Dioniso não está entre os deuses cultuados pelos citas, e as libações entre os helenos era feitas com vinho, considerado uma bebida divina, pois no *Hino homérico a Dioniso*, o poeta canta os presentes que o deus deu aos homens: o vinho e a videira. Plutarco em seu tratado *Assuntos de banquetes*, 629C, ao enumerar os elementos indispensáveis ao banquete, o primeiro a ser citado é o vinho. A primazia do vinho na lista de nosso autor explica-se por sua compreensão de que há uma forte ligação entre a capacidade de expressão verbal

61. E porque a terra da Cítia é terrivelmente carente de madeira[242], descobriram o seguinte modo para o cozimento de suas carnes. Depois que as vítimas sacrificiais são esfolados, eles retiram os ossos das carnes; e em seguida, colocam-nas em caldeirões[243] que têm nessa região, que se assemelham especialmente às crateras lésbias[244], além de que são muito maiores que estas; colocam-nas nesses caldeirões e as cozinham, enquanto os ossos das vítimas sacrificiais queimam embaixo deles. E se não têm um caldeirão na circunstância, eles inserem todas as carnes nos ventres das vítimas sacrificiais e as misturam com água, e queimam embaixo os seus ossos; assim também o boi é cozido por si mesmo e as outras vítimas sacrificiais, cada uma delas sendo cozida por si mesma. E depois de as carnes terem sido cozidas, o sacrificante oferece como primícias parte das carnes e das

---

humana e os atributos do vinho. No entender de Plutarco, existe uma estreita relação entre a bebida, Dioniso e as Musas, por haver algo de divino no banquete e pelas Musas concederem ao seu degustador a moderação e o dom da palavra.

242. Heródoto cai em contradição ao afirmar que a Cítia era terrivelmente carente de árvores, visto que descreve a região da Hilea como um território extremamente arborizado. Embora esteja claro por suas descrições que as estepes predominam na paisagem da Cítia, o que a torna um excelente território para a criação de rebanhos.

243. O λέβης (*lébēs*) era um caldeirão com pés usado para o cozimento de carnes, o que pressupõe o uso do fogo e de algo que alimente a combustão, como a madeira. No entanto, como veremos a seguir, Heródoto relata como os citas inventaram um substituto para a madeira, porém a queima do osso humano ou animal somente acontece em uma temperatura mínima de 1.000º C, alcançada em fornos. Tendo em vista que se trata de uma região fria, é quase impossível. Provavelmente Heródoto tenha confundido o uso dos ossos como apoio para os caldeirões, pois é sabido que ao sul do Cáucaso era comum o uso de esterco dos gados para a combustão.

244. Não dispomos de informações sobre estas crateras lésbias. Crateras são vasilhas grandes em que os helenos misturavam o seu vinho com água, visto que o vinho heleno era uma substância concentrada e densa. Em virtude disso, estima-se que o vinho era misturado na proporção de dois terços da bebida com um terço de água. A cratera era exposta em banquetes, no centro do recinto onde era realizado. Depois da realização da mistura dos líquidos, a bebida era retirada pelos convidados em pequenas taças, ou ainda pelo escanção, nome dado ao encarregado de servir a bebida aos convivas.

estranhas e as joga na sua frente. E eles também sacrificam o restante dos rebanhos, sobretudo cavalos[245].

62. Eles de fato realizam assim sacrifícios aos restantes dos deuses e estes são os animais que fazem parte das vítimas sacrificiais, e o ritual em honra a Ares ocorre do modo que se segue. Cada uma das províncias que estão sob seu comando[246] tem um templo de Ares erigido com tais características: feixes de gravetos são empilhados até que atinjam três estádios de comprimento e largura[247], e menos de altura; e no alto dessa pilha de feixes, eles fazem uma superfície plana quadrada, e três dos seus lados são escarpados, e apenas um lado é acessível. E a cada ano, amontoam feixes de gravetos em cento e cinquenta carroças; por sempre estarem sob o rigoroso inverno, os feixes vão cedendo. E sobre esta superfície plana, em cada das províncias sob o seu poder erigem com a ponta do ferro de um punhal persa[248] antigo cravada nele e que é própria da representação que

---

245. Heródoto já narrara o uso do cavalo como vítima sacrificial quando descreve os seguintes costumes dos masságetas: "Cada um se casa com uma mulher, mas eles as utilizam sexualmente em comum; os helenos dizem que os citas fazem isso, mas isso não são os citas que o fazem, mas sim os masságetas. Pois um homem masságeta que deseja uma mulher, coloca-a suspensa na sua carroça com sua aljava e tem relações sexuais com ela, sem qualquer punição. Não estabelecem nenhum limite de tempo de vida para eles; quando se tornam muito velhos, todos os seus descendentes vêm e o matam, mas, ao mesmo tempo, também a alguns animais do seu rebanho, depois cozinham suas carnes e realizam uma celebração com um farto banquete. Essas coisas são consideradas as mais felizes para eles, e quando alguém morre por doença, eles não se alimentam dessa carne, mas o enterram em seu chão, e ficam pesarosos, porque não foi alcançado o momento de ser sacrificado. Eles não semeiam nada, mas vivem dos rebanhos e dos peixes, que são abundantes, vindos do rio Araxes; e eles são bebedores de leite. E veneram um único deus, que é o Sol, para o qual sacrificam cavalos. E essa é a razão de seu sacrifício: oferecerem como banquete ao mais rápido dos deuses o mais rápido dos seres vivos." (*Histórias*, I, 216). In: Heródoto. *Histórias. Livro I – Clio. Op. cit.*

246. Consultar o Capítulo 7 deste Livro IV.

247. Os dados são inconsistentes com a informação que o próprio Heródoto nos traz sobre a escassez de árvores e de vegetação mais robustas, visto que as proporções descritas atingem mais ou menos 524 metros.

248. ἀκινάκης (*akinákēs*) é um nome de origem persa usado para designar uma espada curta reta, que se assemelha ao que chamamos de punhal. Com esta descrição,

se faz de Ares. E para esse punhal persa, eles realizam sacrifícios anuais de rebanhos e cavalos; e além disso, sacrificam ainda mais para esses punhais que para os outros deuses; e quantos dentre os inimigos que eles capturam com vida, a cada cem homens, sacrificam um homem não do mesmo modo que sacrificam os rebanhos, mas de outro. Depois de derramarem as libações de vinho sobre suas cabeças, eles cortam as gargantas dos homens em uma vasilha, e em seguida as levam para o alto dessa superfície plana que está sobre a pilha de feixe de gravetos e derramam o sangue sobre o punhal persa[249]. Então o carregam para cima, e embaixo, ao lado do templo, eles fazem o seguinte: cortam todos os ombros direitos dos homens que tiveram suas gargantas cortadas, junto com seus braços, e os lançam no ar, e depois de ser realizado os sacrifícios das vítimas, eles se retiram; e o braço jaz onde caiu, separado do corpo.

63. Portanto, esses são os sacrifícios estabelecidos pelos citas. E eles não consideram os porcos como sacrifício, nem mesmo querem criá-los de todo em seu território.

---

percebemos o sincretismo religioso dos citas que cultuam deuses helenos com rituais tipicamente citas e artefatos de outros povos, que certamente foram incorporados em suas práticas quotidianas.

249. O uso deste artefato denota também a presença dos persas nos territórios mais longínquos, rivalizando com os desbravadores helenos na fundação de novas colônias e no estabelecimento de novos domínios. É válido ressaltar que nem sempre a relação entre helenos e persas é conflitante; basta lembrar que Dario era conhecido por ser amigo dos helenos. Heródoto também relata a influência dos persas na cultura dos helenos da Iônia: "os iônios, vindos das cidades, reuniam-se para celebrar a festa no local em que colocaram o nome Paniônia." Percebe-se que não somente as festas são dos iônios, mas também de todos os helenos por igual, todos os nomes terminados na mesma letra, conforme os nomes dos persas. (*Histórias*, I, 148). In: Heródoto. *Histórias. Livro I – Clio. Op. cit.* O faraó Amásis concedeu terras em Náucratis aos helenos que lutaram ao seu lado, conforme lemos neste relato: "E Amásis tornou-se um amigo dos helenos, e outras coisas ele ofereceu a alguns helenos: concedeu permissão àqueles que vinham para o Egito para morar na cidade de Náucratis; e àqueles que não queriam morar nessa cidade, mas que navegavam para lá, ele concedeu territórios para que erigissem altares e santuários em honra aos deuses. Então, o principal, o mais renomado e o mais consultado santuário deles era o chamado Helênion". (*Histórias*, II, 178). In: Heródoto. *Histórias. Livro II – Euterpe. Op. cit.*

64. E os assuntos que relacionados à guerra são estabelecidos por eles deste modo: quando um cita abate o seu primeiro inimigo, ele bebe uma parte do seu sangue. E quantos ele tenha matado em batalha, ele leva suas cabeças à presença do rei; pois quem leva uma cabeça participa do butim que eles obtiveram, e quem não leva, não participa. E essa cabeça é esfolada inteiramente da seguinte maneira: quem a leva corta as extremidades em círculo, em volta das orelhas, pega a cabeça e a sacode, e depois disso, raspa a carne com uma costela de boi e amacia com as próprias mãos; quando a carne fica macia, ele o guarda como um lenço[250], e o prende às rédeas do cavalo que ele próprio cavalga, sente orgulho dele e se vangloria por isso. Pois quem tem a maior quantidade de lenços dessas peles é considerado o homem mais corajoso. E muitos citas fazem mantos dessas peles esfoladas para se cobrir; eles as costuram como se fossem mesmo peles de animais; e muitos esfolam inteiramente as mãos direitas dos cadáveres dos seus inimigos, com suas unhas, e fazem tampas para suas aljavas; pois a pele humana era[251] assim espessa e brilhante, talvez seja a mais brilhante de todas as peles por sua brancura. E muitos citas ainda esfolam os homens por inteiro e estendem suas peles sobre folhas de madeiras e as carregam como exibição em seus cavalos.

65. E esses são os costumes que os citas têm. E com relação às próprias cabeças, não as de todos, mas as dos seus piores inimigos, eles fazem o que se segue. Cada um serra todo o crânio até a altura das sobrancelhas e o limpam completamente; e se for um cita pobre, reveste-se o lado externo do crânio somente com um couro não curtido e assim usa essa cabeça, mas se for um cita rico, reveste-se com o couro não curtido, e a parte interna do crânio é coberta com ouro, e usa-se assim

---

250. χειρώμακτρος (*kheirōmaktros*) significa "pano de limpar mãos", mas imagem que Heródoto nos transmite lembra mais o hábito dos cavaleiros medievais de levarem consigo um lenço, no entanto com um sentido mais româtico que o do *kheirōmaktros*.

251. Convém observar que Heródoto grafa ἦν (*ēn*) o imperfeito do verbo εἰμί (*eimí*), que equivale ao nosso verbo ser, para mostrar que ele próprio viu esse uso da pele humana.

como uma taça[252]. E fazem isso também com as cabeças dos seus familiares, se acontecer de terem tido divergências e se forem vencidos por ele na presença do rei; e quando estrangeiro vêm até eles, dentre os que são dignos de menção, exibem essas cabeças e lhes explicam que essas são de parentes que se colocaram em conflito com eles e que eles próprios os venceram, e eles contam isso com virilidade.

66. E uma única vez por ano, cada nomarca[253] prepara uma cratera de vinho em sua própria província, da qual bebem os citas que retiraram a vida dos varões inimigos[254]; os que não realizaram esse feito, não provam desse vinho, mas são colocados de lado como desonrados; e isso é o maior ultraje para eles; e quantos dentre eles também mataram um número muito grande de varões, esses recebem um par de taças unidas e bebem o vinho nelas ao mesmo tempo.

67. E existem muitos adivinhos dentre os citas, eles exercem a arte da adivinhação com muitas varas de salgueiro e do modo que se segue. Depois de carregarem grandes feixes dessas varas, eles as colocam no

---

252. Quando Lúcio Postúmio, cônsul romano, foi morto com suas tropas na Gália em 215 a.C., Tito Lívio relata semelhante costume dos gauleses: "Havia uma floresta, chamada pelos gauleses de Lítana, que Postúmio tencionava atravessar com seu exército. Naquele local, de ambos os lados da estrada, os gauleses talham árvores de tal modo que continuam de pé, mas tombam ao menor impulso. [...] Os gauleses, emboscados na fímbria da floresta, aguardaram que a coluna penetrasse na passagem e fizeram tombar as árvores, [...] e (o exército) foi massacrado pelos gauleses [...] Os boios triunfantes levaram os despojos arrancados do cadáver do general e sua cabeça ao templo mais venerado por eles. Em seguida, após limpar cuidadosamente o horrendo troféu, conforme seu costume, incrustaram-no de ouro e obtiveram assim um vaso sagrado para as libações em dias solenes, ao mesmo tempo que uma copa para os sacerdotes e servidores do templo." (Tito Lívio, *História de Roma*, XXIII, 24). In: Tito Lívio. História de Roma. v. 3. Introdução, tradução e notas de Paulo Matos Peixoto. São Paulo: Paumape, 1990.

253. νομάρχης (*nomárkhēs*) é o chefe de um nomo no Egito, também o governador de uma província ou de uma região, que é o caso deste episódio narrado por Heródoto.

254. ἄνδρες πολέμιοι (*ándres polémioi*) remete-nos ao mundo homérico onde os homens são varões, guerreiros viris que se destacam por sua coragem. Portanto, não se trata da cabeça de um guerreiro qualquer, mas da cabeça de um varão notável. Para mais detalhes sobre o conceito de varão, consultar: Paula da Cunha Corrêa. *Armas e varões: a guerra na lírica de Arquíloco*. 2. ed. revista e ampliada. São Paulo: Edunesp, 2009.

chão, desatam-nas e colocam uma vara ao lado da outra, enquanto profetizam, e ao mesmo tempo em que dizem isso, eles reúnem as varas de volta à mesma posição e novamente as colocam uma ao lado da outra. Esse tipo de adivinhação lhes é hereditária. E os enareus, que são andróginos[255], aos quais Afrodite concedeu o dom da adivinhação; então eles fazem sua adivinhação por meio da casca da tília; depois de cortá-la em três partes, eles pronunciam suas adivinhações enrolando-as e as desenrolando de seus dedos.

68. E quando o rei dos citas fica doente, ele manda vir a sua presença três adivinhos dentre os de maior reputação, que realizam suas adivinhações do modo como já foi descrito; e eles dizem em geral, especialmente o seguinte, que fulano ou beltrano fez um falso juramento diante das lareiras reais, e diz quem é dentre os cidadãos que fez isso; pois os citas têm o costume de jurar sobretudo diante das lareiras reais quando querem fazer os juramentos mais importantes. Em seguida, aquele que foi citado por eles, flagrado nessa situação, é levado até os adivinhos que afirmam que ele fez um juramento falso, assim que chega, e mostra no movimento de sua arte divinatória que ele fez um juramento falso diante das lareiras reais e que por causa disso o rei está sofrendo. E ele nega, afirmando que não jurou em falso, e se lamenta fortemente. Porque ele nega a acusação, o rei manda vir a sua presença outros adivinhos, em número duas vezes maior; e se, após eles observarem a adivinhação, e o condenam por ter feito falso juramento diante das lareiras reais, cortam imediatamente a sua cabeça e os primeiros dentre os adivinhos repartem entre si a sua riqueza;

---

255. Heródoto conta a seguinte história para justificar o fato de os enareus serem andróginos: "os citas dominaram toda a Ásia. De lá, eles avançaram contra o Egito. E quando eles estavam em um ponto da Síria que era a Palestina, Psamético, rei do Egito, depois de ter se apresentado diante deles com presentes e súplicas para que não marchassem adiante, ele retornou. Depois de eles terem retornado, voltaram para a cidade de Ascalão, na Síria; a maior parte dos citas passou por eles sem feri-los, alguns poucos deles ficaram para trás e saquearam o templo de Afrodite Urânia. [...] e a deusa lançou uma doença feminina sobre eles; de sorte que os citas em conjunto dizem que eles adoeceram por causa disso e veem eles mesmos, nas circunstâncias presentes, nesses que chegam ao território dos citas, como são acometidos pela doença, e os citas os chamam de Enáreas. (*Histórias*, I, 104-105). In: Heródoto. *Histórias. Livro I – Clio. Op. cit.* Convém anotar que no *Dicionário Liddell & Scott* há a sugestão de que Ἐναρέης talvez seja uma palavra cita para designar "andrógino".

e se os adivinhos que vieram depois o absolverem, os outros adivinhos se apresentam e outras mais; então, se a maioria absolve esse homem, é de opinião corrente que os primeiros adivinhos devem morrer.

69. Então eles são mortos do modo que se segue. Depois de encherem uma carroça com cobertura abobadada de lenha seca e atrelarem os bois, os adivinhos são amarrados pelos pés, atados com as mãos para trás e amordaçados, e depois são colocados no meio da lenha seca, quando ateiam fogo nela, e os bois aterrorizados tentam se soltar. De fato, muitos bois são queimados junto com esses adivinhos, e muitos escapam todos queimados em volta, quando o timão da carroça deles é inteiramente queimado. E os adivinhos são queimados do modo que já foi dito também por outros motivos, quando são chamados de falsos adivinhos. E os que o rei manda executar, nem os seus filhos deixa escapar, mas mata todos os filhos, mas não causa dano a suas filhas.

70. E os citas fazem os seguintes juramentos com quem eles trocam um juramento. Em uma grande cílix[256] de terracota, vertem o vinho e misturam com ele o sangue dos que fizeram o juramento, furando-os com uma sovela ou cortando-os um pouco dos seus corpos com uma faca, e em seguida mergulham na cílix um punhal persa, flechas, uma sagáris e um dardo; e depois de fazerem isso, eles lançam muitas imprecações e em seguida eles bebem o preparado, tanto os que fizeram o juramento como os nobres mais importantes que os acompanham.

71. E as tumbas dos reis citas estão no território dos gerros, até o ponto em que o Borístenes é navegável. Lá, quando o seu rei morre, cavam um grande fosso quadrado na terra, e depois de o deixarem pronto, ocupam-se do cadáver, cujo corpo já está coberto de cera, e o ventre

---

256. κύλιξ (*kýlix*) era uma taça de vinho com um corpo largo e pouco profundo, com duas alças pequenas; o seu fundo, por ser largo e quase reto, permitia a representação de cenas em seu interior. O uso da cílix é datado a partir do século VI a.C. e está relacionado aos banquetes, libações e para beber em disputas e jogos, sendo substituída pelo cântaro, um cálice que trazia cenas de rituais dionisíacos, no final do século IV a.C.

aberto e purificado, cheio de junça[257] longa triturada, incenso, semente de salsa[258] e anis, e cozido de novo; eles o transportam em uma carroça até outro povo. E aqueles que recebem o cadáver transportado fazem exatamente o mesmo que os citas reais; eles cortam um pedaço da sua orelha, raspam os cabelos em volta da cabeça, fazem cortes em seus braços, esfolam sua face e seu nariz e transpassam uma flecha na sua mão esquerda. E de lá transportam o cadáver do rei em uma carroça até outro povo dentre os quais comandava; e eles são acompanhados pelos povos que vieram primeiro. E quando todos os povos que transportam o cadáver chegam ao território dos gerros, os que eles dominam e estão dentre os povos que habitam os seus confins e neste território estão os túmulos. E depois, quando colocam o cadáver em uma câmara funerária sobre um leito de folhagem, fincam lanças de um lado e do outro do cadáver, e as prendem com madeiras e em seguida as recobrem com caniços; e no amplo espaço restante da câmara funerária, enterram uma das suas concubinas, o escanção, o cozinheiro, um palafreneiro[259], um servo, um mensageiro[260], cavalos, primícias de todos os demais bens e fíales[261] de ouro; e não utilizam nem prata nem ouro; e depois de terem feito isso, todos o cobriam com grandes amontoados de terra, disputavam com empenho fazer o maior monte possível.

72. E depois de passado um ano, eles realizam outra cerimônia do seguinte modo: dentre o restante dos servos, eles pegam os mais cordiais

---

257. A junça é originária da África, cultivada também no Oeste da Ásia e no antigo Egito, com a qual faziam farinha e suco.

258. σέλινον (*sélinon*) significa "aipo" ou "salsa", planta cultivada na entrada das hortas ou à beira de plantação, usada em coroas para os vencedores dos Jogos Ístmicos e Nemeus, no adorno de túmulos e, também para reanimar moribundos.

259. Serviçal que cuida das montarias, também pode ser o escudeiro que se ocupa do cavalo durante uma campanha.

260. Na Pérsia, indivíduo que recebia as visitas e as conduzia à presença do rei. Interessante notar que Heródoto mostra algumas características dos citas que se assemelham às dos persas, como vimos no uso de um punhal persa no ritual de juramento narrado no capítulo anterior.

261. φιάλη (*phiálē*) era uma taça sem pé nem asa, também pode ser uma urna funerária, o que denota a presença dessas fiales em rituais de enterramento.

(e eles são citas de nascimento; pois esses que são servos reais são os que o próprio rei ordena, e que os citas não têm servos comprados com dinheiro), então, dentre esses servos, eles cortam as gargantas de cinquenta e também os cinquenta cavalos mais belos, e removem as entranhas do ventre e o purificam, e o enchem com palha e o cozinham. E eles colocam sobre duas estacas de madeira metade de uma roda virada para o chão e outras duas estacas sobre a outra metade da roda, e fincam desse modo muitas dessas estacas de madeira sobre meias rodas; em seguida, atravessam estacas grossas pelas cinturas dos cavalos até a parte de trás de seus pescoços e os erguem sobre as meias rodas; e as rodas dianteiras sustentam as espáduas dos cavalos, e as traseiras suportam o ventre perto das coxas. E ambas as patas, dianteiras e traseiras, ficam suspensas no ar. E colocam rédeas e freios nos cavalos, e os tensionam fortemente para a frente deles e em seguida os amarram nas cavilhas de madeira. Então, erguem cada um dos cinquenta rapazes que tiveram suas gargantas cortadas sobre o seu cavalo, e os tensionam do modo que se segue; visto que atravessam uma estaca de madeira reta em cada um dos cadáveres, ao longo da coluna vertebral até a parte de trás do pescoço, e na parte de baixo da estaca sobressai uma peça que cabe em um furo feito na estaca que atravessa o cavalo; após disporem tais cavaleiros em círculo, ao redor do túmulo e então eles vão embora.

73. E desse modo os cita enterram seus reis. E os outros citas, quando morrem, os parentes mais próximos os colocam deitados em carroças e os levam às casas de cada um dos seus amigos. Cada um deles recebe os que os acompanham então com um farto banquete, e também servem quase as mesmas coisas ao cadáver que aos demais. E durantes quarenta dias, desse modo os homens comuns os conduzem, depois os enterram. E após os terem enterrado, os citas purificam-se do modo que se segue. Besuntam suas cabeças com unguento e as lavam, e quanto ao corpo fazem o seguinte: eles levantam três varas inclinadas umas nas outras; em volta delas, estendem uns tecidos de lã e os tensionam o máximo possível, depois colocam pedras rubras do fogo no escafe[262] que está colocado no meio das varas e dos tecidos de lã.

262. σκάφη (*skáfē*) é um vaso grande de forma arredonda utilizado em sacrifícios.

74. E eles têm cânhamo[263] crescendo no território deles, exceto pela espessura e pelo tamanho, é similar ao linho; mas o cânhamo em muito o supera; e esse cresce de modo espontâneo e semeado. E do cânhamo os trácios fazem roupas muito semelhantes às de linho; se alguém não for muito conhecedor, não poderia distinguir se as roupas são de linho ou de cânhamo; e quem nunca viu uma roupa de cânhamo, pensará que é uma roupa de linho[264].

75. Então, quando os citas pegam a semente do cânhamo, mergulham por baixo dos tecidos de lã, em seguida jogam a semente sobre as pedras translúcidas que estão no fogo; e esta jogada ao fogo queima incensando o ar e produz um vapor tamanho que nenhuma outra queima helênica poderia superá-lo; e os citas ficam encantados pelo fogo e gritam de alegria[265]. Eles têm isso em lugar do banho; pois eles não banham o corpo inteiro com água. E as mulheres trituram em uma pedra áspera madeira de cipreste, de cedro e da árvore do

---

263. κάνναβις (*kánnabis*) é o nome dado ao cânabe, cânhamo ou maconha.

264. O λίνεο (*líneo*), ou linho, era bastante utilizado entre os helenos, e havia dois tipos de destaque já assinalados por Heródoto: "Que eu diga então outros costumes a respeito dos colcos, que são semelhantes aos dos egípcios: eles e os egípcios são os únicos que trabalham com o linho da mesma maneira. Também todo o seu modo de vida e a sua língua são semelhantes uns aos outros. E, quanto ao linho, o que é do colco é chamado pelos helenos de sardônico; todavia, o que é proveniente do Egito eles chamam de egípcio." (*Histórias*, II, 105). In: Heródoto. *Histórias. Livro II – Euterpe. Op. cit.*

265. Heródoto relata um rito semelhante de outros povos que também habitam próximo a um rio: "Diz-se que o rio Araxes é maior e também que é menor que o Istro. Dizem que há nele numerosas ilhas que são bem parecidas em tamanho com as que existem em Lesbos, nas quais os homens alimentam-se durante o verão com todos os tipos de raízes que eles desenterram, e que descobriram frutos vindos das árvores produzidos no tempo certo para sua alimentação, e com esses eles alimentam-se durante o inverno; mas eles descobriram algumas árvores que produzem tais tipos de frutos: depois de se reunirem em bandos em um mesmo lugar, eles acendem uma fogueira, sentam-se em círculo e os jogam no fogo, e odores exalam dos frutos jogados enquanto queimam, com os quais eles se embriagam pelo odor, como os helenos com o vinho, e quanto mais frutos eles jogam no fogo mais eles ficam embriagados, até quando eles se levantam para as danças e para entoar cantos." (*Histórias*, I, 202). In: Heródoto. *Histórias. Livro I – Clio. Op. cit.*

incenso[266], e em seguida vertem água sobre esse pó misturado, que é espesso, e untam todo o seu corpo e o rosto; e ao mesmo tempo em que um odor agradável dessa mistura se mantém nelas, e quando elas retiram a mistura no dia seguinte, elas ficam limpas e radiantes.

76. E os citas evitam com toda força adotar os costumes estrangeiros[267], de nenhum outro povo mesmo, e muito menos os dos helenos, como o demonstraram com Anacársis[268] e depois novamente com Cila[269]. E foi isso, Anárcasis, depois de ter viajado, também de ter visto uma grande extensão de terra e demonstrado muita sabedoria na viagem[270], ele retornava para os lugares de costume dos citas

---

266. Heródoto grafa λιβάνου ξύλου (*libánou ksýlou*) "da árvore do incenso", que hoje conhecemos como o cedro do Líbano, que figura na bandeira deste país.

267. Heródoto afirma o mesmo sobre os egípcios: "E eles evitam adotar costumes dos helenos; para dizer de forma resumida, não adotam de modo algum os costumes de nenhum outro povo." (*Histórias*, II, 91). In: Heródoto. *Histórias. Livro II – Euterpe. Op. cit.*

268. Diógenes Laércio registra o seguinte sobre Anacársis: "o cita, filho de Gnuro e irmão de Canduídas, rei da Cítia. Sua mãe era de raça helênica, e por isso ele falava ambas as línguas. Escreveu sobre as instituições dos helenos e dos citas, dissertando a propósito da simplicidade e frugalidade da vida e assuntos relacionados com a guerra num poema de 800 versos. Por sua maneira de falar, livre e franca, deu origem à experessão "falar como um cita". (*Vidas e doutrinas dos filósofos ilustres*, I, 101). In: Diôgenes Laêrtios. *Vidas e doutrinas dos filósofos ilustres*. Tradução do grego, introdução e notas de Mário da Gama Cury. 2. ed. Brasília: Editora da UnB, 1987. Convém anotar que Heródoto há pouco afirmou que os citas não adotavam costumes de outros povos, sobretudo dos helenos. Como explicar então este casamento entre um cita e uma helena? Desde a introdução do arco e da flecha que deu origem ao povo cita, fruto do relacionamento de Héracles e de Equidna, que vemos a introdução de elementos da cultura helena e ainda dos persas, como vimos no ritual em que utilizam um punhal persa. Podemos inferir ainda que este discurso venha então valorizar os dois povos que conseguiram romper esta barreira cultural e introduzir alguns de seus costumes entre eles. Persas e helenos despontam assim no imaginário herodotiano como dois povos que atingiram os confins da Terra e foram capazes de deixar suas marcas por onde passaram. Lembremos ainda que Heródoto afirma que os citas conheciam o vinho, outro elemento considerado um presente dado aos helenos pelo deus Dioniso.

269. Não dispomos de mais informações sobre esta personagem, além das registradas por Heródoto.

270. Anacársis era considerado um dos Sete Sábios da antiga Hélade. Os Sete Sábios era uma lista com os nomes dos homens mais sábios da Hélade Antiga; em

quando, navegando através do Helesponto, aportou em Cízico; pois ele encontrou com os habitantes de Cízico que celebravam com muito esplendor uma festa em honra da Mãe dos deuses[271], e Anacársis prometeu à deusa que, se ela lhe fizesse retornar são e salvo para sua terra, que ele ofereceria um sacrifício, conforme o mesmo tipo de ritual que os cizicenos fazem à sua vista que estabeleceram uma festa noturna em sua honra. E depois de ter chegado à Cítia, desceu para o território chamado Hilea (o que está situada ao lado do Corredor de

---

sua maioria, políticos do século VI a.C. A primeira referência aos nomes que compunham a lista dos Sete Sábios aparece no diálogo platônico intitulado *Protágoras*, 343e-343b, quando reflete sobre a natureza da educação espartana. Com pequenas variações, a lista era composta pelos seguintes nomes: Tales, Pítaco, Bias, Cleóbulo, Sólon, Quílon e Periandro. O mito originou-se com uma trípode de ouro encontrada no mar Iônio, a qual um oráculo determinou que fosse entregue ao homem mais sábio. Então, ela foi enviada a Sólon, que depois a passou para Pítaco e, assim, sucessivamente; quando atingiu o número de sete, ofereceram-na ao deus Apolo. No entanto, sabemos que os nomes desta lista variam conforme a época. Outro dado interessante é que viajar pelo mundo era considerado um evento obrigatório aos que desejavam buscar mais conhecimento, como vimos na viagem de Sólon que Heródoto registra no Livro I, capítulos 31-35. Plutarco registra o encontro de Anacársis e Sólon: Anacársis, tendo se dirigido à casa de Sólon, bateu à porta e declarou que, em sua qualidade de estrangeiro, viera para estreitar laços de amizade e hospitalidade. Como Sólon respondesse que mais valia travar amizades em sua própria pátria, Anacársis replicou: "Ora bem, como estás na tua, faz de mim teu amigo e teu hóspede". Sólon, admirando tamanha vivacidade de espírito, acolheu-o amavelmente e teve-o consigo por algum tempo, numa época em que já se ocupava dos negócios públicos e da redação das leis" (*Vida de Sólon,* V, 1-3.). In: Plutarco. *Vidas paralelas I*. Introdução e notas de Paulo Matos Peixoto. Tradução direta do grego por Gilson César Cardoso. São Paulo: Paumape, 1991.

271. A cidade de Cízico era famosa por seu culto à deusa Cíbele, que era a grande deusa da Frígia. O seu poder se estende sobre toda a natureza por sua capacidade de fecundação da terra. É cultuada nas montanhas da Ásia Menor, de onde se espalhou para toda a Hélade. Por seu alcance, Cíbele está associada a outras divindades, como Reia. Conforme nos relata Estrabão: "Cízico é uma ilha da Prômptida ligada ao continente por duas pontes, de uma grande fertilidade e com uma extensão de quinhentos estádios de perímetro. [...] Parte da cidade está localizada em um planalto e parte junto ao monte que se chama Arcto. Mais adiante deste se ergue outro de um só cume, o Díndimo, fundação dos Argonautas. A cidade é comparavável às principais cidades da Ásia em tamanho, beleza e uma boa legislação sobre a paz e a guerra." (*Descrição da Hélade*. XII, 8, 11). Tradução de Maria Aparecida de Oliveira Silva.

Aquiles[272] e que por acaso era um território todo cheio de árvores em todos os lugares), então Anacársis desceu para esse lugar para realizar a festa completa para a deusa, e com um tímpano[273] nas mãos, ele tinha imagens em honra à deusa atadas ao seu pescoço[274]. Mas um cita o viu realizando essa festa e informou o fato ao rei Sáulio[275]; e quando ele chegou para ver o que Anacársis estava fazendo, ele o matou com uma flechada. E agora se alguém pergunta sobre Anacársis, os citas dizem que não o conhecem por isso, porque viajou para a Hélade e adotou costumes estrangeiros. E como eu ouvi de Timnes, um administrador de Ariapites, Anacársis era tio paterno de Idantirso[276], o rei da Cítia, e filho de Gnuro, neto de Lico e bisneto de Espargapites[277]. Portanto, se Anacársis era um membro dessa família, saiba que ele foi morto por seu próprio irmão, pois Idantirso era filho de Sáulio, e Sáulio foi quem matou Anacársis[278].

---

272. Não dispomos de informações sobre este Corredor de Aquiles. O herói heleno Aquiles é filho de Peleu, rei da Fítia, na Tessália, com a deusa Tétis, filha de Oceano e de Dóris. O mito de Aquiles se eternizou na *Ilíada* de Homero, por ter sido o grande herói da Guerra de Troia, sem o qual os helenos não teriam obtido a vitória diante dos troianos.

273. τύμπανος (*týmpanos*) é um instrumento musical que tinha uma forma parecida com um pequeno tambor, um tamborim.

274. Conforme o relato de Ovídio, os participantes das festas dedicadas à deusa Cíbele traziam pendurado em seus corpos imagens da deusa e de Átis, o amado de Cíbele. No entanto, Átis não correspondeu ao amor da deusa, enganando-a ao dizer que se casaria com ela, sem fazê-lo; então, como vingança, Cíbele enlouqueceu Átis. (*Metamorfoses*, X, 104).

275. Única informação que nos chegou.

276. Foi no reinado de Idantirso que houve a guerra vencida por Dario, em 513 a.C.

277. Genealogia apontada apenas por Heródoto, assim não há mais informações sobre esta personagem.

278. Heródoto confere ênfase ao fato de Anacársis ter sido vítima de um possível fratricídio, que era considerado um ato ímpio e merecedor de punição. Para tanto, desde a época homérica, os helenos contam com a intervenção das Erínias, cuja função principal é vingar os crimes de morte. Essas divindades castigam as faltas cometidas contra a família. Em seu *Dicionário da Mitologia Grega e Romana, s.v.,* Pierre Grimal afirma que: "uma das funções essenciais das Erínias é naturalmente castigar

77. Todavia, imediatamente ouvi uma outra história contada pelos peloponésios, que Anacársis foi enviado pelo rei dos citas para que se tornasse um aprendiz da Hélade; e ao retornar à sua terra natal contou a quem lhe havia enviado que todos os helenos eram incansáveis em alcançar todo tipo de conhecimento, exceto os lacedemônios, e que somente com estes lhe foi possível de ouvir e falar sensatamente. Mas essa história está completamente moldada pelos helenos, e esses homem foi morto do modo como já havia dito antes.

78. Então, Anacársis morreu desse modo por causa dos seus costumes estrangeiros e de suas associações com os helenos; e muitíssimos anos mais tarde Cila, filho de Ariapites, sofreu algo bem parecido com o que aconteceu com ele. Pois Ariapites reinava sobre os citas e tinha muitos filhos com ele, um deles cita; ele era filho de uma mulher da Ístria[279], não de uma habitante local; a sua própria mãe lhe ensinou a língua e escrita da Hélade. Depois disso, um tempo mais tarde, Ariapites morreu por um ardil feito por Espargapites, o rei dos agatirsos, e Cila herdou o trono e também a mulher de seu pai, cujo nome era Opea[280]. E essa Opea era uma citadina, com quem Ariapites tinha um filho. Apesar de ser o rei dos citas, Cila tinha

---

o assassino, não apenas o que age voluntariamente, mas o homicida em geral, pois o crime é uma mácula religiosa que põe em perigo a estabilidade do grupo social no qual é cometido. Geralmente, o assassino é banido da cidade e anda errante de terra em terra, até o momento em que alguém aceita purificá-lo do seu crime." Lembramos aqui o caso de Creso que purificou de um assassinato aquele que veio a ser o assassino de seu filho Átis, conforme Heródoto relata no Livro I, capítulos 36-45.

279. Colônia fundada pelos coríntios no século VII a.C., às margens do rio Istro.

280. Trata-se de um costume atigo herdar o trono e a mulher do rei, como Heródoto relata no episódio de Giges: "E, depois disso, enquanto Candaules estava dormindo, ele saiu sorrateiramente e matou-o; e tomou posse de sua mulher e do seu reino. Arquíloco de Paros, que viveu na mesma época, traz isso à memória em um verso trímetro iâmbico." (*Histórias*, I, 12). In: Heródoto. *Histórias. Livro I – Clio. Op. cit.* Ou ainda herdar o harém do seu antecessor, como vemos na fala de uma das concubinas de Esmérdis: "Não posso nem dirigir minhas palavras para Atossa nem ver nenhuma outra das mulheres que residem comigo; pois, quando ele herdou o reino, rapidamente esse homem, quem quer que ele seja, determinou que nós fôssemos separadas umas das outras." (*Histórias*, III, 68). In: Heródoto. *Histórias. Livro III – Talia. Op. cit.*

um modo de vida que de forma alguma agradava aos citas, mas ele estava muito mais voltado para os costumes helenos pela educação que havia recebido de sua mãe, e ele agia de tal modo. Quando ele conduzia o exército dos citas para a cidade dos boristenitas (e esses boristenitas dizem eles que eles mesmos são milésios[281]), sempre que Cila ia até eles, deixava seu exército nos arredores da cidade, e ele mesmo ia para dentro da muralha e trancava suas portas, tirava a veste cita e colocava vestimentas típicas dos helenos, e com esse traje caminhava pela ágora sem estar escoltado por nenhum lanceiro nem por qualquer outra escolta (e protegia os portões para nenhum cita o visse com essa veste), também nos demais costumes adotava o modo de vida helênico e realizava sacrifícios aos deuses conforme os costumes dos helenos; e quando se passava um mês ou mais disso, ele partia trajado com uma veste cita. Ele costumava fazer isso com frequência, e ainda construiu uma casa em Borístenes e casou-se com uma mulher da localidade e a colocou nela.

79. E uma vez que devia lhe acontecer algum mal[282], isso aconteceu na seguinte ocasião e por tal motivo. Ele desejou ser iniciado no culto de Dioniso[283] Báquico[284]; e no momento em que ele estava indo realizar a sua iniciação, aconteceu um grande prodígio. Cila tinha na cidade dos borístenes uma casa espaçosa, grandiosa e suntuosa, a que pouco antes eu tinha feito menção, a qual em torno dela foram

---

281. Trata-se da cidade de Olbia, fundada por habitantes de Mileto no século VII a.C.

282. Heródoto repete o seu pensamento sobre a sorte, o quinhão que cada um recebe ao nascer e dele não se desvencilha, como vimos em vários episódios dos livros anteriores, tal o de Átis no Livro I. A visão herodotiana espelha o pensamento de sua época que vemos de forma mais clara e intensa nas tragédias, como no destino inexorável de Édipo.

283. Filho de Zeus e Sêmele, deus da videira, do vinho e do delírio místico. Um episódio marca o nascimento de Dioniso: sua mãe pede a Zeus que lhe apareça com todo o seu esplendor. Zeus atende ao seu pedido; no entanto, o fulgor divino foi tamanho que Sêmele se transformou em cinzas. Antes disso, como estava grávida de seis meses, Zeus rapidamente retirou-lhe o filho e o costurou em sua coxa, onde o manteve até o seu nascimento.

284. Βάκχειος (*Bákkheios*) é o epíteto de Dioniso, um termo estrangeiro de origem desconhecida. Há a hipótese de que tenha sua origem na Lídia.

colocados grifos e efígies de mármore branco; neste local o deus lançou um raio[285]; e ela ficou toda queimada, mas não por causa disso Cila cumpriu menos o seu ritual de iniciação. Os citas reprovam os helenos por sua celebração dos mistérios de Baco[286]; pois eles dizem que não é razoável conceber a existência de um deus que leva os homens à loucura. E depois que Cila foi iniciado no culto a Báquio, um dos boristenitas correu até os citas dizendo: "Vós nos ridicularizais, citas, porque nós celebramos os mistérios de Baco e o deus nos possui; agora essa divindade já possui o vosso rei; ele também celebra os mistérios de Baco e fica enlouquecido pelo deus. E se vós não acreditais em mim, acompanhai-me, e eu mesmo vos mostrarei." Os mais proeminentes dentre os citas o seguiram e o boristenita os fez subir em segredo até uma torre e os posicionou lá. E quando Cila passou ao lado deles com seu tíaso[287] e os citas o viram tomado pelo delírio báquico, eles consideraram isso uma grande desgraça[288], partiram e contaram o que viram para todo o exército.

80. E depois disso, quando Cila cavalgou de volta para o seu lugar habitual, os citas haviam escolhido seu irmão Octamasades como líder,

---

285. Embora a palavra utilizada seja βέλος (*bélos*) que significa "dardo" ou "flecha", o sentido é o de um raio, como é depreendido no próprio desenrolar da história. O uso do substantivo βέλος demonstra a precisão de Zeus ao lançar seus raios.

286. Outro nome dado ao deus Dioniso, provavelmente de origem lídia.

287. θίασος (*thíasos*), ou tíaso, era um grupo que se reunia para imolar a um deus, sobretudo Dioniso, e que percorria caminhos cantando, dançando e gritando.

288. Heródoto afirmara antes que os citas não eram afeitos aos costumes dos helenos, no entanto é válido lembrar que os citas descendem dos helenos e são filhos de Héracles, o que não justifica essa aversão aos seus costumes, visto que o próprio arco e flecha que caracterizam os citas lhes foram dados por seu pai heleno. Provavelmente, os citas se espantaram com os efeitos da bebida, como vimos antes com os masságetas (I, 212), porque não estavam acostumados à ingestão de vinho, mas de leite. Convém lembrar que Dioniso, mesmo na Hélade, é tratado como um deus dos excluídos, das mulheres, dos escravos e dos pobres. O mito de Dioniso já revela esse desdém entre os seus pares: ele foi o último deus a ser aceito no Olimpo por ser o único deus que lá habitava que era filho de Zeus com uma mortal.

que era filho da filha de Teres[289], e rebelaram-se contra Cila. E quando entendeu o que estava acontecendo contra ele e que isso era em razão do que ele havia feito, fugiu em refúgio para a Trácia[290]. E depois de ter sido informado sobre isso, Octamasades realizou uma expedição militar contra a Trácia. Mas ao chegar às margens do Istro, os trácios foram encontrá-lo, e quando estavam prestes a se engajar no conflito, Sitalces enviou um arauto a Octamasades para dizer o seguinte: "Por que nós devemos testar o poder uns dos outros? Tu és o filho da minha irmã e deténs meu irmão. Tu o devolves e eu te entrego o teu Cila. E que não corramos risco nem tu nem eu com o nosso exército." E estas palavras disse o enviado que Sitalces mandou como seu arauto; pois o irmão de Sitalces havia se refugiado na corte de Octamasades. E Octamasades concordou com isso, entregou a Siltalces o seu tio materno e recebeu o seu irmão Cila. E Sitalces pegou o seu irmão e o levou embora, e Octamasades cortou a cabeça dele neste lugar. Assim os citas protegem suas práticas e costumes, e tais são os castigos que dão a quem acrescenta costumes estrangeiros aos seus[291].

81. E quanto a número de citas, não fui capaz de obter informações com precisão, mas ouvi relatos diferentes sobre esse número; de fato, tanto dizem que eles são muitos e também que os citas de verdade são poucos. Todavia, quanto aos que foram manifestos à minha vista, são os que se seguem; um território entre o rio Borístenes e o Hípanis cujo nome é Exampeu, um lugar dentre os quais também há pouco fiz menção na investigação anterior[292], quando eu disse que existe

---

289. Rei da Trácia. Sobre esta personagem, Tucídides conta que "E esse Teres, pai de Sitalces, foi o primeiro que tornou os odrísios um grande reino à frente da maior parte do restante da Trácia" (*História da Guerra do Peloponeso*, II, 29). Tradução de Maria Aparecida de Oliveira Silva.

290. Octamasades recebeu o seu tio exilado, irmão de Sitalces, Esparádoco, pai de Seutes que ocupou o trono da Trácia depois de Sitalces, conforme nos relata Tucídides em sua *História da Guerra do Peloponeso*, II, 101.

291. Provavelmente uma anedota para justificar a usurpação do reino feita por Octamasades, que usou o culto do irmão para despertar o senso de pertencimento dos outros citas colocando-o como um não-cita.

292. Ver capítulo 52 deste Livro IV.

uma fonte de água amarga e que a água que jorra dela faz a água de rio Hípanis não potável. Nesse território está um vaso de bronze que em tamanho é umas seis vezes maior que a cratera[293], a que Pausânias[294], o filho de Cleômbroto[295], dedicou na entrada do Ponto; e quem nunca viu essa cratera, eu darei as seguintes indicações: o vaso de bronze da Cítia recebe facilmente a quantidade de sessenta ânforas[296] e esse vaso de bronze tem seis dedos[297] de espessura. Então, os habitantes da região contam que essa cratera era feita de pontas de flechas. Pois o rei

---

293. Cratera feita para comemorar a vitória do rei Pausânias sobre os persas em Bizâncio, entre os anos 478 e 477 a.C. Sobre Pausânias e a guerra contra os persas, Tucídides conta: "Pausânias, filho de Cleômbroto, foi enviado de Esparta como estratego dos helenos com vinte navios do Peloponeso; com ele partiam também trinta navios atenienses, além de aliados em grande número. Foram atacar Chipre e submeteram-na em grande parte; mais tarde, sitiaram Bizâncio enquanto os medos a ocupavam, expugnando-a durante o período de comando de Pausânias. (*História da Guerra do Peloponeso*, I, 94). In: *Tucídides. História da Guerra do Peloponeso – Livro I*. Tradução e apresentação de Anna Lia Amaral de Almeida Prado. Texto grego estabelecido por Jacqueline de Romilly. 2. ed. São Paulo: Martins Fontes, 2008.

294. Filho de Cleômbroto, pertence à família real espartana da Casa dos Ágidas e foi o regente de Esparta em nome do seu primo Plistarco, sucessor do lendário rei Leônidas, que morreu lutando contra os persas no desfiladeiro das Termópilas. Pausânias liderou o exército espartano em Plateias em 479 a.C., quando dedicou uma coluna de bronze com o seu nome em Delfos, o que causou indignação dos aliados e dos próprios espartanos. Em 478 a.C., novamente Pausânias criou polêmica ao vencer a guerra contra Bizâncio, sendo logo acusado de aliança com Xerxes, o que o levou de volta a Esparta para ser julgado. Após ter sido absolvido, retornou a Bizâncio, onde permaneceu até que o Címon o expulsasse em 470 a.C. A sua morte ocorreu em 466 a.C., quando os espartanos o chamaram para um novo julgamento, desta vez por sua aliança com o persa Artabazo e o ateniense Temístocles, além de ter incitado uma rebelião dos hilotas. Depois de sua condenação, Pausânias refugiou-se no templo de Atena Calcieco em Esparta; por se tratar de um rei, seria um ato impiedoso matá-lo; assim, bloquearam as entradas do templo e o deixaram lá até morrer de fome.

295. Rei espartano, século VI a.C.

296. Conforme a definição de Houaiss: "vaso cerâmico bojudo, de gargalo estreito e base pontiaguda, com um par de asas simétricas para facilitar o transporte, usado pelos antigos helenos e romanos para conservar líquidos (vinho, azeite, água etc.) e cereais".

297. Um dedo media cerca de 0,0185 metros, já uma ânfora comportava mais ou menos 19,44 litros.

dos citas, cujo nome era Arianta, queria saber qual era o número de citas, e ordenou que todos os citas, cada um deles trouxesse uma única ponta de flecha[298]; e quem não a trouxesse, ele condenaria à morte. A questão é que foi trazida uma grande quantidade de pontas de flechas e eles pensaram que seria melhor que delas eles fizessem algo para ser deixado como um memorial; e dessas pontas foi feita esse vaso de bronze que foi dedicado por ele em Exampeu. De fato, essas foram as coisas que ouvi sobre o número de citas.

82. E esse território não é admirável, exceto porque nele existem rios muito maiores e mais numerosos que nos outros. E o que é digno de admirar também, além dos rios, é o tamanho da sua planície, sobre a qual discorrerei; eles mostram uma pegada de Héracles marcada em uma rocha, e que parece com uma pisada de um homem, e que é grande e está junto ao rio Tire. Portanto, esse território é desse tipo, e retornarei para o relato sobre o qual discorria no início.

83. Enquanto Dario se preparava para uma expedição militar contra os citas e enviava mensageiros para ordenar a uns povos que fossem para a infantaria do exército e a outros que provessem as naus, e a outros, que construíssem uma ponte sobre o Bósforo Trácio[299], Artabano[300], filho de Histaspes[301], que era irmão de Dario, e pedia-lhe para que de modo algum realizasse uma expedição militar contra os citas, expondo em detalhes a dificuldade de se ir contra os citas.

---

298. O texto traz ὀϊστός (*oïstós*), que significa "lança"; no entanto, o contexto nos leva a traduzir como flecha.

299. Trata-se da entrada do Bósforo.

300. Nascido na Hircânia, região dominada pelo Império Aquemênida, e de origem nobre, Artabano serviu como general e conselheiro político do rei Dario I. Sobre esta personagem, Aristóteles conta: "Artapanes atacou Xerxes por temer a acusação sobre Dario, porque o enforcou sem que Xerxes lhe houvesse ordenado, mas pensando obter o perdão de Xerxes, que o esqueceu ao ser convidado para um banquete. (1311b35-40). In: Aristóteles. *Política*. *Op. cit.* Note-se que Aristóteles grafa Ἀρταπάνης (*Artapánes*) em vez de Ἀρτάβανος (*Artábanos*) como Heródoto.

301. Filho de Dario I e de Atossa, ele desempenhou a função de comandante militar na segunda guerra dos persas contra os helenos.

Mas, embora seus conselhos tenham sido úteis, ele não se convenceu, e Artabano se conteve, e depois de ter preparado tudo, cavalgou com seu exército partindo de Susos[302].

84. Nesse momento, um dos persas Eobazo[303], que tinha três filhos e que todos iam para a expedição militar, pediu a Dario que deixasse para trás um deles. E Dario disse-lhe que, como era seu amigo e lhe pedia algo moderado, ele iria deixar todos os seus filhos para trás. Então, Eobazo ficou muito alegre, e com a esperança de que seus filhos ficariam livres da expedição militar, mas Dario ordenou aos seus comandados que matassem todos os filhos de Eobazo. E seus filhos tiveram suas gargantas cortadas e foram deixados ali mesmo.

85. E Dario, depois de ter marchado de Susos, chegou à Calcedônia[304], às margens do Bósforo, onde a ponte unia suas duas margens; de lá embarcou em uma nau e navegou até as chamadas Ciâneas[305], as que dizem os helenos que são errantes; sentou-se em um promontório e contemplou o Ponto, que é algo digno de ser contemplado. Pois dentre todos os mares é naturalmente o mais maravilhoso, sua extensão é de onze mil e cem estádios, e sua largura, em seu ponto mais extenso, é de três mil e trezentos estádios. A

---

302. Por influência das traduções francesas, tem-se o hábito de grafar "Susa". No entanto, o nome em heleno é Σοῦσος (*Sousos*), portanto, o seu nome em nosso vernáculo é Susos. Cidade localizada na região da Mesopotâmia, a 250 quilômetros do rio Tigre. Hoje a cidade de Susos é o monumental sítio arqueológico de Shush, o nome original da cidade.

303. Não dispomos de mais informações sobre esta personagem.

304. Cidade da Ásia Menor, fundada por megarenses no século VII, localizada do outro lado da margem em frente a Bizâncio. Como veremos no capítulo 144, Heródoto critica os megarenses por terem fundado esta cidade 17 anos antes de Bizâncio, sendo que esta última tem um território mais fértil e propício para ser um grande entreposto comercial, como de fato o era.

305. Situados no mar Negro, na altura do Bósforo, as Ciâneas, ou Rochedos Azuis, eram duas rochas flutuantes que esmagavam os que passavam entre elas. As Ciâneas também eram conhecidas como Sindromâdes ou Simplégades, locais que nos remetem ao mito de Jasão e os Argonautas, que também envolve a famosa personagem Medeia, retratada na peça homônima de Eurípides.

embocadura desse mar é de quatro estádios de largura, e o estreito que forma a embocadura, que é chamado de Bósforo, até onde existe a ponte que une as suas duas margens, a sua largura é de cento e vinte estádios; e o Bósforo se estende até a Propôntida[306]. E a Propôntida, cuja extensão é de quinhentos estádios e largura é de quatrocentos estádios de comprimento, deságua no Helesponto, cujo estreito é de sete estádios e sua largura é de quatrocentos. E o Helesponto deságua em um mar aberto que é chamado de Egeu.

86. E essas medidas foram estabelecidas do modo que se segue. Em geral, uma nau percorre mais ou menos setenta mil braças em um dia da estação em que os dias são longos[307], e sessenta mil à noite. Portanto, já dessa embocadura até o Fásis (pois esse lugar é a maior extensão do Ponto)[308] são nove dias e oito noites de navegação; que são um milhão, cento e dez mil braças; e essas são onze mil e cem estádios. E da Síndaca até Temiscira[309], às margens do rio Termodonte[310] (pois esse lugar é o mais largo do Ponto), são três dias e duas noites de navegação, e essas são trezentas mil e trinta braças, e de fato são três mil e trezentos estádios. Então, esse Ponto, o Bósforo e o Helesponto foram assim medidos por mim, conforme o que foi dito; são assim por natureza[311], e existe ainda um lago que esse Ponto deságua nele e que não é muito menor que o próprio mar que é chamado Meótis e Mãe do Ponto.

---

306. Mar que liga o mar Negro ao Egeu, a Propôntida é hoje conhecida como o mar de Mármara.

307. A estação do ano em que os dias são longos e as noites mais curtas é o verão.

308. Aqui parece que nosso historiador foi enganado pelo olhar, visto que a distância que separa o Bósforo do rio Fásis é menor do que a distância de Apolônia até o rio Fásis, no território da Cólquida.

309. Cidade localizada no mar Negro, na foz do rio Termodonte.

310. Rio localizado no território da Ásia Menor, atual Turquia, que deságua no mar Negro.

311. Heródoto refere-se ao desvio de rios; por exemplo, como relatou no *Livro II – Euterpe*, as intervenções de egípcios e babilônios no curso de seus rios.

87. E Dario, depois que contemplou o Ponto, navegou de volta para a ponte, que foi obra do arquiteto Mândrocles de Samos[312]. E depois de ter contemplado também o Bósforo, erigiu duas estelas de mármore branco, inscreveu caracteres assírios em uma, e helênicos em outra, todos os que ele de fato comandava; e ele comandava todos dentre os que ele governava. São calculados por eles que, exceto a frota, setecentos mil com cavalos e seiscentas naus foram reunidas por eles. Então, os bizantinos levaram essas estelas mais tarde para a sua cidade e eles as utilizaram em um altar de Ártemis Ortosia[313], exceto uma só pedra; e essa foi deixada junto ao templo de Dioniso em Bizâncio, cheia de caracteres assírios. E o território do Bósforo em que o rei Dario ligou as margens com sua ponte, como me parece por meio de cálculos, está no meio do caminho entre Bizâncio e o templo situado na embocadura do Ponto.

88. E depois disso, Dario se deleitou com a ponte de barcos; ao arquiteto dela, o sâmio Mândrocles, presenteou com dez presentes de todo tipo[314]. Então, desses presentes Mândrocles ordenou que fosse feito um quadro representando toda a ponte do Bósforo, também o rei Dario sentado à frente em um trono e o seu exército atravessando-a, e esse quadro depois de pintado foi depositado como oferenda no Heraion[315], com a seguinte inscrição:

---

312. Mândrocles e outros arquitetos se destacaram em Samos à época da tirania dos Eácidas. A mais suntuosa delas foi a de Polícrates de Samos, século VI a.C.

313. Ὀρθωσία (*Orthōsía*) é o epíteto da deusa Ártemis na Lacônia e na Arcádia, ambas localizadas na península do Peloponeso. O culto de Ártemis Ortosia, ou Encorajadora, recebia atenção especial na cidade de Esparta onde, segundo Pausânias, os jovens espartanos eram açoitados no seu altar como um rito de passagem e demonstração de coragem. Para mais detalhes, consultar: Pausânias, *Descrição da Hélade*, III, 16.

314. "Presentear com dez presentes de todo tipo" é uma expressão helena para destacar a grande quantidade de presentes que o arquiteto recebeu.

315. Nome dado ao templo dedicado à deusa Hera, que era filha de Crono e Reia, irmã e esposa de Zeus e a principal deusa do Olimpo. A principal característica de Hera, retratada na literatura, é a sua indignação frente às infidelidades de seu companheiro, não poupando esforços para perseguir os amantes de Zeus e os frutos dessas uniões ilegítimas. A deusa era considerada a protetora da cidade de Argos; segundo Pausânias, Hera foi homenageada por Policleto de Argos, 460-410 a.C.,

As margens do Bósforo rico em peixes Mândrocles uniu com uma ponte
e a Hera deixou uma lembrança de sua ponte de barcos;
e coroou-se, uma glória para os sâmios,
o rei Dario cumpriu o que tinha em mente.

Portanto, assim se tornou um monumento daquele que construiu uma ponte que ligou as duas margens do Ponto.

89. E depois de Dario ter presenteado Mândrocles, ele fez sua travessia para a Europa, mas antes ordenou aos iônios que navegassem para o Ponto até o rio Istro, e assim que chegassem ao Istro, esperassem por ele lá, enquanto se juntavam para formar uma ponte que ligasse as duas margens; pois, nesse momento, iônios, eólios e helespontinos conduziam a frota. E o exército náutico navegou atravessando as Ciâneas e depois navegou direto para o Istro, quando navegou subindo o rio durante dois dias, do mar até o estreito do rio, a partir do qual se dividem as embocaduras do Istro, o exército náutico se juntou formando uma ponte, ligando as duas margens do rio. E Dario, assim que atravessou o Bósforo pela ponte de barcos, marchou através da Trácia, e chegou às nascentes do rio Téaro, onde fez seu acampamento militar por três dias.

90. E o Téaro, como é dito pelos que moram nos arredores, é o melhor dos rios, e além das outras doenças que ele leva à cura, também cura a sarna dos homens e dos cavalos. E as suas nascentes são trinta e oito, que jorram da mesma rocha; e umas delas são frias e outras são quentes. E o caminho até essas fontes é igual em extensão ao vindo da cidade de Heraio[316], junto a Perinto[317], e a outro vindo

---

com a construção de uma estátua colossal em que a deusa estava sentada em um trono e coberta de ouro e marfim, com uma coroa em que havia a representação das Cárites e das Horas, e ainda trazia na mão esquerda uma romã e o seu cetro na direita; sobre o cetro havia um cuco, que Pausânias afirma ser o símbolo do amor de Zeus e Hera. Tal obra tornou-se uma referência para as futuras representações da deusa. Consultar: Pausânias, *Descrição da Hélade*, II, 17.3-4.

316. Cidade localizada na Propôntida, no território da Trácia.

317. Cidade fundada no século VII a.C. pelos sâmios com o nome de Heracleia, em homenagem à deusa Hera. No século IV a.C., a cidade passa a ser chamada de

de Apolônia[318], no Ponto Euxino, e cada uma delas com um caminho de dois dias. E esse Téaro deságua no rio Contadesdo no rio Agrianes, e o rio Agrianes deságua no Hebro[319], e este deságua no mar junto à cidade de Eno.

91. Portanto, depois de ter chegado a esse rio, Dario montou seu acampamento militar lá e se deleitou com o rio, e erigiu uma estela também lá, com a inscrição que dizia o seguinte: "As nascentes do rio Téaro têm a melhor e mais bela água dentre todos os rios que existem; e cheguei a elas, cavalgando à frente do meu exército contra os citas, um homem melhor e mais belo dentre todos os homens que existem, Dario, filho de Histaspes, rei dos persas e de todo os continentes"[320]. De fato, isso foi inscrito lá.

92. E Dario moveu-se dali e chegou a outro rio, cujo nome é Artesco, o que corre através do território dos odrísios. Então, quando ele chegou a esse rio, fez o seguinte: indicou um território ao seu exército e ordenou que todo homem que passasse por lá colocasse uma pedra nesse território que foi indicado. E quando o seu exército cumpriu o que lhe havia sido ordenado, depois de deixar para trás lá grandes montes de pedras, Dario partiu cavalgando com seu exército.

93. E antes de chegar ao Istro, os primeiros que ele capturou foram os getas[321], os que se veem como imortais. Pois eles são trácios que habitam o Salmidesso e além de habitarem na cidade de Apolônia e de Mesêmbria, os chamados cirmiadas e nipseus, eles não ofereceram

---

Perinto após uma dura batalha contra Filipe II da Macedônia, na qual seus cidadãos resistiram ao ataque, mas foram obrigados a reestruturá-la.

318. Cidade da Trácia. É válido lembrar que há várias cidades antigas com o nome de Apolônia, como a da Palestina, ou a de Creta; são cidades que consagram o deus Apolo como seu protetor.

319. Rios localizados na Trácia.

320. Trata-se do continente asiático.

321. Os getas eram escravos em grande número dos atenienses; por exemplo, em Aristófanes, nas peças *Assembleia das mulheres e Pluto*, existem personagens que são escravos e que se chamam Geta.

resistência aos persas e se entregaram a Dario; mas os getas voltaram-se para uma obstinação insensata de lutar e rapidamente foram escravizados; eram os mais corajosos e justos dos trácios.

94. E eles se veem como imortais por este modo: pensam que eles não morrem, e quem morre vai para junto de Salmoxis[322], uma divindade; alguns deles chamam essa mesma divindade de Gebelizis. A cada cinco anos enviam um mensageiro para junto de Salmoxis, um membro de seu povo eleito pela sorte, e recomendam que ele lhe transmita as coisas que eles necessitassem. E eles o enviam do seguinte modo: os que foram determinados portam três pontas de lança, e os outros seguram pelos pés e pelas mãos aquele que será enviado para junto de Salmoxis, e eles os balançam e o jogam no ar na direção das pontas das lanças. Se ele morre traspassado pelas lanças, eles então pensam que o deus está propício; mas se não morre, eles acusam o próprio mensageiro, e começam a afirmar que ele é um homem mau, e depois de o terem acusado, eles enviam outro. E eles fazem as suas recomendações com ele ainda vivo. E esses mesmos trácios diante de um trovão e um relâmpago lançam suas flechas para o alto em direção ao céu, ameaçando o deus[323], porque não consideram que exista nenhum outro deus que não seja o deles.

---

322. Também conhecido como Zalmoxis, a divindade cultuada pelos getas entrava em contato com este povo que se julgava imortal a cada cinco anos por meio de uma vítima sacrificial que atuava como seu mensageiro.

323. Heródoto narra um episódio semelhantes dos cáunios: "eu penso, são autóctones; todavia, eles mesmos dizem que são oriundos de Creta. Eles têm semelhanças com a língua em relação à raça cária, ou os cários em relação à da cáunia (pois isso não posso avaliar com precisão), mas se servem de costumes em muito distintos dos demais homens e também dos cários. Pois a mais bela coisa para eles é se reunirem em bando, com homens, mulheres e crianças, para beber conforme a idade e a amizade. Edificando para eles templos estrangeiros, mais tarde, porque eles mudaram de opinião (mas parece que somente se serviram de deuses dos seus antepassados), todos os cáunios no início da idade se armaram, golpeando o ar com suas lanças, e, seguindo até os limites de Calinda, disseram que estavam expulsando os deuses estrangeiros." (*Histórias*, I, 172). In: Heródoto. *Histórias. Livro I – Clio. Op. cit.*

95. E quando eu fui informado pelos helenos que habitam no Helesponto e no Ponto[324], e esse Salmoxis foi um homem que foi escravo em Samos, e serviu Pitágoras[325], filho de Mnersaco[326], como escravo; e depois de ter se tornado um homem livre e adquirido muito dinheiro, de posse desse dinheiro, partiu de lá para a sua terra natal. E como os trácios levavam uma vida miserável e não eram um dos povos mais inteligentes, e esse Salmoxis, que conhecia o modo de vida da flor da Iônia[327] e os costumes mais sérios que os da Trácia, pois havia tido a companhia dos helenos e do sofista Pitágoras[328], que não era o mais fraco deles, preparou um salão de banquete para entreter seus convivas, que eram os homens mais importantes dentre os cidadãos e, enquanto eles se fartavam no banquete, ensinava que nem ele, nem seus convivas, nem os seus descendentes morreriam e que estariam sempre vivos, mas que eles iriam para um território onde, sempre vivos, usufruiriam de todas as coisas boas. Enquanto fazia o que foi dito e dizia essas coisas, nesse ínterim fez construir uma moradia subterrânea. Quando ele teve a sua morada completamente pronta, ele desapareceu da vista dos trácios,

---

324. Os habitantes do Helesponto e do Ponto compreendem as cidades do Helesponto, da Propôntida, do Bósforo e do Mar Negro até o rio Istro, atual rio Danúbio.

325. Filósofo e matemático, séc. VI a.C., nasceu em Samos, mas foi obrigado a migrar por conta da tirania de Polícrates, quando foi para Crotona, no sul da Península Itálica, por volta de 513 a.C., onde fundou a sua escola. Embora não tenha escrito nenhum livro, seus pensamentos filosóficos influenciaram diversos filósofos.

326. Não dispomos de mais informações sobre essa personagem.

327. Ἰάδος (*Iádos*) "flor da Iônia". É interessante perceber que, apesar de Heródoto demonstrar alguma simpatia por povos que os helenos chamavam bárbaros, o nosso autor destina um tratamento especial para os helenos, principalmente os oriundos da Iônia, região da qual ele também era proveniente. Como vimos, embora ele tenha, nesta edição, grafado que é de Túrio, sabemos que ele nasceu em Halicarnasso, na Ásia Menor.

328. O termo utilizado por Heródoto é *sophistaí* (σοφισταί). É interessante perceber que o termo está relacionado ao sábio, o próprio Heródoto, neste Livro IV, 95; por isso afirma que Pitágoras é um sofista, no sentido de que ele é um sábio. Destacamos esse termo porque Platão nos trará uma nova interpretação para os *sophistaí* que, à época dele, eram homens que ensinavam a arte retórica, cobrando quantias elevadas por isso; o filósofo compara o sofista a um caçador de jovens ricos em busca de seu dinheiro.

e desceu até lá embaixo na sua moradia subterrânea, onde viveu por três anos. E os trácios sentiram sua falta e lamentaram porque estava morto. E no quarto ano, ele apareceu aos trácios, e assim Salmoxis fez com que suas palavras se tornassem confiáveis para eles. Essas são as coisas que contam que ele fez.

96. E eu mesmo não desacredito nem acredito muito no que ouvi sobre ele e sua moradia subterrânea; penso que esse Salmoxis viveu muitos anos antes de Pitágoras. Quer um certo Salmoxis tenha nascido como um homem, quer ele tenha sido uma divindade local para os getas, que isso fique para lá. De fato, é por eles serem de tal modo que foram derrotados pelos persas e arrastados para outro exército.

97. E Dario, quando chegou, e junto com ele o seu exército terrestre, no Istro, após todos terem atravessado lá, Dario ordenou aos iônios que abandonassem a ponte de barcos e que seguissem pela planície com ele e também o exército proveniente das naus. Quando os iônios estavam prestes a abandoná-las e a fazer o que lhes foi ordenado, Coes[329], filho de Erxandro, que era estratego dos mitileneus, porque antes havia se informado se ele seria amigável se recebia a opinião de quem a quiser dar, disse o seguinte a Dario: "Ó rei, a terra contra a qual pretendes realizar uma expedição militar não te mostrará um lugar semeado sem nenhuma cidade habitada, então tu permitas que esta ponte fique neste território e deixes guardas nela os mesmos que ligaram as duas margens do rio. E se sair conforme o que planejamos, encontraremos os citas, nós teremos uma saída, e se não pudermos encontrá-los, teremos uma saída segura; pois jamais temi que fôssemos vencidos em batalha pelos citas, mas mais que não pudéssemos encontrá-los e sofrêssemos algo por andarmos errantes aqui. E alguém poderia dizer eu faço isso por mim mesmo, para que aqui eu permaneça; mas eu trago a ti em público a melhor opinião que eu tive, rei; todavia, eu mesmo o seguirei e não serei deixado para trás." E Dario ficou muito alegre com a sua opinião e dirigiu-se a ele respondendo o seguinte: "Estrangeiro lésbio, quando estiver salvo no meu regresso ao palácio, de toda maneira

329. Tirano de Mitilene.

aparece no meu palácio, a fim de que receba obras valiosas em troca do seu valioso conselho."

98. Após dizer isso, fez sessenta nós em uma correia, convocou os tiranos da Iônia para uma conversa e disse-lhe o seguinte: "Homens iônios, a minha opinião anterior exposta sobre a ponte foi abandonada por mim, tomai esta correia e fazei o seguinte: logo que me virdes rapidamente marchando contra os citas, a partir desse momento, começai a desfazer um nó a cada dia passado; se eu não estiver de volta enquanto vós os desfazeis, mas se os dias dos nós transcorrerem, navegai de volta para as vossas terras de origem. E até esse dia, visto que assim mudei de opinião, guardai a ponte de barcos, com toda vossa boa vontade pela sua preservação e proteção; e se fizerdes isso em muitos vos seria grato." Dario, após dizer isso, apressou-se em seguir adiante[330].

---

330. Os planos de invasão da Cítia traçados por Dario já foram objeto de registro de Heródoto no livro anterior, como vemos neste relato: "Então, depois de Democedes tê-la tratado e de ter declarado que ela estava saudável, nesse momento, instruída por Democedes, Atossa entrou no leito nupcial de Dario e dirigiu-lhe a seguinte fala: 'Ó rei, com tanto poder que tens, permaneces quieto, nem acrescentando nenhum povo nem aumentando o poder dos persas. E isso é natural a um homem jovem, senhor de grandiosas riquezas, mostrar que está realizando um feito admirável, a fim de que os persas percebam que são governados por um homem. Realizar essas coisas te conduzirá para dois pontos interessantes: um ponto é que os persas saberão que eles têm um homem que está à frente deles, e outro ponto é que estando extenuados pela guerra, não terão tempo livre para revoltarem-se contra ti. Pois agora poderias realizar uma obra admirável, porque estás na idade da tua juventude; pois, por um lado, enquanto o corpo está crescendo, cresce também a sua inteligência; por outro lado, quando ele está envelhecendo, envelhece também a sua tonicidade para realizar todas as suas ações'. Então, ela falou isso porque tinha sido instruída por Democedes; e Dario em resposta disse-lhe: 'Mulher, tudo quanto disseste para eu fazer, eu mesmo penso em executar. Pois decidi realizar uma expedição militar contra os citas para anexar territórios, com uma ponte que vai desta planície até a outra planície. E isso será concretizado em pouco tempo'. E Atossa disse-lhe as seguintes palavras: 'Vê, então, abandona a ideia de primeiro atacar os citas; pois esses, quando tu quiseres, serão teu povo. E tu, segundo eu penso, deves realizar uma expedição militar contra a Hélade; porque fui informada em uma conversa, e desejo ter servas lacônias, argivas, áticas e coríntias. E tens o homem mais apropriado dentre todos os homens para indicar-te cada um dos territórios da Hélade e ainda guiar-te por eles, esse que curou o teu pé'. E Dario disse-lhe em

99. Da terra cita, a Trácia existe; o fato de que ela é voltada para o mar; e essa terra sustenta um golfo que recebe a Cítia e o Istro deságua nela, cuja embocadura está voltada para o vento do sudeste. Eu vou mostrar do território da Cítia a parte que está do lado do Istro e a parte dela que está próxima ao mar[331]. A partir do Istro está já a própria antiga Cítia, situada no território voltado para o sul e o vento noto[332], até uma cidade chamada Carcinitis; e a partir desse lugar, a cidade está envolta pelo mar; é um território montanhoso e situado na parte voltada para o Ponto, onde habita o povo táurico até o Quersoneso[333] chamado de Traqueu[334]; e que se estende até o mar situado na direção do vento leste. Pois é característica da Cítia as duas partes limítrofes serem envoltas pelo mar, uma pelo mar do sul[335] e a outra pela aurora[336], exatamente conforme é o território Ático[337]; e bem parecido com este, os tauros habitam a Cítia como se fosse outro povo da Ática e não os atenienses que habitassem o cabo do Súnio[338], que apre-

---

resposta: 'Mulher, visto que assim te parece melhor, nós primeiro vamos fazer uma experiência com a Hélade; parece-me melhor que primeiro enviemos observadores com o mesmo homem que do mesmo modo que tu disseste para enviá-los, porque depois de terem apreendido e observado cada um dos territórios, eles irão nos informar a respeito de tudo; e em seguida, marcharei contra eles informado sobre tudo'. Dario disse isso, que realizou em palavra e ação. (*Histórias*, III, 134-135). In: Heródoto. *Histórias. Livro III – Talia. Op. cit.*

331. Heródoto irá descrever a costa da Cítia que está situada no mar Negro.

332. Sobre os ventos, temos Zéfiro, personificação do vento oeste, filho de Aurora e de Astreu, sendo seus irmãos Bóreas (vento norte), Noto (vento sul) e Euro (vento leste). Consultar: Hesíodo, *Teogonia*, 378-382.

333. O Quersoneso é uma colônia da Táurica, fundada no século V a.C. pelos helenos da região da Heracleia Pôntica.

334. Ou Quersoneso Escarpado.

335. O mar Negro na altura da Táurica.

336. A leste do seu território, trata-se do mar Negro próximo ao Bósforo Cimério.

337. Porque também é banhada por um mar em seus dois flancos, o mar Egeu.

338. O Súnio é composto por uma península e um cabo localizados ao sul da Ática. Conhecido por abrigar os templos dedicados ao deus Posídon, o deus dos mares, para a proteção da cidade.

senta o seu ponto mais alto mar adentro, a partir do Tórico até o demo de Anaflisto; e digo que é possível comparar essas coisas pequenas com coisas grandes. A Táurica tem essas características. E a quem não navegou ao longo dessa parte da Ática, eu demonstrarei de outro modo; como se em Iapígia[339] houvesse outro povo e os iapígios não, como se começasse a habitar separado a parte alta do porto de Brentesio[340] até Taras[341]. E quando falo sobre esses dois territórios, falo sobre muitos que são semelhantes a outros que a Táurica se assemelham.

100. E a partir da Táurica, os citas já estão nos lugares mais ao norte dos tauros e habitam também na direção do mar oriental[342], os territórios que vão do Bósforo Cimério em direção ao oeste e lago Meótis até o rio Tánais, que deságua no fundo desse lago. Portanto, já a partir do Istro, os territórios situados mais ao norte em direção subindo para o seu interior, a Cítia é limitada primeiro pelos agatirsos, em seguida pelos andrófagos e por fim, pelos melanclenos.

101. Portanto, a Cítia é um quadrado; dois lados dela vão descendo em direção ao mar, o seu território do interior tem o mesmo tamanho que o território que está junto ao mar; pois a partir do Istro até o Borístenes são um caminho de dez dias, e do Borístenes até o lago Meótis são outros dez dias; e o território a partir do mar até o seu interior onde habitam os melanclenos, mais ao norte dos citas, são um caminho de vinte dias. E o caminho de um dia alcança duzentos estádios[343], isso foi calculado por mim. Desse modo, os territórios transversais da Cítia teriam quatro mil estádios e os territórios longitudinais em direção ao interior levam outros tantos estádios. Portanto, essa terra é de tamanha extensão.

---

339. Localizada no extremo sul da Península Itálica.

340. Cidade sistuada no sul da Península Itálica, atual Brindisi.

341. Cidade localizada na Península Itálica, atual Tarento. Taras ou Tarante foi colonizada pelos espartanos no século VII a.C., época das guerras contra a Messênia.

342. Trata-se do Ponto Euxino.

343. Mais ou menos um caminho de 35 quilômetros.

102. E os citas tomaram ciência da situação, porque não eram capazes de repelir o exército de Dario com suas próprias forças na batalha, enviaram mensageiros aos povos vizinhos. E os reis que se reuniram deliberavam sobre o grande exército que avançava sobre eles; e os reis que estavam reunidos eram dos tauros, agatirsos, neuros, andrófagos, melanclenos, gelonos, budinos e saurómatas.

103. Dentre entre esses povos, os tauros adotam os seguintes costumes. Eles realizam sacrifícios à Párteno[344] pelos náufragos e helenos que são capturados durante suas navegações, e o fazem do modo que se segue. Depois de realizados os ritos preliminares, golpeiam a cabeça da vítima com um bastão grosso. Uns dizem que eles empurram o corpo do penhasco para baixo (pois o templo está edificado em cima do penhasco), e eles empalavam a cabeça; outros concordam quanto ao que é feito com a cabeça, todavia dizem que eles não empurram o corpo do penhasco, mas que o enterram nesta terra. E com relação a essa divindade para a qual eles realizavam sacrifícios, esses tauros contam que era Ifigênia[345], filha de

---

344. Παρθένος (*Parthénos*), ou a Virgem, é o epíteto dada à deusa Ártemis, conhecida como a deusa virgem. A virgindade de Ártemis é um atributo que foi bem desenvolvido por Eurípides ao narrar a história do amor não correspondido de Fedra pelo filho ilegítimo de seu marido Hipólito, assim destacado em sua peça pelas palavras da deusa Afrodite: "O filho de Teseu, nascido da Amazona/ e criado pelo casto Piteu, Hipólito, é o único que,/ entre os cidadãos desta terra de Terseena, diz ser/ eu a pior das deusas – desdenha do amor e afasta as legítimas uniões./ Venera Ártemis, irmã de Febo e filha de Zeus, como a maior entre as deusas/ Tendo-a sempre por companheira,/ convívio incomum por um mortal alcançado,/ pelos bosques verdejantes, com seus cães rapidíssimos,/ extermina os animais mais ferozes de toda esta terra./ Não invejo isto. Por que o faria?/ Mas, hoje ainda, devido às faltas contra mim cometidas, punirei Hipólito [...] De acordo com os meus desejos,/ Fedra, nobre esposa de seu pai, ao vê-lo,/ foi ferida no coração por violento amor" (*Hipólito*, 7-29). In: Eurípides. *Hipólito*. Introdução, versão do grego e notas Bernardina de Sousa Oliveira. Brasília: Editora da UnB, 1997.

345. Filha de Agamêmnon e de Clitemnestra, seu sacrifício está relacionado ao ato ímpio de seu pai. Agamêmnon procovou a ira da deusa Ártemis ao se autoproclamar um exímio arqueiro, mais acurado que a própria deusa, que, indignada com a comparação, arquitetou sua vingança. No entanto, o rei dos aqueus somente descobriu seu castigo quando o exército aqueu estava parado em Áulis, por conta de uma forte calmaria, e Agamêmnon decidiu consultar o adivinho Calcas para descobrir

Agamêmnon[346]. E quanto aos inimigos que caíam em suas mãos, eles faziam o seguinte: cada um deles cortava sua cabeça e a levava consigo para sua casa, em seguida a fixava em uma vara longa colocada muito acima da casa, especialmente sobre a sua chaminé. E eles contam que esses são guardiões que estão suspensos para a proteção de toda a casa. E eles vivem da pirataria e da guerra.

104. E os agatirsos são os homens mais requintados e os que mais portam peças de ouro, e têm um Epiceno[347] das mulheres onde eles têm relações sexuais com elas, a fim de que sejam parentes uns dos outros e todos sejam familiares e que não tenham inveja nem a inimizade uns dos outros. E quanto aos seus demais costumes, eles têm semelhanças com os dos trácios.

105. E os neuros adotam os costumes dos citas. E uma geração antes da expedição militar de Dario, foram compelidos a abandonar todo o seu território por causa das serpentes; pois eles têm serpentes, o seu território as produz em grandes quantidades, e a maioria das que eles têm vem da parte alta; elas chegam de repente dos desertos, até o momento em que são pressionados a abandonar seu território e vão morar com os budinos. E é bem possível que esses homens sejam feiticeiros. Pois foi dito pelos helenos e citas que habitam na Cítia que uma única vez por ano cada um dos citas se transforma em um lobo[348] por poucos dias e que logo retorna à sua forma; eles não me

---

a razão de tão prolongada calmaria, e este lhe respondeu que os ventos voltariam somente após o sacrifício de sua filha Ifigênia no porto de Áulis em um altar dedicado à deusa Ártemis. O nome de Ifigênia não aparece na *Ilíada*, de Homero; é conhecido somente à época clássica com os trágicos.

346. Rei de Micenas, mas também apresentado como o rei de Argos, filho de Plístene, que era filho de Atreu, por isso o rei também é chamado de Átrida. Comandante supremo do exército heleno que lutou contra Troia, era casado com Clitemnestra, irmã de Helena.

347. Ἐπίκοινος (*Epíkoinos*) ou Epiceno vem do substantivo homônimo ἐπίκοινος (*epíkoinos*), que significa “que pertence a todos” ou “comunitário”.

348. Este é o primeiro relato que temos sobre licantropia, isto é, a metamorfose de um homem em lobo.

convencem quando me contam isso, e eles dizem que não acontece nada menos que isso, e ainda fazem juramentos enquanto contam.

106. E os andrófagos têm os costumes mais selvagens dentre todos os homens, porque não adotam a justiça nem utilizam qualquer lei[349]. E eles são nômades, e se vestem igual ao povo da Cítia, e falam uma língua própria e são os únicos dentre os citas que comem carne humana.

107. E todos os melanclenos vestem roupas pretas, por isso também recebem esse nome[350], e adotam os costumes dos citas.

108. E os budinos são um povo potente e numeroso, e todo povo tem olhos intensamente azuis e cabelos ruivos. E uma cidade de madeira foi construída entre eles, a cidade cujo nome é Gelono[351]; e sua muralha é de uma longitude de trinta estádios de cada lado[352], e é alta e toda de madeira; tanto as suas casas como os seus templos são de madeira. Pois de fato existem templos de deuses helênicos nesse mesmo lugar que foram construídos à moda helênica e eles também têm estátuas, altares e santuários de madeira, e celebram um festival em honra a Dioniso a cada três anos e realizam rituais báquicos. Pois os gelonos são os helenos de antigamente, que migraram dos entrepostos comerciais e vieram habitar entre os budinos; e falam uma língua meio cita e meio helênica.

---

349. As observações de Heródoto podem ser compreendidas a partir desta assertiva de Aristóteles: "Portanto, a partir desses elementos, é evidente que a cidade existe por natureza, também que o homem é por natureza um animal político, e o homem sem cidade por natureza, não por acaso, ou é insignificante, ou está acima do homem. Tal como aquele que foi insultado por Homero: *sem parentesco, sem lei, sem lar!'*. Pois tal tipo por natureza é desejoso de guerra, porque é isolado, tal como as pedrinhas do jogo de dados. Por esse motivo, é evidente que o homem é um ser político, mais que qualquer abelha ou qualquer ser gregário." (*Política*, 1253a.2-9). In: Aristóteles. *Política. Op. cit.*

350. Μελάγχλαινος (*Melánkhlainos*) deriva de μελανία (*melanía*) que significa "cor negra" e de χλαῖνα (*klaîna*) que significa "manto de inverno" ou "capa", de onde os Μελάγχλαινος (*Melánkhlainos*), ou melanclenos, serem literalmente "os de mantos negros" ou "os de capas negras".

351. Não dispomos de mais informações sobre esta cidade.

352. Algo em torno de 5 quilômetros.

109. E os budinos não falam a mesma língua dos gelonos nem têm o mesmo modo de vida; pois uns budinos são autóctones e nômades, e são os únicos dentre os desse território que se alimentam de piolhos; enquanto os gelonos cultivam a terra, alimentam-se de trigo, possuem jardins, e não são semelhantes nem em sua compleição física, nem em pele. Todavia, os budinos são chamados de gelonos pelos helenos, embora não os denominem corretamente. E o território deles é todo um bosque cerrado, com mata de todo tipo; e no maior bosque existe um lago extenso e profundo, em torno dele há um pântano e cálamo. Nesse lago são capturados lontras e castores, também outros animais que têm focinhos quadrados[353], cujas peles são costuradas junto às bordas dos mantos de pele de cabra, também têm seus testículos ali, que são úteis para a cura do útero.

110. E a respeito dos saurómatas[354] conta-se o que se segue. Quando os helenos combateram contra as Amazonas[355] (os citas chamam as

---

353. Trata-se da foca, um animal muito comum na região.

354. Na língua helena, σαύρα (*saúra*) também significa "membro viril", especialmente, de menino. Podemos inferir que o povo originado pela união de citas e Amazonas é um povo viril e jovem, tal como Heródoto assinalara quando da origem dos citas, estas são mais jovens que os persas, helenos, egípcios e outros.

355. Ἀμαζῶνες (*Amazōnes*), ou as Amazonas são um povo de de mulheres guerreiras descendentes de Ares, o deus da guerra, e da ninfa Harmonia, ocupando um território da Cítia meridional. O povo das Amazonas era governado por uma rainha que proibia a presença de homens em sua sociedade. Os combates entre os helenos e as Amazonas foram inúmeros, os mais famosos são o contra os heróis helenos Belerofonte, Héracles e Teseu. As amazonas ainda participaram da Guerra de Troia, enviando um contingente para apoiar o rei Príamo. Ocasião em que houve o célebre combate de Pentesileia e Aquiles, quando este ao matá-la foi surpreendido por um olhar que despertou o amor do herói heleno, cena representada em vários vasos e artefatos da Antiguidade. O nome ἀμαζῶνες (*amazōnes*), cujo singular é ἀμαζών (*amazōn*), é formado pelo ἀ (alfa privativo) que indica ausência e privação e pelo substantivo de μαζός (*mazón*) que significa "seio", então as Amazonas são as que não têm um seio. A privação do seio é explicada pela necessidade delas de manejar o arco e flecha com mais destreza e precisão, assim como a lança. Por meio deste mito entrevemos a visão dos antigos helenos sobre a guerra ser algo restrito ao universo masculino, mas se a mulher dele quiser participar à altura deve se mutilar, desfazer-se de sua natureza por não ter sido por ela moldada para a guerra. Nesse sentido, a mulher deve abrir mão de uma característica importante de sua feminilidade. Não

Amazonas de *Eórpata*; esse nome, conforme a língua da Hélade, tem o mesmo valor de "matadoras de homens"; pois *eór* é como os citas chamam "homem", e *patá* é "matar"), nessa época, o relato dos helenos é que, depois de terem vencido a batalha às margens do Termodonte, eles zarparam em três embarcações com as Amazonas que conseguiram capturar vivas. E quando estavam em alto-mar, elas atacaram e eliminaram os homens. E foram levadas conforme a onda e o vento; e como elas não conheciam a navegação nem sabiam utilizar os lemes, nem as velas, nem os remos; mas, visto que haviam eliminado os homens, elas foram levadas conforme a onda e o vento. E elas chegaram a Cremnos[356], na região do lago Meótis; e Cremnos faz parte da terra dos citas livres. Lá as Amazonas desceram das embarcações e caminharam pela estrada em direção a um lugar habitado. E elas encontraram a primeira manada de cavalos que levaram e, nesses, cavalgaram e pilharam os territórios dos citas.

111. E os citas não sabiam explicar a questão; pois não conheciam sua língua, nem suas vestimentas, nem seu povo, mas estavam em estado de admiração para saber de onde elas tinham vindo. E pensavam que elas eram homens e que tinham a mesma idade que eles[357], e de fato eles travaram um combate contra elas; após os citas as terem vencido e tomado posse dos cadáveres da batalha, assim perceberam que elas eram mulheres. Então deliberaram entre si e acharam que seria melhor não matá-las de modo algum, mas enviar seus homens mais jovens, e estimavam um número semelhante à quantidade que havia delas; e esses jovens deviam montar acampamentos próximo ao delas e fazer as coisas conforme ao que elas também fizessem; se elas os perseguissem, que não as combatessem, mas que fugissem; e quando ela parassem de persegui-los, que eles retornassem a montar

---

por acaso Homero (*Ilíada*, III, 189 e VI, 186) lhes confere o epíteto de ἀντιάνειραι (*antiáveirai*), que significa "igual a um homem" ou "viril", para se referir a elas como Ἀμαζόνες ἀντιάνειραι (*Amazōnes antiáveirai*), isto é, "as viris Amazonas".

356. Localizada ao norte do lago Meótis.

357. ἡλικία (*ēlikía*) é o termo usado para identificar jovens que estão na fase da adolescência, imberbes.

acampamento próximos a elas. Os citas deliberaram isso porque tinham a intenção de ter filhos com elas.

112. E os jovens foram enviados e fizeram as coisas que lhes foram determinadas. E depois que as Amazonas perceberam que eles retornavam e que não lhes causavam nenhum dano, abriram mão deles; e a cada dia um acampamento ficava mais próximo do outro acampamento. E os jovens não tinham nada, tal como as Amazonas não tinham nada, a não ser as armas e os cavalos; mas viviam a mesma vida que elas, caçando e pescando.

113. E as Amazonas, ao meio-dia, faziam o seguinte: elas se dispersavam tanto uma a uma quanto aos pares, dispersando-se longe umas das outras para atender às suas necessidades[358]. Quando os citas perceberam isso, eles fizeram o mesmo. E um deles aproximou-se de surpresa de uma delas que estava sozinha, e a amazona não o repeliu, mas olhou-o para que tivessem relações sexuais. E ela não tinha como conversar com ele (pois não entendiam um ao outro), e com as mãos disse para que no dia seguinte ele retornasse para o mesmo lugar e que trouxesse outro; ela sinalizou que viessem dois e que ela traria outra. E o jovem, quando retornou, contou o ocorrido aos restantes; e no dia seguinte, ele foi para o território delas e levou o outro, também ele encontrou a amazona esperando com a outra. E o restante dos jovens, quando foram informados disso, eles também foram dóceis com o restante das Amazonas.

114. Depois disso, eles misturaram o acampamento e moraram juntos, cada um tendo a sua mulher com a qual primeiro teve relações sexuais. Mas os homens não eram capazes de aprender a língua das suas mulheres, enquanto as mulheres entendiam a dos homens. E quando eles entendiam uns aos outros, os homens disseram às Amazonas o seguinte: "Nós temos pais e ainda temos bens. Então, agora que não temos mais tempo para este tipo de vida, mas que retornemos para onde está o nosso povo e que lá nós vivamos; e nós vos teremos como mulheres e nenhumas outras mais". E elas

---

358. O substantivo εὐμάρεια (*eumáreia*) significa "bom funcionamento dos intestinos" ou "facilidade na evacuação".

lhes disseram o seguinte: "Nós não podemos habitar com vossas mulheres; pois os nossos costumes não são os mesmos que elas. Nós atiramos com arco, lançamos dardos e cavalgamos, e não aprendemos os trabalhos femininos; enquanto vossas mulheres não fazem nada disso que enumeramos, mas executam trabalhos femininos e permanecem em suas carroças, não saem à caça nem para qualquer outra atividade. Então, nós não podemos concordar com aquelas. Mas, se quiserdes nos ter como mulheres e se vós pensais que isso é o mais justo, ide até vossos pais, obtenhai a vossa parte dos bens e logo retornai, e nós habitaremos em nosso próprio território."

115. Os jovens foram persuadidos e fizeram isso. E depois de terem recebido a sua parte dos bens, quando regressaram para as Amazonas, as mulheres disseram-lhes o seguinte: "Um temor e uma angústia nos tomam porque é preciso habitar neste território: por um lado, nós vos separamos de vossos pais, e por outro, a vossa terra, que nós devastamos muitas vezes. Mas, visto que julgais digno nos ter como mulheres, fazei junto conosco o que se segue; vamos embora, emigremos desta terra, atravessemos o rio Tánais e lá habitemos."

116. E o jovens também foram persuadidos a fazer isso. Depois de eles terem atravessado o Tánais, caminhando em direção ao sol nascente por um caminho de três dias de duração a partir do Tánais, e outro de três dias do lago Meótis na direção do vento norte. E chegaram nesse território em que agora eles habitam, e construíram casas ali. E as mulheres dos saurómatas, desde então, seguem um modo de vida antigo, e vão junto com os homens, também sem os homens, à caça e sobre cavalos, e vão à guerra e trajam a mesma vestimenta que a dos homens.

117. E os saurómatas falam uma língua cita, ainda que não respeitem as regras gramaticais da língua desde a antiguidade, porque as Amazonas não a aprenderam bem. E quanto aos assuntos relacionados ao casamento, eles estabelecem o que se segue; nenhuma virgem se casa até o momento em que mate um homem inimigo; e algumas delas morrem velhas antes de se casar, por eu não conseguiram cumprir a lei.

118. Então, como os reis desses povos enumerados estavam reunidos, os mensageiros citas chegaram e lhes disseram com detalhes que o Persa[359], depois de ter submetido todos os povos no outro continente, construiu uma ponte no estreito do Bósforo, atravessou para este continente, fez essa travessia e ainda subjugou os trácios, e começava a construir sua ponte no rio Istro, porque queria também estes povos todos sob o seu poder. "Portanto, vós não ireis de modo algum sair deste assunto público, ficar à espera e assistirdes nós sermos destruídos, mas pensando o mesmo, avançaremos contra o invasor. Então, não fareis isso? Nós estamos sob pressão: ou abandonamos o território ou, se nele permanecermos, faremos um acordo; pois o que sofreremos se vós não quiserdes fazer vossa vingança? E vós não tereis uma situação nada mais fácil que a nossa; pois o Persa não vem sobre nós com mais intensidade do que virá contra vós, nem nos destruirá sem que se volte para avançar contra vós. E nós temos uma grande prova dos argumentos, que lhes diremos; pois se o Persa estivesse realizando uma expedição militar somente contra nós, por querer reparação pela escravidão que lhes impusemos antes, ele não precisaria avançar contra todos os outros povos; teria se afastado, nem viria assim contra o nosso povo; e teria claramente marchado contra todos os citas e não contra os demais. E na realidade, depois que atravessou rapidamente para este território, está submetendo todos os povos que sucessivamente encontrou pelo caminho; e os outros trácios estão sob o seu poder, e além desses, nós temos também os getas, os nossos vizinhos."

119. Depois que os citas lhes anunciaram isso, os reis que chegaram vindos desses povos que mencionei antes começaram a deliberar, e seus pensamentos estavam divididos. O rei gelono, o budino e o saurómata prometeram o mesmo: que ajudariam os citas; mas o rei agatirso, o neuro, o andrófago, também o dos melanclenos e dos tauros, responderam aos citas o seguinte: "Se vós não tivésseis sido os primeiros a ofender os persas e a começar a guerra, mas ao pedir isso que vós nos pedes agora, isso nos pareceria correto, nós seríamos todo ouvidos pelo

---

359. Trata-se de Dario, o rei dos persas, acompanhado de seu poderoso exército.

mesmo objetivo e faríamos isso convosco. Mas, na realidade, vós invadistes a terra deles; sem nós, dominastes os persas por tanto tempo quanto o deus vos concedeu, também eles, visto que o mesmo deus se levantou por eles, e este devolve para vós o mesmo. E em tempo algum nós ofendemos esses homens; não será agora que experimentaremos ser os primeiros a ofendê-los. Todavia, se o Persa avançar contra o nosso território e for o primeiro a nos ofender, nós também o repeliremos. E até o momento em que virmos isso, nós permaneceremos em nossos territórios; pois parece-nos que os persas não vêm contra nós, mas contra os responsáveis pela ofensa que lhes fizeram."

120. Quando essas palavras chegaram e os citas foram informados sobres elas, deliberaram que não fariam nenhuma batalha campal a céu aberto; já que esses não estavam unidos a eles como aliados, retrocederiam aos poucos, e conforme eles batessem em retirada, aterrariam os poços e as fontes que encontrassem pelo caminho, destruiriam completamente a vegetação da sua terra, e se dividiriam em dois grupos. E a uma das partes, na qual reinava Copásis, devia se juntar aos saurómatas; e esses se retirariam aos poucos se o Persa se voltasse contra eles: eles fugiriam pelo rio Tánais ao longo do lago Meótis e, quando o Persa se retirasse, eles avançariam e o perseguiriam. Esse território que eles tinham estava destinada aos citas reais, e essa estava designada para esse percurso que já foi dito. E os das duas outras partes dos citas reais, a maior, que era comandada por Idantirso, e a terceira, sobre a qual reinava Taxacis[360], reunidos em um mesmo lugar, com gelonos e budinos, também se retirariam e manteriam a um dia de caminho adiante dos persas, e depois de sua retirada, teriam que cumprir as decisões tomadas; então, antes de tudo, eles deviam se retirar aos poucos em direção aos territórios dos povos que se recusaram a fazer uma aliança militar com eles, a fim de que eles também participassem da guerra (ainda que não fosse de bom grado que entrassem na guerra contra os persas, mas, mesmo de malgrado, entrariam de fato na guerra); e depois disso, retornariam para o seu território e os atacariam, se lhes parecesse bom em suas deliberações.

---

360. Rei que se tornou o líder dos citas na guerra contra Dario.

121. Os citas, após terem deliberado essas ações, foram de encontro ao exército de Dario; enviaram antes em corrida os seus melhores cavaleiros. E todas as carroças nos quais viviam seus filhos e as suas mulheres, e todos os seus rebanhos, exceto a quantidade que lhes era suficiente para sua alimentação, que eles deixaram para trás com eles; enviaram o restante junto com as carroças, e lhes deram a ordem de marchar sempre em direção ao norte.

122. De fato, foram esses que eles carregaram para longe com antecedência, enquanto os citas que foram enviados em corrida antes encontraram os citas que vinham a três dias de caminho do Istro, e depois de eles os terem encontrado, observaram uma distância de um dia de caminho, montaram o seu acampamento militar e destruíram as vegetações da sua terra. E os persas, quando viram a cavalaria dos citas aparecendo, avançaram contra eles, seguindo seu rastro, enquanto eles se retiravam aos poucos; e em seguida (eles avançaram contra uma única parte do exército cita), os persas os perseguiram em direção da aurora e do Tánais. E depois dos citas terem atravessado o rio Tánais, os persas avançaram para atravessá-lo e continuaram os perseguindo, até o ponto em que, após terem atravessado o território dos saurómatas, chegaram no território dos budinos.

123. Durante o longo tempo em que os persas atravessaram o território da Cítia e o dos saurómatas, eles não puderam pilhar nada, porque o seu território estava sem cultivo; e quando entraram no território dos budinos[361], lá encontraram a cidade da muralha de madeira[362], a que todos os budinos abandonaram e esvaziaram a sua cidada muralhada por madeira, e a incendiaram. Depois de terem feito isso, os persas seguiram sempre adiante conforme o rastro, até o momento em que, depois de terem atravessado esse território, eles chegaram ao deserto. E esse deserto não é habitado por ninguém, e está localizado no território dos budinos, sendo a sua extensão a de um caminho de sete dias; do outro lado do deserto habitam os

---

361. Note-se que Heródoto descreve esta cidade como sendo dos gelonos no capítulo 108 deste Livro IV.

362. Trata-se de Gelono, cidade descrita no capítulo 108 deste Livro IV.

tissagetas; quatro grandes rios correm de suas localidades pelo povos dos meotas e deságuam no lago chamado Meótis, os nomes que lhes foram estabelecidos são estes: Lico[363], Óaro[364], Tánais e Sirgis[365].

124. Então, quando Dario chegou ao deserto, fez uma pausa na corrida e ergueu seu acampamento militar às margens do rio Óaro. E depois de ter feito isso, construiu oito grandes fortalezas, afastadas em igual distância umas das outras, com aproximadamente sessenta estádios[366], das quais, ainda no meu tempo, as ruínas estavam preservadas. E nesse intervalo de tempo em que Dario estava voltado para a construção dessas fortalezas, os citas que os estavam perseguindo voltaram-se para o norte do território cita. Porque os citas haviam desaparecido por completo e não eram mais visíveis aos persas, assim Dario abandonou aquelas fortalezas semiconstruídas, e ele retornou e foi na direção do poente, porque pensava que todos esses citas eram também os que os fugiram em direção ao poente.

125. E depois de ter cavalgado o mais rapidamente possível com o seu exército, Dario chegou ao território dos citas, encontrou as duas partes do exército dos citas e começou a perseguir os que haviam se afastado por um caminho de um dia de distância. Porque Dario não deixava de avançar contra eles; os citas, conforme as decisões tomadas, fugiam aos poucos em direção ao território dos povos que haviam rejeitado a sua aliança militar; primeiro foram para a terra dos melanclenos. Quando os persas se precipitaram sobre os citas, os persas e os citas fizeram um alvoroço; os citas guiaram os persas para os territórios dos andrófagos, e depois que ficaram alvoroçados, os citas retiraram-se aos poucos para a Nêuride[367]; enquanto os neuros estavam alvoroçados, os citas se retiraram aos poucos em direção

363. Não dispomos de mais informações sobre este rio.

364. Como o anterior, trata-se de um rio não identificado.

365. É provável que se trate do rio Hirgis, apontado por Heródoto no capítulo 57 deste Livro IV.

366. Cerca de 10,5 quilômetros.

367. A região e seus costumes são descritos no capítulo 18 deste Livro IV.

aos agatirsos. E os agatirsos, ao virem que os seus vizinhos estavam alvoroçados e fugindo por força dos persas, antes que os citas entrassem no seu território, eles enviaram um arauto que anunciou aos citas que não entrassem em seus limites e advertiu que não tentassem adentrá-los, porque primeiro eles teriam de combater intensamente. Então os agatirsos, depois de os terem advertido sobre isso, começaram a defender suas regiões fronteiriças e tinham em mente impedir o avanço dos invasores; mas os melanclenos, os andrófagos e os neuros, quando os persas invadiram os seus territórios ao mesmo tempo que os citas, não estavam voltados para a sua força de defesa, esqueceram-se da sua ameaça[368], e fugiram desordenados sempre em direção ao norte até o deserto. E os citas, porque os agatirsos os proibiram, eles não avançaram mais, enquanto os que vieram da Nêuride trouxeram os persas para dentro do seu território.

126. E como isso aconteceu por muito tempo e não parava, Dario enviou um cavaleiro ao rei dos citas, Idantirso, que lhe disse o seguinte: "Miserável! Por que foges sempre, quando tu podes fazer uma destas duas propostas a seguir? Pois se acreditas no seu íntimo que és digno de enfrentar o meu poderio militar, tu posiciona-te, para de vagar e combata; mas se reconheces que és inferior, assim tu também interrompa tua corrida, traz como presente para o teu senhor terra e água e vem para a conversa."

127. Diante disso, o rei dos citas, Idantirso, disse-lhe o seguinte: "Eu sou assim, ó persa; eu nunca fugi porque tenho medo de homem algum; nem antes, nem agora eu fujo de ti; não fiz nada novo agora do que costumo fazer em tempo de paz. O motivo pelo qual não vou combater contra ti imediatamente, eu também vos explicarei; nós não temos cidades nem terra cultivada pelas quais temermos que sejam capturadas ou devastadas para que entremos o mais rápido possível no combate contra vós. E se houver a necessidade de prontamente chegarmos a este ponto, nós temos os túmulos dos nossos ancestrais; vinde; se os descobrirdes,

---

368. A de que resistiriam à invasão dos persas, conforme lemos no capítulo 119 deste Livro IV.

experimentai transgredi-los; hei de conhecer neste momento se nós os combateremos sobre os túmulos ou se não os combateremos. Mas antes, se nós não votarmos por este argumento, nós não vos combateremos. E já foi dito o suficiente a respeito desse combate. E como meus únicos senhores, eu considero Zeus, o meu antepassado[369], e Héstia, a rainha dos citas[370]. E em lugar de dar-te terra e água, eu te enviarei presentes tais quais te convém chegar; em vez de dizeres que és o meu senhor, eu te digo que tu chores. Essa é fala dos citas."

128. Então, o arauto partiu para anunciar isso a Dario e, após os reis dos citas terem ouvido sobre a escravidão, encheram-se pelo que carrega o nome de cólera. Esta parte do exército que estava em companhia dos saurómatas enfileirou-se, esta que comandava Escopasis, que os citas enviaram para ir aos iônios pedindo-lhes que conversassem; eram os que estavam vigiando a ponte de barcos do Istro; e os exércitos que permaneceram na Cítia decidiram que não fariam com que os persas vagassem mais, e que a cada vez que os persas estivessem pegando alimentos, eles os atacariam. Portanto, a cavalaria dos citas sempre ia na direção da cavalaria persa, e os cavaleiros persas em fuga precipitaram-se sobre sua infantaria, enquanto a infantaria deles os protegia; e os citas depois de empurrarem a cavalaria, retornavam por temer a infantaria persa. E também durante as noites, os citas faziam ataques semelhantes.

129. E o fato é que os persas tinham um aliado, enquanto os citas tinham um opositor quando estes atacavam o acampamento militar de Dario; direi que foi algo extremamente espantoso, o relincho dos asnos e o aspecto das mulas. Pois na terra cita não se cria asnos nem mulas, como já foi também indicado por mim; não existe em todo o território da Cítia, por completo, nem asno, nem mula, por causa das estações frias. Então, irritados, os asnos ficaram alvoroçados diante da cavalaria dos citas; e muitas vezes, enquanto cavalgavam avançando contra os persas porque os cavalos

---

369. Consultar o capítulo 5 deste Livro IV.

370. Consultar o capítulo 59 deste Livro IV.

ouviam o relincho dos asnos, ficavam alvoroçados, retornavam em estado de espanto e tinham suas orelhas retas, em pé, porque nunca tinham ouvido antes um som desse tipo nem visto um animal com esse aspecto. Então, essa era uma pequena vantagem que os persas levavam na guerra.

130. E os citas, quando viram os persas em pleno tumulto, para que esses permanecessem por mais tempo na Cítia, e em permanecendo, ficariam perturbados porque ficariam carentes de todas as coisas, fizeram o que se segue. Então, uma parte de seus rebanhos eles deixaram com os seus pastores, e eles se retiravam aos poucos para outro território; enquanto os persas atacariam para capturar seus rebanhos e depois de tê-los pegado, e eles poderiam reclamar o feito.

131. E isso aconteceu muitas vezes, por fim Dario estava em dificuldades e os reis dos citas, cientes disso, enviaram um arauto para levar presentes a Dario que eram um pássaro, um rato, uma rã e cinco flechas[371]. E os presas perguntaram ao arauto que lhes trazia os presentes qual o sentido daqueles presentes ofertados; ele disse que foi ordenado a não fazer outra coisa que não dar os presentes e retornar o mais rapidamente possível; e ele disse a esses persas que, se fossem sábios, entenderiam o que os presentes queriam dizer.

132. Após terem ouvido essas palavras, os persas começaram a deliberar. Então, a opinião de Dario era a de que os citas davam a si mesmos, a água e a terra lhe pareciam isto, como um rato vive na terra e se alimenta do mesmo que o homem, e a rã vive na água, o pássaro se assemelha mais ao cavalo[372], e as flechas como se lhe entregassem o seu exército. E essa foi a opinião dada por Dario, e

371. Esta anedota aparece antes em Ferécides de Atenas (500-450 a.C.), um mitógrafo e logógrafo que viveu em Atenas, mas era nascido na ilha de Leros; restaram apenas fragmentos de seus escritos. Para mais informações, consultar: Diógenes Laércio, *Vidas e doutrinas dos filósofos ilustres*, I, 119.

372. A comparação se dá pela sua velocidade. É válido lembrar aqui o capítulo 46, onde Heródoto relata que os citas se identificavam com seus cavalos e aquele em que narra o cavalo como uma oferenda sagrada.

essa opinião se contrapôs à de Góbrias[373], um dos sete homens[374] que mataram o mago[375]; ele conjecturava que os presentes diziam:

---

373. Filho do persa Mardônio, conhecido por este episódio narrado por Heródoto como um dos que conspiraram para a derrubada do mago Esmérdis, o que resultou na ascensão de Dario I ao trono. A participação de Góbrias foi decisiva para a tomada do poder e a proclamação de Dario como rei dos persas, conforme lemos neste relato de Heródoto: "Góbrias disse: 'Amigos, quando se apresentará um momento mais belo para que nós retomemos o poder, ou para certamente morrermos, se não formos capazes de reassumi-lo? Certamente, agora e depois, estamos sendo governados por um medo, embora sejamos persas, por um homem que é mago, também que não tem orelhas! Quantos de vós estavam presentes na ocasião em que Cambises estava doente, lembrai-vos, de algum modo, completamente das imprecações que ele lançou sobre os persas quando estava no fim de sua vida, se não tentássemos recuperar o seu poder; naquele momento, não aceitamos as suas palavras, mas porque pensávamos que Cambises dizia aquilo por calúnia. Agora, portanto, dou o meu voto para que sejamos persuadidos por Dario e que não abandonemos a nossa reunião senão para irmos rapidamente contra o mago'. Depois de Góbrias ter dito essas palavras, também todos concordaram com elas." (*Histórias*, III, 73). In: Heródoto. *Histórias. Livro III – Talia. Op. cit.*

374. Os sete assim se reuniram segundo Heródoto: "E Otanes recebeu Aspatines e Góbrias, que eram homens importantes dentre os persas e os mais merecedores de sua confiança, e contou-lhes toda a questão. E eles mesmos ainda suspeitavam do modo como Esmérdis tinha morrido, e receberam as palavras que Otanes proferira. E pareceu-lhes que seria bom se cada um deles se associasse a um homem persa no qual confiasse mais. Portanto, Otanes trouxe Intafernes, Góbrias trouxe Megabizo e Aspatines trouxe Hidarnes. Quando eles se tornaram seis, chegou em Susos Dario, filho de Histaspes, vindo da Pérsia; pois o seu pai era, de fato, o governador dos persas. Portanto, quando ele chegou, os seis persas julgaram que seria bom se eles se associassem a Dario. E esses sete reuniram-se e deram uns aos outros suas palavras e sua confiança. Quando chegou a vez de Dario revelar seu plano". (*Histórias*, III, 70-71). In: Heródoto. *Histórias. Livro III – Talia. Op. cit.*

375. Sobre este mago, Heródoto registra: "Portanto, os persas acreditaram que Esmérdis, filho de Ciro, havia tomado posse do reino; pois Préxapes estava negando com veemência que ele havia matado Esmérdis; pois, visto que Cambises estava morto, não era seguro dizer que o filho de Ciro havia sido morto por suas próprias mãos. E depois de Cambises ter morrido, o mago reinou impunemente, e usurpou o trono por ter o mesmo nome de Esmérdis, filho de Ciro; decorridos sete meses, quando Cambises completaria oito anos no trono; nesse tempo, demonstrou grandes e muitas boas ações para os seus súditos, de sorte que, depois de ter morrido, todos na Ásia tinham muita saudade dele, à

"Se não vos transformardes em pássaros e não voardes em direção ao céu, persas, ou se vós não vos transformardes em ratos e não vos esconderdes dentro da terra, ou se vós não vos transformardes em rãs e mergulhardes nos pântanos, não retornareis à vossa terra natal e sereis atingidos por estas flechas." Assim, os persas conjecturavam sobre os presentes.

133. E a parte do exército dos citas que estava primeiro organizada para defender o lago Meótis nesse momento tinha ido para conversar com os iônios que estavam às margens do Istro; quando chegou até a ponte, comunicou o seguinte: "Homens iônios, viemos trazer vossa liberdade, se vós quiserdes mesmo nos escutar com atenção. Pois fomos informados de que Dario vos ordenou vigiar a ponte de barcos somente por sessenta dias, e se ele não se apresentar nesse tempo, vós podeis retornar à vossa terra natal. Então, agora vós fazeis o seguinte para que fiquem sem culpa diante de Dario e sem culpa diante de nós: esperai os dias estabelecidos e retornai neste dia." Então, quando esses iônios concordaram em fazer isso, os citas retornaram o mais rapidamente possível.

134. E depois dos presentes enviados a Dario, os citas que haviam permanecido para trás, com a infantaria e a cavalaria, posicionaram-se à frente dos persas com a intenção de lutar. No momento em que esses citas estavam alinhados para o combate, uma lebre atravessou pelo meio deles; e cada um dos citas que via a lebre começava a persegui-la. Porque os citas estavam alvoroçados e gritando, Dario perguntou a respeito do tumulto dos seus inimigos de guerra; ao ser informado de que eles estavam perseguindo uma lebre, disse então aos próximos o mesmo que costumava dizer também em outras situações: "Esses homens estão desdenhando muito de nós, e agora me parece que Góbrias falou corretamente a respeito dos presentes dos citas. Assim, porque já tenho para mim o parecer como o dele, nós devemos ter um bom plano com segurança para

exceção dos próprios persas; pois o mago havia enviado um mensageiro para cada povo dos territórios que governava, para anunciar que estavam desobrigados de servirem no exército e dos tributos por três anos." (*Histórias*, III, 66-67). In: Heródoto. *Histórias. Livro III – Talia. Op. cit.*

que tenhamos um retorno seguro." E com relação a isso, Góbrias disse: "Ó rei, eu sabia mais ou menos pelo que ouvi falar sobre a dificuldade típica de passar por esses homens; e depois de ter vindo, compreendi mais ao vê-los zombando de nós. Portanto, agora me parece melhor, assim que a noite vier, que acendamos as nossas fogueiras como estamos acostumados a fazer em outras ocasiões, e depois usemos de algum artifício para enganarmos os mais fracos dentre os soldados extenuados pelo sofrimento e deixemos para trás os asnos amarrados e partamos, antes que os citas também vão ao Istro para destruir a ponte ou de que os iônios decidam algo que possa ser a nossa ruína."

135. Góbrias aconselhou-lhes isso; e depois que a noite surgiu, Dario fez uso dessa ideia; deixou para trás os seus homens exaustos, também os que seriam menos importantes e todos os asnos amarrados nesse seu acampamento militar. E ele abandonou os asnos e os fracos por causa deste exército, a fim de que os asnos se apresentassem relinchando; e os homens foram abandonados por causa da sua fraqueza, mas o pretexto para isso é claro: porque ele próprio iria com o seu exército impecável atacar os citas, enquanto eles, durante esse tempo, fariam a proteção do seu acampamento militar. Após ter determinado essas ações e ter incendiado as fogueiras, Dario partiu o mais rapidamente possível para o Istro. E os asnos, que estavam isolados do contingente militar, assim eles relinchavam com mais intensidade; e ao ouvi-los, os citas tinham a expectativa de que os persas estavam totalmente no território.

136. E quando os que foram deixados para trás perceberam que tinham sido traídos por Dario, estenderam para a frente as suas mãos[376] aos citas e lhes contaram os eventos que lhes haviam acontecido; e eles, assim que escutaram isso, eles se agruparam o mais rapidamente possível, e as duas partes do exército dos citas e uma que eram os saurómatas, os budinos e os gelonos, perseguiram os persas na direção do Istro. Porque a maior parte do exército dos

---

376. O verbo προτείνω (*proteínō*) significa "estender para a frente" com o sentido de estender a mão como suplicante.

persas era composto pela infantaria e não conhecia os caminhos, já que os caminhos não haviam sido traçados, enquanto o exército cita era formado pela cavalaria e conhecia os atalhos do caminho, não conseguiam encontrar uns aos outros, e os citas adiantaram muito a sua chegada à ponte. Quando notaram que os persas ainda não haviam chegado, disseram aos iônios que estavam nas naus: "Homens iônios, os dias completaram a quantidade que havia para vós e não agis com justiça em ainda permanecer. Mas visto que primeiro ficaram aqui por temor, agora abandonai a passagem o mais rapidamente possível e parti alegres como homens livres, e cientes da sua gratidão aos deuses e aos citas. E com relação ao vosso senhor anterior, nós prepararemos uma situação intensa, de modo que não poderão realizar uma expedição militar contra nenhum homem."

137. Diante disso os iônios começaram a deliberar. A opinião do ateniense Milcíades[377], que era estratego e tirano dos quersonésios no Helesponto, sua ideia era que eles obedecessem os citas e libertassem a Iônia; mas o milésio Histieu[378] foi contra a sua ideia; ele disse que agora cada um deles era tirano de uma cidade por causa de Dario, e que se o poderio de Dario fosse destruído, nem ele mesmo seria capaz de comandar os milésios, nem nenhum outro sobre o outro; pois cada cidade preferiria instituir o regime democrático mais que o tirânico. E depois de Histieu ter exposto essa sua opinião, logo todos se voltaram para essa opinião; antes haviam preferido a de Milcíades.

138. E os que carregavam o direito ao voto e que eram dignos para o rei eram estes: os tiranos helespontinos Dáfnis de Abido, Hipoclo

---

377. Filho de Címon, 550-489 a.C., descendente da aristocracia ateniense. Em 524 a.C., foi enviado ao Quersoneso Trácio pelo tirano ateniense Hípias para demonstrar o poder de Atenas sobre a região, principalmente pelo seu interesse no abastecimento do trigo procedente do Ponto; e em 513 a.C. participou da expedição militar de Dario contra os citas, conforme veremos a seguir.

378. Tirano de Mileto, séc. VI a.C., mais conhecido por ter sido o líder da revolta dos iônios contra os persas, conforme leremos no próximo livro desta Coleção Heródoto: *Livro V – Terpsícore*, a Musa da dança.

de Lâmpsaco, Herofante de Pário, Metrodoro de Proconeso, Aristágoras de Cícico e Áriston de Bizâncio; e esses eram os tiranos provenientes do Helesponto; os vindos da Iônia eram Estrátis de Quios, Éace de Samos, Laódamas da Foceia e Histieu de Mileto, deste foi a ideia proposta a qual Milcíades fez oposição; e da Eólia, o único tirano notável que estava presente era Aristágoras de Cime[379].

139. Portanto, depois de eles terem preferido a ideia de Histieu, eles decidiram, além disso, determinar as seguintes ações e palavras: decidiram destruir a parte da ponte que estava do lado do território dos citas, mas destruir à distância que uma flecha alcançasse, a fim de que também parecessem fazer algo sem nada fazer, e que os citas não tentassem atravessar o Istro utilizando a força; também dizer-lhes, enquanto destruíam a parte da ponte do lado dos territórios da Cítia, que fariam tudo que fosse agradável aos citas. E essas ações foram acrescidas à opinião dele; depois disso, Histieu respondeu em nome de todos dizendo o seguinte: "Homens citas, chegastes com ideias úteis e estais apressados no momento oportuno. E as ações vindas de vós foram conduzidas de modo correto e as ações vindas de nós foram convenientemente executadas. Pois, como vedes, tanto destruímos a passagem como temos todo o nosso empenho, porque queremos ser livres. E enquanto nós destruímos esta passagem, tendes o momento oportuno para irdes à procura dos persas; e após os encontrardes, por nós e por vós, castigai-os do modo que lhes convém."

140. Os citas confiaram pela segunda vez que iônios estavam dizendo a verdade e partiram à procura dos persas, mas erravam todo o caminho que aqueles atravessaram. E os próprios citas tornaram-se os responsáveis por isso, porque destruíram os pastos dos cavalos e aterraram os poços; pois, se não tivessem feitos essas coisas, teriam os persas presentes, se quisessem, e teriam descoberto os persas com facilidade; na realidade, o que lhes pareceu que era o

---

379. O registro de Heródoto nos mostra como regime tirânico era bem conhecido na Hélade de seu tempo, em particular nas colônias helenas da Ásia Menor; de seu relato depreendemos ainda que era uma forma de governo que se difundiu em territórios considerados bárbaros.

melhor decidir foi o motivo pelo qual eles caíram em desgraça. Então os citas foram à procura dos seus inimigos de guerra através do seu território onde havia forragem para os cavalos e poços, pensando que eles também fariam sua retirada passando por esses lugares; de fato, os persas seguiam o rastro que haviam feito antes, observando esse rastro por onde vieram; mesmo assim não foi fácil encontrar a passagem. E como chegaram à noite e já haviam destruído a ponte, sobreveio-lhes tamanho terror que os iônios os tivessem abandonado.

141. E havia no entorno de Dario um homem egípcio com a voz mais potente dentre os homens; e Dario ordenou a esse homem que ficasse na beira do Istro e que chamasse o milésio Histieu; então ele fez isso, e quando Histieu deu ouvidos ao primeiro chamado, dispôs todas as naus para darem passagem ao exército e construiu a ponte para ligar as duas margens do rio.

142. Portanto, desse modo os persas escaparam. E os citas que estavam à sua procura, pela segunda vez, erraram o rastro dos persas; por um lado, embora os iônios sejam livres, julgam-nos os piores e os menos viris dentre todos os homens; por outro lado, se considerarem os iônios como escravos, são, eles dizem, os mais amantes dos seus déspotas[380] e os menos dispostos para fugir; então essas são as palavras usadas pelos citas para desprezar os iônios.

143. E Dario passou pela Trácia e chegou ao Sesto, na região do Quersoneso; de lá ele atravessou com suas naus em direção à Ásia,

---

380. δεσπότης (*despotēs*), ou déspota, não corresponde ao sentido que temos hoje. À época de Aristóteles, era o nome dado ao senhor de escravos. O relato de Heródoto lembra o dito pelo filósofo ateniense sobre o homem livre: "De modo que uns não sabem governar, mas ser governados por um poder semelhantes ao destinado aos escravos, e os outros não sabem ser governados por nenhum tipo de poder que ser governado por um poder despótico. Portanto, a cidade se torna um lugar de déspotas e de escravos, mas não um lugar de homens livres; uns homens são invejosos e outros são negligentes, o que se afasta muitíssimo da amizade e da comunidade política; pois a comunidade é um ato de amizade; pois os homens não querem compartilhar nem o caminho com os seus inimigos." (Aristóteles, *Política*, 1295b20-25). In: Aristóteles. *Política*. *Op. cit.*

e deixou Megabizo, um homem persa, como estratego na Europa, a quem outrora Dario concedeu uma menção honrosa ao emitir a sua opinião sobre ele entre os persas: Dario se precipitava para comer romãs; quando ele rapidamente abriu a primeira das suas romãs, o seu irmão Artabano lhe perguntou o que ele desejaria ter em tanta quantidade quanto os grãos que nasciam em uma romã; e Dario respondeu-lhe que desejaria ter uma quantidade maior de Megabizo que a Hélade subjugada. De fato, ele o honrou entre os persas ao dizer isso, e nesse momento ele o deixou como seu estratego, com oitenta mil homens do seu exército.

144. E esse Megabizo deixou uma lembrança imortal aos helespontinos quando emitiu esta sua opinião: quando estava em Bizâncio, foi informado de que os calcedônios haviam colonizado o território dezessete anos antes que os bizantinos. Depois de saber disso, ele disse que os calcedônios naquele tempo eram cegos; pois, quando o mais belo território se apresentava, e não tê-lo colonizado para escolher o mais feio, a não ser que estivessem cegos[381]. De fato, esse Megabizo, deixado como estratego naquele território, subjugou os helespontinos que eram simpatizantes dos medos.

145. Então ele fez isso, e ao mesmo tempo aconteceu outra grande expedição militar contra a Líbia[382], pelo pretexto que eu explicarei em detalhes[383], mas antes relatarei primeiro o que se segue. Porque eram os filhos dos tripulantes da Argos[384], alguns jovens fo-

---

381. As cidades de Bizâncio e Calcedônia estavam situadas uma diante da outra na entrada do Bósforo; Bizâncio estava localizada na parte europeia e a outra na asiática. Ambas foram fundadas por megarenses no século VII a.C.

382. A Líbia foi atacada pelos persas na cidade de Barce em 512 a.C.

383. Consultar o capítulo 167 deste Livro IV.

384. O nome da nau significa "rápido", além de homenagear o seu construtor Argo, que contruiu a nau com a ajuda da deusa Atena. Esta é a nau em que viajavam os Argonautas, os companheiros de Jasão na sua busca pelo Velo de Ouro, ocasião em que partiram para a Cólquida em cumprimento às ordens do rei Pélias, rei de Iolco, na Tessália. As expectativas de seu tio eram que Jasão não conseguisse cumpri-las e pereceria no caminho. O êxito de Jasão se deve ao

ram expulsos pelos pelasgos que raptaram as mulheres dos atenienses de Bráuron[385], na verdade, que foram expulsos de Lemnos[386] por esses e partiram navegando em direção à Lacedemônia, onde se assentaram na Taígeto[387] e acenderam uma fogueira. E quando os lacedemônios os viram, eles lhes enviaram um mensageiro para que lhe informassem sobre quem eles eram e de onde eles vieram; eles disseram ao mensageiro que lhes perguntou que eles eram mínias[388], e que eram filhos dos heróis que navegaram na Argo; pois eles haviam atracado em Lemnos e lá os geraram[389]. E os lacedemônios ao ouvir a história da origem dos mínias, enviaram pela segunda vez um mensageiro para lhes perguntar o que eles queriam vindo para o seu território e acendendo uma fogueira. E eles lhe disseram que haviam sido expulsos pelos pelasgos e que tinham vindo para o território de seus pais; pois era mais justo que isso

---

amor de Medeia, filha do rei da Cólquida, que utilizou seus conhecimentos para auxiliar o amado em sua missão e depois fugir com ele para Corinto. O mito de Jasão é contado por Apolônio de Rodes em sua *Argonáutica*, mas antes temos os versos de Píndaro, *Pítica*, IV.

385. Região litorânea da Ática onde estava localizado o templo de Ártemis.

386. Ilha situada no mar Egeu, também conhecida por ser a ilha onde o herói Filoctetes foi abandonado pelos helenos quando estavam indo com sua expedição militar contra Troia. O motivo do abandono foi por uma ferida purulenta que expelia forte odor, após ter sido picado por uma cobra, e pelos seus intensos lamentos de dor. O drama de Filoctetes foi representado na peça homônima de Sófocles.

387. Monte localizado em Esparta; também é o nome dado à cordilheira situada na península do Peloponeso.

388. Povo que habitava a região da Tessália, de onde, segundo Homero, *Ilíada* II, 712, zarparam em direção à Cólquida.

389. Conforme as narrativas antigas, os Argonautas chegaram à ilha de Lemnos que estava sem homens e que as mulheres já os davam como mortos. Então, os Argonautas mativeram relações sexuais com as mulheres locais e geraram novos homens. Sobre esse episódio do mito dos Argonautas, consultar: Píndaro, *Píticas*, IV, 252 e ss., *Apolônio de Rodes, Argonáutica*, I, 609 e ss. E Apolodoro, *Biblioteca*, I, 9.

se desse assim; e que pediam para lá habitar e ao mesmo tempo participarem dos seus direitos e receberem um lote de terra. E os lacedemônios expressaram a opinião de que os mínias seriam recebidos nas condições que eles desejavam[390]; e o que mais os persuadiu a fazer isso foi a expedição naval dos Tindáridas[391] na Argo. E eles receberam os mínias, deram-lhes lotes de terra e os repartiram entre as tribos. Os mínias logo envolveram-se em casamentos e as mulheres que trouxeram com eles foram dadas como esposas para diversos lacedemônios.

146. E não muito tempo transcorrido, logo os mínias começaram com insolências, e solicitaram participação no poder real e cometeram outras ações ímpias. Então os lacedemônios decidiram matá-los; eles os reuniram e os colocaram em uma prisão. Os lacedemônios, quando matam os que são condenados à morte, eles os matam à noite, e não executam ninguém durante o dia. Portanto, quando iam executar a pena dos mínias, as mulheres dos mínias, que eram cidadãs e filhas dos cidadãos espartanos mais proeminentes, pediram para entrar na prisão e que cada uma delas conversasse com seu respectivo marido. E os lacedemônios permitiram que elas entrassem, porque pensavam que não haveria nenhum ardil da parte delas. Em seguida, elas entraram e fizeram o seguinte: elas entregaram aos seus maridos todas as vestimentas que trajavam enquanto elas pegaram as dos seus maridos. E os mínias trajaram as vestimentas de mulher e como mulheres saíram pela porta, e de tal modo eles escaparam e novamente se assentaram no Taígeto.

---

390. É interessante notar que este episódio relatado por Heródoto coloca em questão se a conhecida xenofobia dos espartanos não passa de um discurso construído por autores atenienses, dos quais retiramos grande parte das informações que dispomos sobre Esparta.

391. Filhos de Tíndaro e de Leda, mas que tinham Zeus como verdadeiro pai, eram Cástor e Polideuces, conhecidos como os Dióscoros, que participaram da expedição naval organizada por Jasão e com ele navegaram na Argo até a Cólquida em busca do Velo de Ouro.

147. Durante esse mesmo tempo, Teras[392], filho de Autesíon[393], filho de Tisâmeno[394], filho de Tersandro[395], filho de Polinices[396], estava pronto para sair da Lacedemônia e fundar uma colônia. E esse Teras, que era da linhagem cadmeia, era tio materno dos filhos de Aristodemo[397], Eurístenes[398] e Procles[399]; enquanto esses jovens ainda eram menores, Teras obteve a regência de Esparta. Quando os irmãos cresceram e receberam o poder, assim Teras, que considerava ruim ser governado por outros porque provou o gosto do poder, disse que não permaneceria na Lacedemônia, mas que se afastaria em uma viagem de barco para junto daqueles

---

392. Teras é o herói que deu nome à ilha de Tera. O herói escolheu esta ilha por ter sido de colonização fenícia pelos antigos companheiros de Cadmo que, antes de Teras, chamava-se Caliste. Teras pertence à linhagem do fenício Cadmo, fundador de Tebas, e é descendente de Édipo. Para mais informações, consultar: Ésquilo, *Sete contra Tebas* e Pausânias, *Descrição da Hélade*, Livro IX.

393. Tebano, pai de Teras que se estabeleceu em Esparta por conta do casamento de sua filha Argia com Aristodemo, um descendente de Héracles.

394. Tisâmeno é filho de Tersandro e de Demonassa, descendente de Édipo, reinou em Tebas e teve um filho chamado Autesíon. É interessante ressaltar que as personagens citadas neste capítulo são personagens míticas, não históricas, por isso não dispomos de datação.

395. Filho de Polinices e de Argia; com este casamento, uniram-se as famílias de Édipo com a de Adrasto. Tersandro participou da primeira expedição militar contra os troianos e estava entre os heróis que se esconderam dentro do Cavalo de Troia.

396. Filho de Édipo e de Jocasta e irmão de Etéocles, com quem irá travar uma guerra pelo trono de Tebas.

397. Filho de Aristômaco, bisneto de Héracles, o que o torna um dos Heraclidas. Ao lado de seus irmãos Têmeno e Cresfonte, Aristodemo conquistou a península do Peloponeso; como recompensa, recebeu a região da Lacônia, da qual foi rei.

398. Filho de Aristodemo e de Argia, também era um dos Heraclidas, que ocupou o trono no lugar de Tisâmeno. Pai de Ágis I, o que o torna um membro da Casa dos Ágidas.

399. Filho de Aristodemo e de Argia, irmão gêmeo de Eurístenes. Procles foi um dos antepassados do famoso legislador espartano Licurgo.

que tinham a mesma origem[400]. E nessa ilha chamada Tera, essa mesma ilha antes se chamava Caliste[401], estavam alguns descendentes de Membliaro[402], filho de um homem fenício chamado Pécile[403]. Pois Cadmo[404], filho de Agenor[405], quando procurava[406]

---

400. Os descendentes dos fenícios.

401. Καλλίστη (*Kallístê*) significa "a mais bela" ou "belíssima", atual ilha de Santorini.

402. Personagem sobre a qual não dispomos de mais informações.

403. Estas são as únicas informações que temos sobre esta personagem.

404. Filho de Agenor e de Telefaassa, é irmão de Cílix e de Europa. Após o rapto de sua irmã Europa, Agenor reuniu seus filhos para que a resgatassem, assim estes se dispersaram, quando Cadmo recebeu o oráculo de que deveria fundar uma nova região seguindo uma vaca até que ela se exaurisse e neste ponto fundar uma cidade, que foi Tebas. Após algumas desventuras, Cadmo se estabeleceu como rei de Tebas casando-se com Harmonia, com a participação de todos os deuses e musas. A noiva recebeu um vestido de presente das Cárites e um colar forjado por Hefesto, peças que serão importantes no drama de Ésquilo, *Sete contra Tebas.*

405. Filho de Posídon e de Líbia, era irmão de Belo que reinou sobre o Egito e Agenor em Tiro ou em Sídon na Síria.

406. Europa havia sido raptada. Sobre este episódio e a cultura do rapto, Heródoto relata: "Assim, os persas relatam que Io chegou ao Egito, mas não os helenos, e que isso deu início à primeira das injustiças cometidas; depois, contam que alguns helenos (pois eles não sabem dizer seus nomes) atracaram em Tiro, na Fenícia, e raptaram a filha do rei, Europa; e esses poderiam ser cretenses. Neste ponto, então, eles ficaram em condições de igualdade; pois, os helenos foram os culpados pela segunda injustiça. Navegaram em uma extensa nau para Aia, em colcos, e o rio Fásis, lá, ao concluírem seus afazeres e outras coisas em razão das quais haviam vindo, raptaram a filha do rei, Medeia. Quando o rei dos colcos enviou um arauto à Hélade para pedir satisfação pelo rapto e exigir a restituição de sua filha; eles lhe responderam que aqueles não foram punidos por eles pelo rapto da argiva Io; portanto, eles mesmos nada concederiam àqueles ali. Eles contam que, depois disso, na segunda geração, Alexandre, filho de Príamo, ao ouvir isso, quis ter uma mulher da Hélade por meio do rapto, completamente ciente de que não receberia punição; pois aqueles não a permitiam. Assim, nesse momento, após raptar Helena, os helenos decidiram primeiro enviar um mensageiro para exigir sua restituição e pedir satisfação pelo rapto. Quando fizeram essas proposições, alegaram o rapto de Medeia, que eles mesmos não foram punidos, nem a devolveram; mesmo eles tendo pedido satisfação, queriam que eles sofressem punições da parte deles. Portanto, até esse ponto, eram somente raptos de um lado e do

por Europa[407] atracou na que agora é chamada Tera; e depois de ter atracado, quer por que o território lhe foi agradável, quer por alguma outra razão, quis fazer isso, pois ele deixou para trás alguns outros fenícios nessa ilha; além disso, entre esses estava Membliaro, seu parente. Eles habitaram a ilha chamada Caliste por oito gerações de homens antes de Teras ter vindo da Lacedemônia.

148. Então, Teras estava pegando alguns habitantes das tribos e reunindo-os para que habitassem juntos; de modo algum iria expulsá-los, mas era muito amigável com eles. Na sequência também havia os mínias que tinham fugido da prisão e se assentado no Taígeto, e os lacedemônios queriam matá-los, e Teras intercedeu para que não se tornasse um evento sangrento, e ele se comprometeu a levá-los para fora do seu território. Depois de os lacedemônios terem concordado com a sua proposta, ele zarpou com três triaconteros[408] até o território dos descendentes de Membliaro, e ainda não levou consigo todos os mínias, mas alguns poucos. Pois

---

outro. A partir de então, os helenos foram bastante culpados, pois começaram uma expedição militar contra a Ásia antes que os persas fossem contra a Europa. Raptar mulher era um feito considerado próprio dos homens injustos, mas considerar vingarem-se seriamente pelas que foram raptadas é insensatez, os prudentes não têm nenhuma consideração pelas que foram raptadas; pois é evidente então que, se elas mesmas não o quisessem, não teriam sido raptadas. Os persas, então, contam que os que são provenientes da Ásia não se importam com os raptos das suas mulheres, e que os helenos, por causa de uma mulher lacedemônia, reuniram um grande exército, depois partiram para a Ásia e destruíram o poder de Príamo. A partir disso, o povo helênico sempre foi considerado por eles como inimigo. Os persas pensam que a Ásia e os povos bárbaros que nela habitam são suas propriedades, e que o povo helênico está à parte." (*Histórias*, I, 2-4). In: Heródoto. *Histórias. Livro I – Clio. Op. cit.*

407. Filha de Agenor e Telefaassa. Apesar do relato de Heródoto dar conta desse rapto, há o mito de que Zeus viu Europa com suas companheiras na praia de Tiroe e ficou apaixonado por sua beleza. Então, transformou-se em um touro branco resplandecente, que atraiu a atenção da jovem; em seguida, levou-a para a ilha de Creta e a possuiu na fonte da cidade de Gortina. Da relação amorosa com Zeus, Europa teve três filhos: Minos, Sarpédon e Radamanto.

408. τριακόντερος (*triakónteros*) é a forma iônia para a forma ática τριακόντορος (*triakóntoros*), a triacontero era uma nau com trinta fileiras de remo.

a maioria deles se voltou para o território dos paroreatas[409] e os caucones[410], e depois de tê-los expulsados de seu território, dividiram-se em seis partes, e em seguida fundaram cidades; entre elas, estão as seguintes: Lépreo, Macisto, Frixa, Pirgos, Épio e Núdio[411]; e a maioria delas, no meu tempo, os eleus saquearam. E a ilha tem o nome Tera pelo seu fundador.

149. E o filho de Teras disse que não navegaria junto com eles, e por isso seu pai disse que o abandonaria como uma ovelha entre os lobos; e por causa dessa frase o jovenzinho recebeu o nome de Eólico[412], e de algum modo esse nome prevaleceu. E de Eólico nasceu Egeu, por causa dele um povo se chama Egidas, uma importante tribo de Esparta. Porque os homens dessa tribo tinham filhos que não sobreviviam, construíram, por causa de um oráculo, um santuário dedicado às Erínias[413] de Laio[414] e de Édipo[415]; e depois

---

409. Habitavam no sopé das montanhas da Arcádia.

410. Os caucones formavam uma das mais antigas tribos do oeste do Peloponeso, na Trifília, região da Élide.

411. Cidades localizadas na península do Peloponeso.

412. Οἰόλυκος (*Oiólykos*), ou Eólico, deriva de οἰός (*oiós*) que significa "ovelha" e λύκος (*lýkos*) significa "lobo", assim Οἰόλυκος (*Oiólykos*) significa "Ovelha-lobo".

413. As Erínias também são conhecidas como Eumênides, ou as "Benevolentes", nome que tem por finalidade abrandar a fúria dessas divindades – uma ironia. Nasceram das gotas de sangue de Urano quando o deus foi mutilado por Crono, com ajuda de seus irmãos Bétilo, Dágon e Atlas. As Erínias são divindades independentes que seguem suas próprias leis, e até mesmo Zeus é impotente diante delas; o deus dos deuses não pode contê-las. Em geral são apresentadas em três: Alecto, Tisífone e Megera, seres alados, com os cabelos mesclados de serpentes e tochas ou chicotes nas mãos. Elas perseguem seu alvo com inúmeras torturas até que enlouqueça. A sua função é punir crimes, em especial os cometidos contra a família. Ésquilo retratou a ação dessas divindades em sua peça *Eumênides.*

414. Filho de Lábdaco, rei de Tebas, bisneto de Cadmo e pai de Édipo.

415. Filho de Laio e de Jocasta, em algumas tradições de Epicasta, Édipo protagoniza um dos dramas mais conhecidos do mundo antigo. O célebre mito do filho que estava predestinado a matar o pai e casar com a própria mãe, a história de Édipo está bem representada na conhecida Trilogia Tebana, que são as três peças

disso, eles passaram a sobreviver. E o mesmo aconteceu em Teras com os descendentes desses homens.

150. Então, até esse ponto do meu relato, os lacedemônios contam a história conforme o que contam os tereus, e a partir deste ponto dela, somente os tereus contam os acontecimentos que se seguem. Grino, o filho de Esânio[416], que era rei de Tera e descendente desse mesmo Teras, chegou a Delfos trazendo uma hecatombe[417] em nome de sua cidade; acompanhavam-no também outros cidadãos, além deles, Bato[418], filho de Polimnesto[419], que era da linhagem de Eufemo[420], um dos mínias. E quando Grino, o rei dos tereus, estava consultando o oráculo para outros assuntos, a Pítia disse-lhe para fundar uma cidade na Líbia. E ele se virou em resposta dizendo: "Eu, ó rei, já estou muito velho e pesado para ser escolhido; e tu, ordena isso a alguns destes mais jovens." E ao mesmo tempo em que dizia isso, apontava para Bato. Nesse momento, isso foi o que aconteceu, e depois de eles terem partido, fizeram pouco caso do oráculo, pois não sabiam em qual terra ficava a Líbia e não ousavam enviar homens a lugar desconhecido com a missão de fundar uma colônia.

151. Depois disso, não choveu em Tera por sete anos, e no transcorrer deste tempo, todas as árvores que tinham na ilha secaram, à exceção de uma. Os tereus consultaram o oráculo e a Pítia anunciou a questão da fundação da colônia na Líbia. Em seguida, como não

---

de Sófocles dando conta dos episódios que envolvem Édipo e seus familiares, a saber: *Édipo tirano* ou *Édipo rei*, *Édipo em Colono* e *Antígona*.

416. Não dispomos de mais informações sobre essas personagens.

417. ἑκατόμβη (*hekatómbē*) ou hecatombe era o nome dado à oferenda de cem bois.

418. Filho de Polimnesto, um nobre cidadão de Tera, e de Frônime, filha do rei Etearco, Bato foi rei e fundador de Cirene, colônia helena da Líbia, como veremos no capítulo 153 deste Livro IV.

419. Não dispomos de mais informações sobre essa personagem, além das fornecidas por Heródoto.

420. Um dos descendentes dos mínias de Lemnos, Eufemo era procedente do Cabo Tênaro, sul da Lacônia, e participou da expedição naval comandada por Jasão a bordo da nau Argo.

havia nenhum remédio para o seu mal, eles enviaram mensageiros a Creta[421] para inquirir se alguém dentre os cretenses ou metecos[422] havia chegado à Líbia. E vagavam em volta da ilha, quando eles chegaram à cidade de Ítano; nela eles encontraram um pescador de púrpura[423] cujo nome era Coróbio que lhes disse que ele foi levado pelos ventos até chegar à Líbia – a Platea, uma ilha da Líbia[424]. Com a oferta de um pagamento, eles o convenceram a ir com eles a Tera. Primeiro não foram muitos os tripulantes que navegaram de Tera; depois de Coróbio tê-los levados até essa ilha, Platea, os mensageiros deixaram Coróbio para trás, deixando víveres com ele para bastantes meses, e eles navegaram o mais rapidamente possível para anunciar aos tereus as novidades sobre a ilha.

152. Porque os mensageiros estavam fora por mais tempo do que foi acordado, tudo começou a faltar para Coróbio. Depois disso, uma nau sâmia, da qual Coleu era o seu armador, navegava até o

---

421. Os tereus enviaram mensageiros a Creta por seus habitantes serem exímios navegantes e conhecedores dos mares, como Heródoto afirma neste episódio: "Pois Polícrates foi o primeiro, pelo que soubemos, dentre os helenos que pretendeu ser o senhor do mar, à exceção de Minos de Cnosso, e se algum outro antes dele foi o comandante do mar; e quando se conta sobre a origem do poder humano neste mar, Polícrates foi o primeiro que tinha muitas esperanças de governar das ilhas e da Iônia." (*Histórias*, III, 122). In: Heródoto. *Histórias. Livro III – Talia. Op. cit.* Tucídides, contudo, apresenta outra versão. O historiador ateniense afirma que: "Minos foi, dentre os homens que conhecemos pela tradição, o que mais cedo adquiriu uma frota e dominou a maior extensão do mar que hoje se chama Helênico; exerceu a hegemonia sobre as ilhas Cícladas e foi quem primeiro instalou a maioria das colônias, depois de expulsar os cários e de entregar a chefia para os seus filhos. E quanto à pirataria, como era natural, ele procurava na medida de suas forças eliminá-la do mar para aumentar seus lucros." (*História da Guerra do Peloponeso*, I, IV). In: Tucídides, *História da Guerra do Peloponeso*, Livro I. Tradução e apresentação Anna Lia Amaral de Almeida Prado. Texto grego estabelecido por Jacqueline de Romilly. São Paulo: Martins Fontes, 2008.

422. μέτοικος (*métoikos*), ou meteco, é o nome dado ao estrangeiro que habita em uma cidade helena. Em geral, os metecos pagavam uma taxa para que residissem na cidade sem direito à cidadania; o exemplo clássico é o da cidade de Atenas.

423. Um tipo de molusco marinho com concha bastante ornamentada.

424. Ilha localizada na costa cirenaica.

Egito, porém foi arrastada até essa Platea; e os sâmios foram informados por Coróbio de toda a história, deixaram com ele víveres bastantes para um ano. E os sâmios partiram da ilha também desejando vivamente alcançar o Egito, e enquanto navegavam, foram levados pelo vento leste; de fato, o vento não os abandonava, então eles atravessaram as Colunas de Héracles e chegaram a Tartesso[425] sob a proteção divina. E esse empório ficou sem movimentação durante esse tempo, de modo que, quando regressaram à sua terra natal, os sâmios, com suas mercadorias, ganharam muitíssimo mais que todos os helenos, do que nós sabemos com exatidão, e depois deles, Sóstrato[426], filho de Laodamante[427], um egineta[428]; pois com esse outro não é capaz de rivalizar. E os sâmios separaram um décimo de seus ganhos, seis talentos[429], e mandaram fazer uma cratera de bronze à moda argólica[430]; em torno da qual as cabeças de grifos estão alinhadas em forma de borda; e eles a dedicaram como oferenda no

---

425. Região situada a sudoeste da Península Ibérica, que corresponde hoje à Andaluzia. Heródoto registra um episódio em que demonstra a prosperidade deste local: "E esses foceus foram os primeiros dentre os helenos a se servir das navegações à longa distância; eles descobriram o Adriático, a Tirsênia, a Ibéria e o Tartesso; e não navegavam em naus redondas, mas em penteconteros. Quando chegaram a Tartesso, tornaram-se amistosos ao rei dos tartéssios, cujo nome era Argantônio, e que havia reinado em Tartesso durante oitenta anos, e viveu cento e vinte anos no total. De fato, os foceus foram tão amistosos com esse homem que, em primeiro lugar, ele lhes pediu que deixassem sua terra para habitar em seu próprio território, caso quisessem; depois disso, como ele não persuadiu os foceus, e porque foi informado de que o poder medo junto deles estava aumentando, concedeu-lhes dinheiro para cercar a cidade com uma muralha. Ele o concedia com prodigalidade; pois também o circuito da muralha não era de poucos estádios, e todo ele era de grandes pedras e bem ajustadas." (*Histórias*, I, 163). In: Heródoto. *Histórias. Livro I – Clio. Op. cit.*

426. Não dispomos de mais informações sobre essa personagem, além das fornecidas por Heródoto.

427. Não há mais informações sobre essa personagem.

428. Egina era um importante entreposto comercial no mar Egeu.

429. Aproximadamente 155 quilos de prata.

430. As características dessas crateras nos são desconhecidas.

Heraion, sobre um pedestal com três colossos ajoelhados de bronze de sete côvados[431]. A partir desse feito, pela primeira vez, grandes amizades foram feitas de cireneus e tereus com os sâmios.

153. E os tereus, depois de terem deixado Coróbio na ilha, chegaram a Tera, anunciando que eles tinham colonizado uma ilha na costa da Líbia[432]. E isso agradou aos tereus, e eles enviaram um irmão de cada dois irmãos, escolhido pela sorte, homens de todos as regiões, que eram sete, o comandante e o rei deles seria Bato. Assim então, enviaram duas penteconteros[433] a Platea.

154. Isso é o que os tereus contam, mas quanto ao restante da história, os tereus concordam com os cireneus. Pois os cireneus não concordam de modo algum com os cireneus quanto aos acontecimentos sobre Bato. Pois eles contam do seguinte modo. Existe uma cidade de Creta, Oaxo[434], na qual reinava Etearco[435], que tinha uma filha sem mãe, cujo nome era Frônime[436], então ele se casou com outra mulher por causa

---

431. Aproximadamente 3 metros.

432. Trata-se de Citera, ilha que foi dominada por Dario e anexada à província do Egito que passou a pagar tributos ao rei persa, conforme lemos neste relato de Heródoto: "Do Egito, e ainda os líbios que estavam próximos ao Egito, também Cirene e Barce (pois esses mesmos territórios foram dispostos na província do Egito), pagavam o tributo a Dario no valor de setecentos talentos, além do que provinha do lago Méris, o que era gerado pela pesca dos seus peixes; de fato, à parte dessa prata e do pagamento em suprimento de trigo, Dario recebia em tributo a quantia de setecentos talentos; pois aproximadamente cento e vinte mil medimnos de trigo dos persas eram pagos aos persas que habitavam na Muralha Branca da cidade de Mênfis e aos seus mercenários; essa era a sexta província." (*Histórias*, III, 91). In: Heródoto. *Histórias. Livro III – Talia. Op. cit.*

433. πεντηκόντερος (*pentēkónteros*) é a forma iônia para a forma ática πεντηκόντορος *(pentēkóntoros)*. A pentecontero era uma nau de cinquenta remos.

434. Também conhecida como Axo, a cidade está situada na região central da ilha de Creta. Oaxo distava 30 km de Cnosso e estava às margens do rio Oaxo.

435. Rei da cidade de Axo ou Oaxo.

436. Frônime é a mãe de Bato, o fundador da colônia de Cirene, filha de Etearco, rei de Oaxo. Seu pai casou-se pela segunda vez, mas a sua madrasta a perseguia, acusou-a de levar uma vida libertina para que Etearco repudiasse sua filha.

dela. E a nova integrante da família considerava justo também que ela tivesse a função de madrasta de Frônime, e lhe fazia coisas más e planejava todo tipo de ardil contra ela, e por fim ela a acusou de falta de pudor, o que persuadiu seu marido de que era assim como ela dizia. Convencido por sua mulher, ele planejou uma ação ímpia contra sua filha. Pois estava, em Oaxo, Têmison[437], um homem tereu que era comerciante; Etearco ofereceu-lhe laços de hospitalidade[438] e o fez jurar que o auxiliaria no que lhe fosse necessário. Então, depois de tê-lo feito jurar, trouxe a sua filha e lhe deu em casamento, e ordenou a Têmison que a levasse e a atirasse no mar. E Têmison, descontente com o ardil do juramento, dissolveu os laços de hospitalidade e fez o seguinte: levou a jovem e zarpou; quando estava em alto-mar, cumprindo com o juramento feito para Etearco, amarrou-a com cordas e a lançou no alto-mar, depois a tirou da água e chegou a Tera.

155. Depois disso, Polimnesto, que era um homem notável entre os tereus, levou Frônime e ele a tomou por concubina. Transcorrido algum tempo, gerou com ela um filho de voz fraca e que gagueja, que recebeu o nome Bato[439], como os tereus e os cireneus contam; todavia, como

---

A madrasta saiu vitoriosa em seu intento, a ponto de Etearco ordenar que Têmison, um comerciante local, afogasse sua filha no mar. No entanto, o comerciante se apiedou da jovem e a salvou, levando-a para Tera, onde casou a jovem com um nobre chamado Polimnesto, com quem ela gerou Bato.

437. Não dispomos de mais informações sobre essa personagem, além das fornecidas por Heródoto.

438. Mais uma vez, percebemos que Heródoto traz um conceito considerado essencialmente da Hélade, como o de hospedagem, grafado aqui ξείνια (*xeínia*). Havia entre os helenos as chamadas regras de hospedagem que compreendiam o máximo de respeito ao homem que o recebesse em sua morada. E Alexandre (Páris) quebrou tais regras, o que era considerado uma ofensa não somente ao humano, mas também a Zeus Xênio, o deus que regia as normas de hospedagem. Esses laços de hospitalidade também tinham um caráter divino, uma vez que eram regidos por Zeus Xênio. Tal costume já aparece em Homero, quando Odisseu chega à ilha dos Feácios e é recebido pelo rei Alcínoo. Consultar: *Odisseia*, Cantos VI e VII.

439. Píndaro, *Píticas*, IV, 104, canta que o nome do pai de Bato era Polimnesto, dado que coincide com o relato dos tereus registrado por Heródoto no capítulo 150 deste Livro IV.

eu penso, é algum outro[440]. Ele mudou o seu nome para Bato depois que chegou à Líbia por conta do oráculo que foi proferido em Delfos e da honra que ele obteve por ser chamado por esse nome. Pois os líbios falam *báttos* para se referirem ao rei; e por esse motivo, penso que a Pítia, por conta do que havia profetizado, ela o chamara assim na língua líbia, porque sabia que ele seria rei na Líbia. Quando Bato se tornou um homem adulto, foi a Delfos para se informar a respeito da sua fala; e depois que ele consultou o oráculo, a Pítia lhe proferiu o seguinte:

Bato, vieste pela tua voz; mas a ti o soberano Febo Apolo
à Líbia envia, rica em rebanhos, para fundar uma colônia,[441]

tal como se tivesse falado utilizando a língua helena: "Ó rei, vieste pela tua voz." E Bato respondeu isto: "Ó soberano, eu vim a ti para consultar o oráculo sobre a minha voz, mas tu me previste outras coisas

---

440. Píndaro, *Píticas*, V, 116, canta que o verdadeiro nome de Bato é Aristóteles. De acordo com Tucídides, Bato era um nome muito comum no mundo heleno, consultar: *História da Guerra do Peloponeso*, IV, 43.

441. Heródoto descreve essa consulta com o oráculo assim: "em Delfos, o mais rápido possível, os lídios entraram na grande sala para consultar o deus e perguntar sobre o que lhes fora instruído; a Pítia, em metro hexâmetro" (*Histórias*, I, 47). In: Heródoto. *Histórias. Livro I – Clio. Op. cit.* O termo em heleno é *mégaron* (μέγαρον), que significa "grande sala". Os templos eram construções consideradas as moradas dos deuses, daí abrigarem suas imagens em forma de estátuas. O mégaron era uma construção de origem micênica composta por três partes: a primeira era o pórtico, *pródomos* (πρόδομος), uma antessala aberta em frente à principal; a segunda era o vestíbulo, prónao (πρόναος), uma espécie de átrio; a terceira era a sala principal, que recebia o mesmo nome da construção, mégaron, ou naós (habitação de um deus), onde estava localizada a imagem do deus ou da deusa, colocada em um pedestal e com um altar à sua frente. Hexâmetro (ἑξαμέτρος), que significa "seis medidas". O verso hexâmetro atribuído à Pítia é o dactílico, formado por seis sílabas, leia-se ˬ para uma sílaba breve e - para uma sílaba longa, no seguinte ritmo: - ˬ ˬ - ˬ ˬ. Sobre o uso dos versos hexâmetros dactílicos, no tratado *Do oráculo da Pítia*, de Plutarco, séculos I e II d.C., o autor constrói seu diálogo em torno do debate sobre a imperfeição linguística e a métrica de muitos oráculos, permeado pela questão central posta na correlação que se estabelece entre o fim dos vates versificados e a decadência da arte divinatória helena – em particular, do Oráculo de Delfos.

impossíveis ao me ordenar que funde uma colônia[442] na Líbia; com que poder, com qual autoridade?" Mesmo dizendo isso, não a persuadiu a lhe proferir outra coisa além disso; e como ela continuava profetizando de acordo com o que lhe foi dito antes, Bato abandonou-a no meio de sua fala e partiu para Tera.

156. Depois disso, ele próprio e os demais tereus sofreram com ressentimento do oráculo. E porque desconheciam as causas dos seus infortúnios, os tereus enviaram mensageiros a Delfos para consultar o oráculo a respeito dos presentes males; e a Pítia lhes respondeu com palavras oraculares que, se eles e Bato fundassem a colônia de Cirene na Líbia, eles passariam melhor. Depois disso, os tereus enviaram Bato com duas penteconteros. E eles navegaram para a Líbia, pois como não sabiam fazer outra coisa senão isso, eles retornaram para Tera. E os tereus, quando eles começaram a descer das naus, atiraram-lhes pedras e não lhes permitiram que atracassem na terra, mas lhes ordenaram que navegassem de volta para lá. E eles foram forçados a zarpar em retorno e fundar a colônia numa ilha situada na Líbia, cujo nome, como também havia dito antes, é Platea. E conta-se que a ilha é igual em extensão à atual cidade de Cirene.

157. E habitaram nessa ilha durante dois anos, pois, como nada de útil aconteceu para eles, deixaram para trás um deles e o restante, todos, zarparam em direção a Delfos; e quando chegaram, consultaram o oráculo, disseram que foram habitar na Líbia e que não

---

442. Com este relato, Heródoto revela a importância do Oráculo de Delfos e consequentemente da Pítia na colonização helena das regiões. Tal como narrou neste episódio em que os agilenses consultam o deus sobre esse assunto, conforme vemos a seguir: "Os agilenses enviaram mensageiros a Delfos, porque queriam reparar esse erro. E a Pítia ordenou-lhes fazer as coisas que também hoje os agilenses ainda cumprem; pois também sacrificam com grandiosidade para eles e lhes dedicam competições gímnicas e hípicas. E esses foceus experimentaram tal destino. Os que dentre eles se refugiaram em Régio, quando partiram de lá, conquistaram a cidade do território da Enótria, essa que hoje é chamada Hiela. Eles colonizaram essa cidade depois de saberem por um homem de Posidônia que a Pítia lhes havia proferido um oráculo para que colonizassem Cirno, por ser um dos seus heróis, mas não uma ilha." (*Histórias*, I, 167). In: Heródoto. *Histórias. Livro I – Clio. Op. cit.*

estavam passando melhor lá como seus habitantes. E a Pítia lhes respondeu em palavras oraculares o seguinte:

> *Se tu conheces a Líbia rica em rebanhos melhor que eu,*
> *que lá não foste, mas eu fui*[443]*, muito admiro tua sabedoria.*

E após terem ouvido essas palavras, Bato e os que estavam com ele zarparam de volta; pois o deus não os liberaria da fundação da colônia enquanto não fossem à própria Líbia. Eles foram à ilha, pegaram aquele que eles haviam deixado lá e foram colonizar essa região da Líbia que estava situada no território oposto ao da ilha, cujo nome era Azíris, cercado pelos mais belos vales arborizados em ambos os lados e um rio corre pelo seu outro lado[444].

158. Eles habitaram esse território durante seis anos; e no sétimo ano, os líbios os persuadiram de que os conduziria para um território melhor, caso eles concordassem em abandonar este. E os líbios os conduziram de lá subindo em direção ao poente, e para que eles atravessassem o seu território mais belo sem que os helenos os vissem, calcularam a duração das horas do dia e passaram por eles à noite; e este território recebe o nome de Irasa[445]. E eles os conduziram até uma fonte conhecida por ser dedicada a Apolo[446] e lhes disseram: "Homens helenos, aqui é para nós um lugar conveniente para habitar[447], pois aqui o céu é furado."[448]

---

443. A Pítia rofere as palavras inspiradas por Apolo. Aqui a Pítia se refere ao episódio em que o deus a viu a ninfa Cirene da Tessália lutar com um leão e o vencer na luta para defender seus pais de um ataque. Então Apolo foi tomado de amor pela jovem, raptou-a com seu carro dourado e a levou para Líbia, onde se uniram em um palácio dourado e geraram Aristeu. Para mais detalhes, consultar: Píndaro, *Pítica*s, IX, 18-69.

444. Heródoto descreve o território como se fosse um quadrado, dois lados formados pelos vales, um lado pelo rio e o outro pelo mar.

445. Píndaro, *Píticas*, IX, 106, afirma que este é o lugar onde moram os reis líbios.

446. Conforme Píndaro, Píticas, IV, 294, o nome dessa fonte é Cire, que deu origem ao nome da cidade de Cirene.

447. A fundação da cidade de Cirene ocorreu em 631 a.C.

448. No sentido de que o território recebia bastante chuva.

159. Então, o espaço de tempo em que Bato, o fundador da colônia, viveu e governou sobre ela foi de quarenta anos[449], e o do seu filho Arcesilau[450] foi um governo de dezesseis anos, e os cireneus que lá habitavam eram o mesmo número de colonos[451] que havia no início quando fundaram a colônia. E na época do terceiro rei Bato[452], chamado o Eudemono[453], a Pítia movimentou todos os helenos proferindo um oráculo para que navegassem até a Líbia e habitassem junto com os cireneus; pois os cireneus os convidavam com a oferta de distribuição de terra. E o oráculo proferido foi este:

Quem à Líbia muito amada tarde chegar,
com terra já distribuída, digo que um dia se arrependerá.

Quando uma grande multidão se reuniu em Cirene, os periecos[454] líbios e o seu rei, cujo nome era Adicran[455], foram despojados de sua terra, e porque foram espoliados e tratados com insolência pelos cireneus, enviaram mensageiros ao Egito e se entregaram a Apriés[456], o

---

449. Bato reinou de 631 a 591 a.C. Píndaro, *Píticas*, V, 39, conta que Bato recebeu honras de herói por ter fundado a colônia e deu início à dinastia dos Batíadas. Os descendentes de Bato I recebiam o nome de Bato ou Arcesilau. Sua dinastia terminou em 440 a.C. com a derrubada do rei Arcesilau IV por facções aspirantes a um regime democrático.

450. Arcesilau de Cirene reinou de 591 a 575 a.C.

451. É provável que Heródoto esteja pensando no número de famílias helenas que colonizaram Cirene, o que nos faz entender que não houve mais helenos interessados em se estabelecer em Cirene.

452. Reinou de 575 a 560 a.C.

453. Εὐδαίμων (*Eudaímōn*) significa "feliz", "Aaortunado", "próspero", no sentido de que se trata de um ser protegido por um bom gênio.

454. περιοίκος (*perioíkos*), ou perieco, significa "aquele que mora nos arredores", ou "vizinho".

455. Não dispomos de mais informações sobre esta personagem.

456. Faraó egípcio, 589-570 a.C., um governante guerreiro que lutou contra a invasão babilônica com os povos da Síria Palestina. Mesmo assim, o grande rei Nabucodonosor venceu e dominou a todos. Apriés é nome que os helenos

rei[457] do Egito. E Apriés reuniu um numeroso exército e o enviou a Cirene. E os cireneus organizaram uma expedição militar para ir até o território de Irasa, na região da fonte Teste[458]; depois se reuniram com os egípcios e venceram o combate; pois, como os egípcios não tinham experimentado antes um embate com os helenos e faziam pouco caso deles, foram tão destruídos que alguns poucos deles retornaram para o Egito[459]. Diante disso, os egípcios também culparam Apriés e se revoltaram contra ele[460].

---

deram ao faraó Uahibre; já os sírios-palestinos o chamavam de Hofra, citado no livro bíblico dedicado ao profeta Jeremias, que profetizou o seguinte: "Assim diz Javé: Eu entregarei o faraó Hofra, rei do Egito, nas mãos de seus inimigos, daqueles que o querem matar, assim como Entreguei Sedecias, rei de Judá, nas mãos de Nabucodonosor, rei da Babilônia, que era inimigo dele e que o queria matar" (*Jeremias*, 44,30). Tradução de Ivo Storniolo e Euclides Martins Balancin. In: *Bíblia Sagrada. Edição Pastoral.* Introdução, tradução e notas Ivo Storniolo e Euclides Martins Balancin. 64. ed. São Paulo: Paulus, 2008.

457. Sabemos que o Egito era governado por faraós. No entanto, vemos que, neste capítulo, Heródoto se serve também do vocábulo βασιλεύς (*basileus*), que significa rei, para se referir ao soberano egípcio, e notamos que esta denominação se estende aos persas. Mas Heródoto também utiliza o termo τύραννος (*tyrannos*), habitualmente traduzido por tirano, porque indica soberania no exercício do poder. O autor atribui o título ao persa tendo como modelo a tirania, o regime político dos helenos anterior ao recente governo democrático que ele vivencia. Por exemplo, no Capítulo 7 do *Livro I*, ele afirma que Candaules era tirano dos sardianos, τύραννος Σαρδίων (*týrannos Sardíōn*), já no fim deste mesmo capítulo, relata que Candaules foi o último rei dos Heraclidas, Ἡρακλειδέων βασιλεύς (*Herakleidéōn basileús*).

458. Esta é a única referência que temos sobre essa fonte.

459. Para mais detalhes sobre este combate, consultar os Capítulos 161 a 172 do *Livro II – Euterpe*, desta Coleção.

460. Heródoto assim narra este episódio: "E Psâmis reinou durante apenas seis anos sobre o Egito e realizou uma expedição militar contra a Etiópia e, logo depois de morrer, Apriés, o filho de Psâmis, herdou o trono; depois do seu avô Psamético, ele foi o mais próspero dentre os reis que o antecederam, governando por vinte e cinco anos, nos quais o seu exercito marchou contra Sídon e realizou uma batalha naval contra Tiro. Mas ele precisava necessariamente estar em má situação, eu explicarei mais, de maneira minuciosa, de onde se originou a causa disso nas *Histórias líbias*, apropriadamente nelas presente. Pois Apriés enviou um exército contra Cirene e sofreu um grandioso revés do destino ao perder a batalha, e os egípcios o culparam por isso e se afastaram dele, porque pensavam que Apriés os havia

160. E desse Bato nasceu um filho, Arcesilau, que reinou primeiro sobre eles e que teve dissensões com os seus irmãos, a ponto de eles abandonarem Cirene e irem para outro território da Líbia, onde fundaram para se colocarem nessa cidade que outrora e também agora se chama Barce[461]; e ao mesmo tempo em que fundavam a cidade também incitavam os líbios contra os cireneus. Depois disso, Arcesilau realizou uma expedição militar contra os líbios que o haviam recebido e os mesmos que haviam se revoltado contra ele; mas os líbios, porque o temiam, partiram em fuga em direção aos líbios orientais. E Arcesilau os seguiu em sua fuga, e foi seu perseguidor até o ponto em que está Lêucon[462] na Líbia, onde os líbios pensaram que seria bom atacá-lo. E depois de se encontrarem, venceram os cireneus, tanto que oito mil hoplitas cireneus tombaram lá. Depois desse desastre, Arcesilau, que estava doente, sofrendo por causa de um medicamento, o seu irmão Learco[463] o estrangulou[464], e a mulher de Arcesilau, cujo nome era Erixo, por meio de um ardil o matou.

161. Bato, o filho desse Arcesilau, herdou o seu reino, e ele era coxo e não tinha os pés ágeis. E os cireneus, diante desse infortúnio que encontraram, enviaram mensageiros a Delfos para perguntar sobre qual constituição deveriam instituir para que pudessem administrar a cidade do modo mais belo. E a Pítia os impeliu a buscar um legislador[465]

---

enviado propositadamente para um mal evidente, a fim de que, de fato, a morte os atingisse, e ele governasse o restante dos egípcios de modo mais seguro." (*Histórias*, I, 161). In: Heródoto. *Histórias. Livro I – Clio. Op. cit.*

461. Cidade localizada a aproximadamente 100 quilômetros de Cirene.

462. Não dispomos de mais informações sobre este lugar.

463. Além de Heródoto, outras informações não nos são trazidas

464. Plutarco relata que o remédio era um veneno que seu irmão lhe oferecia, mas, como Laarco (assim grafa Plutarco) não morria, ele o estrangulou por incentivo do faraó Amásis. Para mais detalhes sobre este episódio, consultar: Plutarco. *Das virtudes das mulheres*, 260D-261D.

465. A palavra usada por Heródoto é καταρτιστήρ (*katartistḗr*) que significa "restaurador da ordem", por inferência, "legislador".

de Mantineia[466], na Arcádia[467]. Portanto, os cireneus pediram um legislador aos mantineus, que lhes deram um dos seus cidadãos mais notáveis, cujo nome era Demônax[468]. Assim então o homem foi para Cirene, e depois de ter compreendido cada um dos acontecimentos, dividiu-os em três tribos, distribuindo-os do modo que se segue: uma parte ele distribuiu entre tereus e periecos[469], a outra parte entre os peloponésios e os cretenses, e a terceira parte entre todos os habitantes das ilhas; e depois disso, selecionou parte do território para o rei Bato e alguns encargos sacerdotais[470], e todos os outros territórios que antes os reis tinham ele determinou que fossem postos para o povo.

---

466. Pequena cidade da Arcádia, famosa por ter sido palco da célebre Batalha de Mantineia, 418 a.C., que integrou a chamada Guerra do Peloponeso, conflito travado por Atenas e seus aliados contra a cidade de Esparta e seus aliados, nas respectivas Liga de Delos e a Liga do Peloponeso.

467. Região localizada ao norte da península do Peloponeso.

468. Não dispomos de mais informações sobre essa personagem.

469. Aristóteles reflete sobre o ponto de tensão social que representa a figura do perieco: "Talvez o motivo disso sejam as cidades vizinhas: embora guerreiem umas contra as outras, nenhuma é aliada aos que se revoltaram, porque isso não lhes é conveniente, porque elas próprias têm periecos, mas os vizinhos que os lacônios tinham todos eram seus inimigos, argivos, messênios e árcades; depois que entre os tessálios, no princípio, houve revoltas por ainda estarem em guerra com os seus vizinhos aqueus, perrebos e magnésios." (*Política*, 1269b.1-7). In: Aristóteles. *Política. Op. cit.* Note-se que Aristóteles grafa περιοίκους (*perioíkous*), o acusativo plural de περιοίκος (*perioíkos*), que significa "aquele que mora nos arredores", ou "vizinho". Por isso os habitantes da redondeza que eram submetidos a um regime de servidão eram conhecidos como periecos. No entanto, por ser uma das cidades mais importantes da Hélade e por ter grande número de homens pertencentes a essa categoria, a cidade de Esparta ficou conhecida também por seus periecos, por isso são mais associados ao regime espartano.

470. Sobre as funções religiosas dos reis, Aristóteles escreve: "os primeiros reis tornaram-se benfeitores do povo nas artes ou na guerra, ou por tê-lo reunido, ou lhe providenciado território; tornavam-se reis conforme a vontade do povo e seus ancestrais transmitiam-lhes o poder. Eram soberanos no comando da guerra e dos sacrifícios, os que não fossem dos sacerdotes; além disso, eles julgavam os processos. E uns faziam isso prestando juramento, outros não prestavam juramento; o juramento era erguer o cetro. Portanto, os reis dos tempos antigos exerciam seu poder continuamente na cidade, nos territórios do interior e nos externos; mais tarde, algumas dessas atribuições foram deixadas de lado pelos reis, e outras foram

162. Então, à época que esse Bato reinou, assim foram as disposições que Demônax determinou até que, durante o reinado desse seu filho Arcesilau[471], aconteceu muita perturbação por causa das honrarias dadas aos reis; pois Arcesilau, filho de Bato, o coxo, e de Feretima, disse que não se sustentaria conforme as disposições que o mantineu Demônax determinou, mas reivindicou os privilégios dos seus antepassados. Por isso, os cireneus se revoltaram, Bato foi vencido e fugiu para Samos, enquanto sua mãe fugiu para Salamina[472] em Cipro[473]. E à essa época, Evelton[474] governava sobre Salamina, e depositou como oferenda um porta-incenso que era digno de ser contemplado em Delfos[475], onde está localizado o tesouro dos co-

---

apossadas pela massa, em outras cidades, somente os sacrifícios foram deixados para os reis, de onde foi justo dizer que havia uma monarquia, que os reis tinham o poder absoluto nas guerras externas." (*Política*, 1285b.3-19). In: Aristóteles. *Política*. *Op. cit.*

471. Trata-se do rei Arcesilau III, que reinou em Cirene de 530 a 510 a.C.

472. Não confundir com a ilha de Salamina, terra natal do tragediógrafo Eurípides e palco da batalha homônima travada entre helenos e persas em 485 a.C.

473. O nome que os antigos helenos davam à ilha de Chipre.

474. Heródoto é a única fonte que temos sobre esta personagem.

475. Delfos era o santuário mais visitado da Hélade, helenos e estrangeiros se dirigiam ao templo de Apolo para consultar o deus a respeito dos assuntos mais importantes para seus povos. O sucesso advindo das palavras oraculares levava reis, generais e muitos outros a depositar verdadeiros tesouros em Delfos, como vemos nesta descrição de Heródoto das oferendas do rei lídio Creso: "Depois disso, costumava, por meio de grandes sacrifícios, tornar o deus de Delfos propício; pois sacrificou três mil animais, todos próprios para o sacrifício, e queimou, em uma grande fogueira, leitos revestidos de ouro e de prata, taças de ouro, túnicas púrpuras e mantos fiados; e, esperando que o deus lhes fosse mais favorável, ordenou a todos os lídios que sacrificassem todas as coisas, tudo o que cada um deles tivesse. Quando havia feito o sacrifício, derreteu uma imensurável quantidade de ouro e retirou dela meios tijolos, os mais largos, moldando-os com a medida de seis palmos [...] E ainda foi moldada a imagem de um leão de ouro refinado, tendo o peso de dez talentos. Quando essas oferendas foram concluídas, Creso enviou-as para Delfos com essas outras a seguir: duas crateras enormes de ouro e de prata [...] enviou também quatro jarros de prata, [...] também foram filamentos circulares de prata, além de uma estátua de ouro de uma mulher [...] Além disso, Creso ofertou

ríntios[476]. Ao chegar à corte dele, Feretima pediu-lhe um exército que os conduzisse até Cirene; e Evelton dava-lhe tudo, exceto um exército. E quando ela recebia o que lhe era dado, ela dizia que isso era belo e aquilo era mais belo, e ela lhe pedia para que lhe desse um exército. E ela no momento em que recebia cada presente, dizia também isso, e finalmente, Evelton lhe enviou um presente: um fuso de ouro e uma roca, e deu-lhe ainda algodão; e depois disso Feretima disse novamente a mesma frase, e Evelton disse-lhe que as mulheres recebem presentes desse tipo, mas não um exército.

163. E Arcesilau, durante essa época, estava em Samos e recrutava todo tipo de homem com a promessa de distribuição de terra; enquanto Arcesilau reunia um contingente muito grande para o seu exército, preparou-se para ir a Delfos consultar o oráculo sobre o seu retorno. E a Pítia lhe respondeu o seguinte: "No tempo de quatro Batos e quatro Arcesilau, por oito gerações de homens, Lóxias[477] lhes concede reinar

---

as joias do colar de sua esposa, e também os seus cintos. E ele enviou essas oferendas para Delfos." (*Histórias*, I, 50-52). In: Heródoto. *Histórias. Livro I – Clio. Op. cit.*

476. Os antigos habitantes da Hélade (mas não somente eles, pois tempo notícias de que persas e lídios, por exemplo, também o faziam), consultavam o seu famoso oráculo e o cultuavam. Como agradecimento aos vates proferidos pela sacerdotisa pítica, por intermédio de quem o deus Apolo proferia seu oráculo, os povos tinham o hábito de erigir monumentos suntuosos, que ainda podem ser vistos no sítio arqueológico da cidade de Delfos, os quais chamavam de θησαυρός (*thēsaurós*), ou seja, "tesouro". Local em que eles depositavam suas oferendas ao deus, como vasos, crateras, cinturões, estátuas etc., em geral confeccionados em material nobre, como ouro e prata.

477. Λοξίης (*Loxíēs*), em iônio, é o epíteto de Apolo e significa "oblíquo", "ambíguo", que explica a ambiguidade de seus oráculos e, ao mesmo tempo, a interpretação errada que Creso elaborou sobre as palavras oraculares proferidas pela Pítia. Heródoto registra um oráculo da Pítia em que Lóxias demonstra como foi o protetor do rei lídio Creso, famoso por consultar e presentear o deus, e que à ocasião estava inconformado com um oráculo que recebera e que o levara à ruína. Eis parte dele: "É impossível, mesmo para um deus, escapar do destino estabelecido. E Creso pagou pelos erros da sua quinta geração, que era a de lanceiro dos Heraclidas, porque consentiu com um ardil feminino, assassinou o seu senhor e tomou a honra daquele, que em nada lhe pertencia. Visto que Lóxias esforçou-se intensamente para que, sob o comando dos filhos de Creso, ocorresse o sofrimento de Sárdis, e não sob o governo de Creso, mas não foi capaz de persuadir as Moiras. Quanto ao que elas lhe concederam, ele conseguiu algo interveio a seu favor; pois retardou por três anos a

em Cirene. Todavia, exorta-os a não intentar mais do que isso. No entanto, tu, fica tranquilo e retorna para a sua terra; e se encontrares o forno cheio de ânforas, não cozas as ânforas, mas deixe-as ir conforme o vento favorável; e se as cozeres, não entres em um local cercado de águas; senão, morrerás tu próprio e também o touro mais belo."

164. Essas foram as palavras oraculares que a Pítia proferiu a Arcesilau. E ele reuniu os homens de Samos e desceu em direção a Cirene; porque dominava os acontecimentos, foi se esquecendo do oráculo, e ao contrário, vingou-se dos seus adversários por causa do seu exílio. E alguns deles, pelo menos, saíram do território, e outros foram subjugados por Arcesilau, que os enviou a Cipro para que fossem mortos; então, alguns cnídios os salvaram, e os mandaram para a sua terra então os enviaram para Tera. E alguns outros cireneus que haviam fugido para grande torre, propriedade de um cidadão comum, um tal Aglômaco[478], Arcesilau amontoou lenha em torno dela e os queimou. E depois do que havia feito com eles, compreendeu que esse fato era o relacionado ao oráculo, porque a Pítia havia lhe proibido, se encontrasse ânforas no forno, de queimá-las, ele interrompeu voluntariamente seu contato com a cidade dos cireneus, por temer a morte que lhe foi profetizada pelo oráculo e por considerar que Cirene era o lugar cercado por águas. E ele tinha como mulher uma parente sua, que era filha do rei dos barceus, cujo nome era Alazir[479]; e foi à sua corte, e com ele estavam alguns barceus e exilados de Cirene, que quando perceberam que ele estava caminhando pela ágora, eles o mataram, e além dele, o seu sogro Alazir. Então, Arcesilau, quer voluntariamente, quer involuntariamente, ele infringiu o dito pelo oráculo e cumpriu o seu destino.

165. Enquanto Arcesilau vivia em Barce, depois de ter causado o seu próprio mal, sua mãe, Feretima, ela mesma tinha privilégios

---

captura de Sárdis; e que Creso saiba disso, que ele foi capturado três anos mais tarde do que lhe havia sido estabelecido pelo destino." (*Histórias*, I, 91). In: Heródoto. *Histórias. Livro I – Clio. Op. cit.*

478. Não dispomos de mais informações sobre essa personagem.

479. Personagem citada apenas neste episódio.

por causa do seu filho em Cirene, porque administrava os demais assuntos e tinha um assento no Conselho; depois de saber que seu filho havia morrido em Barce, ela fugiu e partiu para o Egito. Em razão de Arcesilau ter prestado bons serviços a Cambises[480], filho de Ciro[481]; pois esse era o Arcesilau que entregou Cirene a Cambises e lhe impôs o pagamento de um tributo[482]. Ao chegar ao Egito, Feretima colocou-se como suplicante a Ariandes[483], pedindo-lhe que a vingasse, apresentando o pretexto de que o seu filho estava morto por ser simpatizante dos medos.

---

480. Rei da Pérsia, 530-522 a.C., filho de Ciro, que se tornou notável por ter conquistado o Egito. Heródoto assim apresenta Cambises: "Após a morte de Ciro, Cambises, filho de Ciro e de Cassandane, filha de Farnaspes, que morreu antes dele, herdou o seu reino; o próprio Ciro guardou um longo luto e proclamou a todos os outros povos que ele governava que guardassem luto também. De fato, Cambises era filho daquela mulher e de Ciro. Porque ele considerava os iônios e os eólios como escravos herdados de seu pai, realizou uma expedição militar contra o Egito, levando os outros povos que ele governava, entre eles, os helenos que havia subjugado." (*Histórias*, II, 1). In: Heródoto. *Histórias. Livro II – Euterpe. Op. cit.*

481. Rei da Pérsia, 559-530 a.C., que recebeu o epíteto de o Grande por ter conquistado todos os povos vizinhos e ter fundado o Império Aquemênida, o maior de seu tempo. Sobre a origem de Ciro, Heródoto relata: "Ciro era esse mulo; pois nasceu de duas pessoas que não pertenciam ao mesmo povo, de uma mãe de linhagem superior e de um pai de origem inferior. Pois sua mãe era uma meda, filha de Astíages, rei dos medos, enquanto seu pai era um persa, governado por aqueles; mesmo estando abaixo dela em todos os aspectos, casou-se com sua senhora. E a Pítia respondeu isso aos lídios, e levaram essa resposta para Sárdis e anunciaram-na para Creso. E, após ele ter ouvido isso, compreendeu que o erro havia sido dele mesmo, e não do deus." (*Histórias*, I, 91). In: Heródoto. *Histórias. Livro I – Clio. Op. cit.*

482. Este fato ocorreu em 525 a.C., quando Cambises invadiu o Egito. Sobre esse episódio, Heródoto conta que Amásis foi o responsável pelos acordos: "E Amásis realizou uma aliança militar e de amizade com os habitantes de Cirene. E ainda desejou casar-se com uma mulher de lá, seja porque desejava uma mulher da raça helena, seja também de outro modo, por causa da sua amizade com os cireneus. Portanto, ele se casou, uns dizem que com uma filha de Bato, ou de Arcesilau, outros dizem que de Critobulo, um homem honrado dentre os cidadãos disse que o nome dela era Ladice." (*Histórias*, II, 181). In: Heródoto. *Histórias. Livro II – Euterpe. Op. cit.*

483. As informações que temos sobre esta personagem são as apresentadas por Heródoto neste Livro IV.

166. E esse Ariandes era governador do Egito, instituído por Cambises; um tempo mais tarde, foi morto por tentar se igualar a Dario. Pois, ao ser informado e depois quando viu que Dario desejava deixar algo memorável de seu reinado que não tivesse sido realizado por nenhum outro rei, e o imitou, até que recebeu sua recompensa. Pois Dario mandou que se fizesse o ouro mais puro possível e cunhou algumas moedas[484], e Ariandes, que era governador do Egito, fez o mesmo com a prata; e que também agora a prata mais pura é a ariândica. E quando Dario soube o que Ariandes estava fazendo, ele o acusou por outro motivo, porque havia se revoltado contra ele, e o matou[485].

167. Naquele momento, esse Ariandes teve piedade de Feretima e lhe concedeu um exército que era toda a capacidade do Egito, tanto a infantaria como a frota naval; indicou Amásis, um homem maráfio[486], como estratego da infantaria e o da frota naval era Badres, que era o povo de Pasárgadas[487]. E antes de despachar o exército, Ariandes enviou um arauto a Barces para que lhe fosse informado quem era o assassino de Arcesilau; e os barceus, todos eles, responsabilizaram-se

---

484. A moeda de Dario era conhecida como dárico.

485. A revolta de Ariandes e sua morte são datadas entre 517 e 494 a.C.

486. Os maráfios eram um importante povo da Pérsia, ao lado dos pasárgadas.

487. Os maráfios e os pasárgadas foram os povos que compuseram o exército de Ciro para a derrubada do poder dos medos, conforme lemos neste relato de Heródoto: "Ciro preocupou-se com qual seria o modo mais sábio para convencer os persas a se rebelarem. Após ter refletido, encontrou as que eram as mais convenientes para ser executadas, que são as que se seguem. Ele escreveu o que quis em uma folha de papiro, realizou uma assembleia com o povo persa, depois disso, desenrolou a folha de papiro e a leu, disse que nela Astíages o indicava como o comandante do exército dos persas. "E agora", ele disse enquanto lia, "persas, ordeno a vós que estejais presentes diante de mim, cada um com a vossa foice". Então, Ciro ordenou publicamente isso. E há numerosos povos persas. E Ciro reuniu os deles e os persuadiu a fazer uma revolução contra os medos; e estes são os seguintes, e todos os outros persas eram dependentes deles: os pasárgadas, os maráfios, os máspios; dentre os quais os pasárgadas são os melhores, e entre eles também os aquemênidas eram clãs de onde os reis da Pérsia eram originários. E os outros persas são os seguintes: pantialeus, derusieus, germanos; esses todos eram lavradores, mas os demais eram nômades, os daos, mardos, drópicos e sagártios." (*Histórias,* I, 125). In: Heródoto. *Histórias. Livro I – Clio. Op. cit.*

pelo ato; pois haviam sofrido muitos males causados por Arcesilau. Depois de ter sido informado sobre isso, Ariandes logo despachou o exército junto com Feretima. Portanto, esse motivo tornou-se um pretexto para seu discurso, e ele enviou o exército, como me parece, para submeter a Líbia. Pois existiam de fato muitos e diferentes povos dentre os líbios, e um pequeno número deles eram súditos do rei, enquanto a maioria em nada se preocupava com Dario.

168. E os líbios habitam conforme o modo que se segue. A partir do Egito, começam os primeiros dos líbios que habitam esse lugar, os adirmáquidas[488], que utilizam a maioria dos costumes egípcios, e trajam vestimentas tais as que vestem os demais líbios. E as suas mulheres carregam uma argola em cada uma das suas pernas; têm cabeleiras longas em suas cabeças, quando pegam seus piolhos, cada uma delas os morde de volta e assim os cospe. E esses são os únicos dentre os líbios que fazem isso, também são os únicos que apresentam suas jovens virgens ao rei quando vão se casar; e a que ao rei for a mais bela, esta será desvirginada por ele. E esses adirmáquidas estão presentes do Egito até o porto cujo nome é Plino[489].

169. E na sequência desses, estão os giligamas que habitam o território que vai em direção ao poente até a ilha Afrodisíade[490]. No meio desse território está localizada a ilha de Platea, a que foi colonizada pelos cireneus, e no continente há o porto Menelau[491]

488. Habitavam ao oeste do Delta do Nilo.

489. Localizado no Golfo de Solum.

490. Não se sabe ao certo de qual ilha se trata. O nome indica que era dedica à deusa Afrodite.

491. Nome dado provavelmente em homenagem a Menelau, filho de Atreu, rei de Micenas e de Aerope, filha de Catreu, rei de Creta. Menelau era rei de Esparta, irmão de Agamêmnon e marido de Helena. Assim Heródoto narra a ida de Menelau à Líbia: "Depois de Menelau ter chegado ao Egito, navegou rio acima em direção a Mênfis, e ele contou a realidade dos acontecimentos; e foi recebido com grandes honras hospitaleiras e recebeu Helena incólume de males; além disso, recebeu todas as suas riquezas. Todavia, apesar do ocorrido, Menelau tornou-se um homem injusto para os egípcios. Quando estava começando a navegar de volta, ele foi detido pela impossibilidade de navegação. Visto que isso

e Azíris, a que os cireneus habitam; a partir desse lugar, também começa a surgir o sílfion[492]; e o sílfion se estende da ilha de Platea até a embocadura de Sirtes[493]. Esses líbios utilizam costumes quase iguais aos outros líbios.

170. E na sequência dos giligamas, em direção ao poente, estão os asbistas[494]; esses habitam no interior de Cirene. E os asbistas não chegaram até o mar; pois os cireneus habitam o seu litoral. E eles não são inferiores, mas os mais hábeis condutores de quadrigas[495] dentre os líbios, e dedicam-se a imitar a maioria dos costumes dos cireneus.

171. E na sequência dos asbistos, no território em direção ao poente estão os ausquisas, esses habitam no interior de Barce e vão até o mar na altura de Evespérides[496]. No centro do território dos ausquisas habitam os bacales, um povo pouco importante; eles vão até o

---

estava durando muito tempo, ele imaginou um plano que não era lícito; pois pegou duas crianças dos homens nascidos no local e as fez de vítimas sacrificiais. Depois disso, como esse feito se tornou notório, porque ele foi odiado e perseguido, partiu em fuga com suas naus para a Líbia." (*Histórias*, II, 119). In: Heródoto. *Histórias. Livro II – Euterpe. Op. cit.*

492. O σίλφιον (*sílphion*), ou sílfion, era uma planta de que se extrai sumo usado como condimento e remédio. Plínio, *História Natural*, XXII, 101 e ss., nos conta que o sílfion era uma planta que se aproveitava por completo, desde a alimentação humana até forragens para os rebanhos, além de inúmeras qualidades medicinais. Mas já no período clássico heleno, encontramos referências ao sílfon nas peças de Aristófanes, *Cavaleiros*, 895, e *Pluto*, 925. O sílfion também era usado em cosméticos. Enfim, tratava-se de uma planta importante para a economia dos líbios, tanto que foram encontradas moedas líbias que traziam a imagem da planta cunhada em seus versos e anversos.

493. Cidade da Líbia.

494. Eram os periecos de Cirene.

495. As corridas de quadrigas dos cireneus eram famosas na Antiguidade; encontramos registros em Píndaro, *Pítica*, I, e Sófocles, *Electra*, 702.

496. Colônia helena fundada no século V a.C., à época de Ptolomeu III passou a ser chamada Berenice.

litoral na altura de Tauquira[497], uma cidade dos barceus; e eles utilizam as mesmas leis que os líbios que habitam no interior de Cirene.

172. Na sequência dos ausquisas, em direção ao poente, está o território que os nasamões[498] detêm; um povo muito populoso que, durante o verão, deixa seus rebanhos no litoral e sobe para o território de Áugila[499] para colher tâmaras; que eles têm por natureza em grande número e robustas, todas são frutíferas. E visto que eles caçam gafanhotos, depois que eles os secam ao sol, eles os trituram, depois espalham no leite e bebem. E cada um deles costuma ter muitas mulheres e a relação sexual deles é feita em comum, fazem de um modo parecido com o dos masságetas[500]; quando eles fincam

---

497. Tauquira, Cirene, Barca, Apolônia, e Evespérides formavam a chamada Pentápolis, ou as Cinco Cidades da Cirenaica, acosta oriental da Líbia.

498. Sobre os nasamões e a região da Líbia que habitam, Heródoto relata o seguinte: "Mas ouvi os homens de Cirene dizendo o seguinte: que tinham ido ao oráculo de Ámon e foram ter conversas com Etearco, rei dos amônios, e, de algum modo, saíram das conversas variadas para o que foi dito a respeito do Nilo, que ninguém conhecia suas nascentes. E Etearco disse que, um dia, os homens nasamões tinham ido à sua presença (esse povo é líbio, habita Sirtes e o território não muito longe, em direção a leste); e quando eles foram até os nasamões, lhes perguntaram se ainda tinham mais a dizer a respeito dos desertos da Líbia e disseram que havia entre eles alguns filhos insolentes dos homens mais poderosos, os quais, quando se tornaram homens, planejaram outros empreendimentos extraordinários; além disso, sortearam cinco dentre eles para observar os territórios desérticos da Líbia, também para que os observadores vissem um tanto mais do muito que já foi visto. Pois uma parte dos territórios pela costa norte da Líbia, começando do Egito até o mais alto ponto do Cabo Solos, que é o ponto extremo da Líbia, ao longo de todo esse território vê-se os líbios e os seus diversos povos, exceto a parte em que os helenos e os fenícios habitam; a outra parte desse território situado abaixo da linha do mar e dos povos habitantes do litoral; a Líbia está repleta de animais selvagens, e mais ao sul dos territórios habitados pelos animais selvagens e uma região arenosa, extremamente desprovida de água, e o deserto mais inabitado de todos." (*Histórias*, II, 132). In: Heródoto. *Histórias. Livro II – Euterpe*. *Op. cit.* Há referências aos nasamões ainda em Díon Crisóstomo, *Oratória*, 72.

499. Trata-se do oásis de Aujila, ainda hoje preservado na região nordeste de Cirenaica.

500. Sobre esse costume, Heródoto relata: "Cada um se casa com uma mulher, mas eles as utilizam sexualmente em comum; os helenos dizem que os citas fazem isso, mas isso não são os citas que o fazem, mas sim os masságetas. Pois um homem

bastões em um lugar, eles mantêm relações sexuais. Quando um homem nasamão casa-se pela primeira vez, o costume é que a noiva, na primeira noite, passe por todos os convidados do banquete e tenha relações sexuais com eles; e cada um dos convidados, depois de ter tido relações sexuais com ela, dá-lhe um presente que ele tenha trazido de sua casa. Eles fazem seus juramentos e utilizam a arte divinatória do modo que se segue. Eles fazem seus juramentos aos homens que são falados entre eles como os mais justos e virtuosos, tocando os seus túmulos; e praticam suas adivinhações indo às sepulturas dos seus ancestrais para implorar e dormem sobre elas; e o que vir em sua visão em sonho, isso é o que lhe profere o oráculo; e fazem acordos do seguinte modo: um dá de beber com sua mão enquanto ele próprio bebe da mão do outro; e se não têm nada líquido, pegam o pó do chão e o lambem.

173. E os psilos são limítrofes aos nasamões. Eles foram aniquilados do modo que se segue. O vento sul que sopra sobre eles secou os reservatórios de água, e todo o seu território que estava no interior de Sirtes estava sem água; e eles deliberaram em comum acordo que fariam uma expedição militar contra o vento sul (digo como dizem os líbios), mas depois que se encontravam no deserto de areia, o vento sul soprou e os sepultou na areia[501]. Depois de os psilos serem aniquilados, os nasamões habitaram o seu território.

174. E mais acima dos nasamões, em direção ao vento sul, em um território cheio de animais selvagens, habitam os ganfasantes[502], os que evitam todo tipo de homem e todo tipo de convivência, e não possuem nenhuma arma de guerra nem sabem como se defender.

---

masságeta que deseja uma mulher, coloca-a suspensa na sua carroça com sua aljava e tem relações sexuais com ela, sem qualquer punição." (*Histórias*, I, 216). In: Heródoto. *Histórias. Livro I – Clio. Op. cit.*

501. Segundo Plínio, *História natural*, VII, 14, parte dos psilos foram massacrados pelos nasamões.

502. Os ganfasantes são apresentados como um povo formado por homens selvagens por Plínio, *História natural*, V, 45.

175. Eles, de fato, habitam acima dos nasamões. E ao longo do mar, em direção ao poente, habitam os macas, que cortam os cabelos como se fossem penachos, mas deixam seus cabelos crescerem no meio de suas cabeças, e de um lado e de outro, cortam seus cabelos na altura da raiz; e para a guerra, trazem peles de avestruz como armas de defesa. Através de seu território, corre o rio Cínips[503], que provém da colina chamada Cárites[504] e deságua no mar. E essa colina das Cárites[505] é coberta por florestas, enquanto o restante da Líbia mencionada anteriormente é desprovida de vegetação; a partir do mar até esta colina são duzentos estádios de distância[506].

176. Na sequência dos macas estão os gindanes, dentre os quais, as mulheres; cada uma delas usa uma grande quantidade de argolas de couro nos tornozelos, como se diz: para cada homem com quem ela tenha mantido relações sexuais ele amarra uma argola em seu tornozelo; a que tiver a maior quantidade delas, essa é considerada a melhor, porque foi amada por mais homens.

177. E um promontório se precipita no mar desses gindanes, lá habitam os lotófagos[507], que vivem se alimentando somente do fruto

---

503. Trata-se do rio Uadi El Khaham, na costa ocidental de Sirtes.

504. Filhas de Zeus e de Eurinome, elas são mais conhecidas como as Cárites, que, por influência da língua latina, são divindades relacionadas à beleza. São representadas por três irmãs: Eufrosine, Talia e Aglaia, que moram no Olimpo e trazem alegria para os homens e os deuses.

505. As Cárites são divindades helenas, representadas com exuberância na Acrópole de Atenas como um importante símbolo da cultura helena. Desse modo, vemos, uma vez mais, Heródoto trazer elementos de sua cultura para nomear, identificar o outro. Percebemos na narrativa herodotiana aquilo que ele vê como características dos helenos nos chamados povos bárbaros, o que os aproxima da civilidade helena, enquanto o que os torna bárbaros são práticas e costumes estranhos à Hélade.

506. Cerca de 35,5 quilômetros.

507. Λωτοφάγοι (*Lōtophágoi*), ou os lotófagos, significa "comedores de lótus". Os lotófagos já são descritos por Homero nesta fala de Odisseu: "Por nove dias dali me levaram os ventos funestos,/ por sobre o oceano piscoso; somente no décimo à terra/ nos foi possível descer dos Lotófagos que comem flores./ Nessa paragem descemos, a fim de fazermos aguada/ A refeição junto às naves velozes

do lótus. E o fruto do lótus é quase do tamanho do fruto do lentisco[508], e é doce como o fruto da tâmara. E os lotófagos também fazem vinho desse fruto[509].

178. E, ao longo do mar, na sequência dos lotófagos vêm os máclios[510], esses também utilizam o lótus, mas menos do que os que foram citados antes. E eles se estendem até um grande rio, cujo nome é Tritão[511]; esse deságua no grande lago Tritônis[512]; neste lugar, existe uma ilha cujo nome é Flá; dizem que existe um oráculo que determina que essa ilha deve ser colonizada pelos lacedemônios.

---

os sócios fizeram./Mas, tendo, assim, a vontade da fome e da sede saciado,/ sócios escolho e os envio, com o fim de notícias obterem,/ sobre que gente aí morava, e se vive de pão, como todos,/ tendo escolhido dois homens e o arauto, o terceiro, por sócio./ Ei-los que vão, sem demora, e se mesclam aos homens lotófagos./ Esses Lotófagos não empreenderam fazer nenhum dano/ aos nossos homens, mas logo fizeram que loto comessem./ Quem quer que viesse provar uma vez deste fruto gostos/ nunca a resposta haveria de trazer, nem de novo empegar-se; desejaria, isso sim, morar sempre com os homens lotófagos,/ a comer loto somente, esquecido, de vez, do retorno./ Mas, apesar de suas lágrimas, trouxe-os à força, de novo,/ para as naus concâvas, onde os atei sob os bancos dos remos,/ tendo, em seguida, ordenado aos queridos consócios de viagem/ que para as céleres naves, sem perda de tempo, subissem./ Não fosse a alguém esquecer o retorno por causa do loto./ Sobem, por isso, os demais para bordo e se sentam nos bancos,/ todos em ordem, batendo com os remos nas ondas grisalhas." (*Odisseia*, IX, 82-104). In: Homero. *Odisseia*. Tradução de Carlos Alberto Nunes. 4. ed. São Paulo: Melhoramentos, 1962.

508. Segundo Houaiss: "Nativa do Mediterrâneo e Portugal, exsuda a almécega, as folhas são taníferas e us. para falsificar o sumagre, e do fruto se extrai óleo com usos medicinais, no fabrico de sabões, em iluminação etc.".

509. O vinho de lótus ainda hoje é produzido nesta região e em outras partes da Ásia, como no Vietnã.

510. Povo do sul da Tunísia.

511. Os nomes Tritão e Tritônis estão relacionados ao mito do deus marítimo Tritão, filho de Posídon e de Anfitrite; é apresentado também como o deus do lago Tritônis, na Líbia, local em que sua filha Palas teria sido morta acidentalmente pela deusa Atenas. O nome Τριτωνίς (*Tritōnís*), Tritônis, significa filha de Τρίτων (*Trítōn*), Tritão.

512. Não se sabe ao certo onde o rio e o lago estão localizados.

179. E existe ainda a seguinte história que é contada; Jasão[513], depois de ter terminado no sopé do Pélion[514] a construção da Argo, colocou nela outra hecatombe, e além disso, uma trípode de bronze, e navegou em volta do Peloponeso com a intenção de chegar a Delfos. Quando Jasão navegava na altura do Málea[515], também o vento norte o surpreendeu e o levou embora em direção à Líbia; e antes de avistar a terra, estava nas águas rasas do lago Tritônis[516]. E no momento em que não sabia o que fazer para desencalhar a nau, essa é a história, Tritão[517] apareceu e ordenou a Jasão que lhe desse a trípode, dizendo que lhes mostraria tanto a saída como lhes enviaria sãos e salvos. E porque Jasão o obedeceu, assim Tritão lhe mostrou como navegar para fora das águas rasas; em seguida, colocou a trípode no seu próprio santuário, profetizou sobre ela, sinalizou a Jasão e seus companheiros que todo tipo de história lhes aconteceria, como quando um os descendentes dos que navegavam na Argo levasse a trípode deles, nesse momento, haveria uma absoluta necessidade

---

513. Filho de Éson e de Alcímede ou Polimedes, nasceu em Iolco, mas saiu de lá para ser educado pelo centauro Quíron, considerado um dos Sete Sábios da antiga Hélade. Quando se tornou jovem, Jasão voltou a Iolco e reclamou seu direito ao trono, então seu tio Pélis lhe impôs a missão de recuperar o Velo de Ouro que foi consagrado a Ares por Eeta, rei da Cólquida. Ocasião em que Jasão partiu com sua expedição naval a bordo da nau Argo ao lado de seus companheiros, conhecidos como os Argonautas. Sobre essa expedição, Heródoto conta: "pois, os helenos foram os culpados pela segunda injustiça. Navegaram em uma extensa nau para Aia, em colcos, e o rio Fásis, lá, ao concluírem seus afazeres e outras coisas em razão das quais haviam vindo, raptaram a filha do rei, Medeia. Quando o rei dos colcos enviou um arauto à Hélade para pedir satisfação pelo rapto e exigir a restituição de sua filha; eles lhe responderam que aqueles não foram punidos por eles pelo rapto da argiva Io; portanto, eles mesmos nada concederiam àqueles ali." (*Histórias*, I, 2-3). In: Heródoto. *Histórias. Livro I – Clio. Op. cit.*

514. Monte localizado na Tessália.

515. Cabo localizado ao sudeste da península do Peloponeso.

516. Segundo a narrativa de Píndaro, *Píticas*, IV, 24 ss, que é retomada por Apolônio de Rodes, *Argonáutica*, IV, 1228 e ss, Jasão e seus Argonautas foram para a Líbia depois de terem cumprido a sua missão de recuperar o Velo de Ouro.

517. Apesar de Tritão assumir diversas formas, a mais recorrente era a de um "velho do mar".

de que fundassem cem cidades filhas da Hélade às margens do lago Tritônis. Depois de terem ouvido isso, os habitantes dos locais vizinhos aos líbios esconderam a trípode.

180. E na sequência desses máclios estão os áusees; e esses e os máclios habitam em volta do lago Tritônis, e o Tritão passa no meio deles como divisa. E os máclios também deixam os cabelos crescerem atrás da cabeça, enquanto os áusees os deixam na parte da frente. Na festa anual de Atena, as suas virgens se dividem em dois grupos, combatem umas contra as outras com pedras e paus, conta-se que cumprem o rito instituído por seus antepassados em honra da deusa local, a que nós chamamos Atena; e as virgens que morrem por causa dos traumas são chamadas de falsas virgens[518]. E antes de lançá-las ao combate, eles fazem o seguinte: em cada ocasião, os máclios adornam em comum a virgem mais bela com um elmo coríntio e uma panóplia[519] helênica, e a fazem subir em uma carruagem e a conduzem circulando o lago. E com quais armas adornavam as virgens antigamente, antes de os helenos os terem colonizado, eu não

---

518. O hábito de promover combates em rituais sagrados chamou a atenção de Heródoto em seu périplo pelo Egito; quando estava em Papremis, relatou: "Os poucos sacerdotes que permanecem em torno da estátua divina puxam uma carroça com quatro rodas, carregando-a para o templo, e colocam a estátua divina no santuário, mas eles não permitem que as pessoas entrem, posicionando-se diante da entrada do templo, no vestíbulo; os que têm votos a honrar ao deus batem neles, enquanto eles se defendem. Ali mesmo há uma forte batalha com bastões de madeira, e eles espancam as cabeças uns dos outros; como eu penso, muitos morrem por causa dos traumas; todavia, os egípcios não me falaram sobre ninguém que tenha morrido. E os habitantes locais dizem que essa festa nacional é um costume que provém do seguinte: a mãe de Ares habitava nesse templo, e Ares havia sido criado fora de casa; quando chegou à idade viril, quis conviver com sua mãe, e como os criados da sua mãe não o tinham visto antes, não lhe permitiram entrar, mas o expulsaram, e ele trouxe homens de outra cidade para expulsar rudemente os criados, para entrar e ficar junto da sua mãe. Desde então, dizem que houve o costume dessa pancadaria na festa em honra a Ares." (*Histórias*, II, 63). In: Heródoto. *Histórias. Livro II – Euterpe. Op. cit.*

519. πανοπλία (*panoplía*), ou panóplia, era um conjunto de armas que formava uma armadura completa, típica de um soldado hoplita, composto de um escudo, um elmo, uma couraça e uma cmênide. Estima-se que esse armamento completo pesava entre 22 e 31 quilos.

sei dizer, penso então que eles as adornavam com armas egípcias; pois eu afirmo que o escudo e elmo chegaram aos helenos vindos do Egito[520]. E contam que Atena é filha de Posídon e da deusa do lago Tritônis[521], porque algo a descontentava com seu pai, ela foi dada a Zeus, e então Zeus a adotou como se fosse sua própria filha. Eles contam isso. E eles têm as mulheres em comum, eles não convivem na mesma casa e mantêm relações sexuais como os animais. E quando uma mulher gera um filho bem desenvolvido, dentro do terceiro mês, os homens se reúnem em um lugar, e aquele dentre os homens que se pareça com a criança, esse é considerado o pai dessa criança.

---

520. Em sua descrição do Egito, Heródoto registra diversas contribuições dos egípcios para a cultura helênica como o uso do calendário (II, 4), e sobre os ritos e divindades afirma: "Então, eu digo que Melampo tornou-se um homem sábio ao estabelecer a sua própria arte divinatória e ao procurar conhecer muitas e diferentes práticas do Egito para instituí-las entre os helenos, também as práticas em torno de Dioniso, embora as tenha alterado um pouco. Pois, de fato, não direi que os rituais realizados para o deus no Egito ocorram de ser os mesmos entre os helenos; pois há semelhancas nos hábitos com os helenos, porém não admito que sejam recentes. Não direi nada sobre como os egípcios tomaram dos helenos esse ou outro costume qualquer. Mas parece-me que Melampo estava mais informado a respeito dos rituais em torno de Dioniso por Cadmo, o tírio, por aqueles que estavam com ele, quando vieram da Fenícia para a região que hoje é chamada de Beócia. Ainda os nomes dos deuses, quase todos, vieram do Egito para a Hélade.". (*Histórias*, II, 49-50). In: Heródoto. *Histórias. Livro II – Euterpe. Op. cit.*

521. Note-se que Heródoto nos apresenta outra versão do mito mais conhecido de Atena, que é o de ser a filha virgem nascida da cabeça de Zeus após seu pai ter engolido a deusa Métis, grávida de Atena. Quando a deusa estava prestes a nascer, Zeus pediu a Hefesto que partisse sua cabeça para que lhe desse à luz. O relato herodotiano encontra eco em Aristófanes, *Cavaleiros*, 1189, pois o comediógrafo se refere à deusa como Tritogênia (Τριτογένεια / *Tritogéneia*), ou a "nascida do lago Tritônis" (Τριτωνίς / *Tritōnís*), localizado na Líbia. Embora Hesíodo (*Teogonia*, 924-926), conte que Atena nasceu da cabeça de Zeus, ele chama Atena de Τριτογένεια no verso 895. Portanto, a narrativa herodotiana não apresenta uma versão desconhecida na Hélade, e ao mesmo tempo nos mostra que a segunda parte de seu mito permaneceu no imaginário heleno e que a parte em que a Líbia é citada foi colocada no esquecimento. Por seu caráter crítico e irreverente, não à toa relembra a origem líbia daquela que é o símbolo máximo da cidade de Atenas. A nosso ver, o esquecimento da origem líbia de Atena é parte de um discurso identitário ateniense que se apropria de símbolos alheios para torná-los autóctones e ícones de um povo só por um processo pautado em ressignificações e esquecimentos.

181. Esses habitantes do litoral são os nômades líbios já citados. E ao sul deles, em direção ao interior, a Líbia é infestada de animais selvagens, e em direção ao interior desse território infestado de animais selvagens, encontra-se uma montanha de areia estendida de Tebas[522], do Egito[523], até as Colunas de Héracles. E nessa montanha, por aproximadamente dez dias de um caminho de sal que são grandes blocos de sal nas colinas, e em cima de cada uma dessas colinas surge do meio da água salgada uma água fresca e agradável, e em torno dela, homens habitam; são os últimos na direção do deserto e ao sul do território dos animais selvagens. Os amônios[524] são os primeiros que estão a um caminho de dez dias a partir de Tebas[525], cujo templo segue o modelo do de Zeus Tebano; de fato, o templo de Tebas, como já foi dito por mim antes[526], as estátuas de Zeus no

---

522. Cidade localizada no Antigo Egito, cujo nome atual é Luxor.

523. Sobre este território, Heródoto escreve: "De Heliópolis até Tebas, são nove dias de navegação, e a distância é de oitocentos e sessenta estádios, sendo oitenta e um cordéis. Esses estádios, somados, resultam no tamanho total da extensão do Egito; e a parte do litoral, que já foi demonstrada por mim antes, é de três mil e seiscentos estádios; quanto à que se situa do mar em direção ao interior do território até Tebas, faço saber: pois são seis mil, cento e vinte estádios; e a parte que vai de Tebas até a chamada cidade Elefantina, corresponde a um mil e oitocentos estádios. A maior parte desse território citado, conforme os sacerdotes diziam e eu próprio pensava, é formada por uma terra ganha pelos egípcios. Pois as montanhas situadas acima da cidade de Mênfis que foram citadas parecem-me que foram um dia, por um intervalo de tempo, um golfo do mar, como as montanhas em torno de Ílion, Teutrânia e Éfeso e da planície de Meandro" (*Histórias*, II, 9-10). In: Heródoto. *Histórias. Livro II – Euterpe. Op. cit.*

524. Habitantes do oásis de Siuá, que significa oásis da "Ave de Rapina", protetora de Ámon, o deus Sol. O oásis está localizado no deserto da Líbia, onde foi construído o maior templo consagrado ao deus Ámon.

525. Cidade localizada no Antigo Egito, cujo nome atual é Luxor.

526. Em sua descrição do território egípcio, Heródoto registra o seguinte sobre o templo de Zeus Tebano: "De fato, aqueles que dedicam um templo a Zeus Tebano, que são de uma província tebana, esses todos se mantêm longe das ovelhas e sacrificam as cabras (pois, de fato, todos os egípcios não veneram os seus deuses do mesmo modo, exceto Ísis e Osíris, então dizem que ele e Dioniso; e que todos os veneram do mesmo modo); aqueles que possuem um templo de Mendes, ou são da província mendésia, esses se mantêm longe das cabras e sacrificam as ovelhas. Portanto, os tebanos e os egípcios são

templo que existe em Tebas têm a cabeça de um carneiro. E acontece que existe outra fonte de água entre os amônios, cuja água é morna quando nasce o dia, e mais fresca quando a ágora está cheia; e ao meio-dia a água torna-se muito fria; o momento exato em que águam seus jardins; quando o dia vai caindo, há a redução do frio, até que se torna mais quente, quando se aproxima a meia-noite, momento exato em que entra em forte ebulição; e depois que passa da meia-noite, água esfria até a aurora. E essa fonte é chamada pelo nome de Hélio[527].

182. E depois dos amônios, e por essa montanha de areia, através de outras, através de um caminho de outros dez dias, existe uma colina de sal semelhante à amônia, e os homens habitam em torno dela; e esse território recebe o nome de Augila[528]; até esse ponto do território, os nasamões colhiam as tâmaras e retornavam.

183. E a partir do território dos augilos, outros dez dias de caminho, existe outra colina de sal, água e muitas palmeiras que produzem tâmaras, conforme também existe em outros lugares; e os homens que habitam nesses lugares são os garamantes[529], um povo que é poderosamente grande, que colocou terra sobre o seu território de sal e o

---

os que mantêm longe as ovelhas por causa de alguns acontecimentos; dizem que a lei lhes foi estabelecida pelos seguintes motivos: Héracles queria de toda maneira ver Zeus, mas o deus não queria ser visto por ele e, por fim, depois de Héracles ter insistido, Zeus tramou o seguinte: tirou a pele de um carneiro, colocou na sua fronte a cabeça cortada do carneiro, vestiu o tosão e assim se mostrou para ele. Desde então, os egípcios moldam suas estátuas de Zeus com a cabeça de um carneiro, e os amônios o fazem graças aos egípcios e aos que são colonos dos egípcios e etíopes, e que falam uma língua que está entre ambas. Parece-me que também o nome que os amônios têm vem disso, eles o colocaram como o seu epônimo; pois os egípcios chamam Zeus de Ámon." (*Histórias*, II, 42). In: Heródoto. *Histórias. Livro II – Euterpe*. *Op. cit.*

527. Hélio é a personificação do Sol, pertence à raça dos Titãs, filho do titã Hipério e da titânide Tia. Segundo Arriano, *Anábase*, III, 4, e Lucrécio, *Da natureza das coisas*, VI, 848 ss, a fonte de Hélio está localizada no oásis de Sivá, cuja natureza é vulcânica, por isso a água sai borbulhando dela com intensidade e sua composição é sulfúrica, o que gera fortes vapores sulfurosos.

528. Localizada na região do oásis de Cirenaica.

529. Habitantes do oásis de Germa.

semeou. E a rota mais direta [...][530] há em direção ao território dos lotófagos, e de lá até o território dos lotófagos é um caminho de trinta dias. Nesses territórios também existem os bois que pastam recuando. E eles são bois que pastam recuando pelo seguinte motivo: eles têm os chifres inclinados para frente; por isso pastam andando para trás; pois não são capazes de andar para a frente, porque seus chifres chocam-se com a terra[531]; e não diferem em nada dos outros bois a não ser por isso, pela espessura e a resistência da sua pele. Esses garamantes então caçam os trogloditas etíopes[532] com carros atrelados a quatro cavalos; pois os trogloditas etíopes são os homens mais rápidos dentre todos na corrida, dos quais nós ouvimos contar essas histórias. E os trogloditas alimentam-se de serpentes, de lagartos e de répteis da mesma espécie; e falam uma língua que não tem paralelo com nenhuma outra, mas emitem um grito agudo como os morcegos[533].

---

530. Pequena lacuna do manuscrito. Pela lógica narrativa, o trecho que falta é ἐς τὴν θάλασσαν (*es tèn thálassan*), que significa "até o mar" ou "em direção ao mar", sendo a primeira opção de tradução a mais conveniente aqui.

531. Plínio, *História natural,* VIII, 178 relata o mesmo quando descreve as pinturas rupestres do deserto do Saara.

532. Heródoto apresenta os etíopes como negros que habitavam o extremo sul da Terra. Mas esses eram os etíopes que não tiveram contato com os egípcios, pois os etíopes natos, segundo Heródoto, tornaram-se civilizados depois do contato que tiveram com os egípcios, como vemos a seguir: "Esses, em seguida, partiram para o Egito e se entregaram ao rei dos etíopes. Ele lhes retribuiu o presente da maneira que se segue: havia alguns divergentes dentre os etíopes natos; então, ordenou-se que estes fossem expulsos da terra para que aqueles a habitassem. E, depois de eles terem se instalado nos territórios etíopes, porque eles aprenderam os costumes egípcios, os etíopes se tornaram civilizados." (*Histórias,* II, 30). In: Heródoto. *Histórias. Livro II – Euterpe. Op. cit.*

533. A comparação dos sons emitidos pelos bárbaros em sua fala com sons emitidos por pássaros parece ter sido um lugar-comum na literatura helena, como vemos em Ésquilo, *Agamêmnon*, 1050 e Aristófanes, *Rãs,* 681. Recurso também utilizado por Heródoto neste relato sobre as pombas e as mulheres bárbaras: "Parece-me que as pombas que foram chamadas pelos dodoneus dessa época eram as mulheres, porque elas eram bárbaras, e parecia-lhes que elas gritavam alto do mesmo modo que os pássaros. E, depois dessa época, eles dizem que a pomba gritava alto com uma voz humana; em seguida, a mulher falava coisas que lhes eram compreensíveis; durante o tempo em que falava como um bárbaro, pareceu-lhes que gritava alto da mesma maneira que um pássaro, depois, de que maneira uma pomba poderia gritar

184. E a partir dos garamantes, através de um caminho de outros dez dias, existe outra colina de sal, e ainda água, os homens também habitam em torno dela, cujo nome é atarantes[534], são os únicos dentre os homens, que nós conhecemos, que não têm nome próprio; pois reunidos eles têm o nome de atarantes, mas não tem um nome próprio para cada um deles. Eles fazem imprecações contra o sol quando queima em excesso e lançam-lhe todos os terríveis insultos, porque os arruína com seu ardor, tanto os seus homens como o seu território. Depois deles, através de um caminho de outros dez dias, existe uma colina de sal, também água, e os homens também habitam em torno dela. E na sequência desse sal, existe uma montanha cujo nome é Atlas[535]; que é estreita e totalmente circular, e tão alta que se conta que os seus cumes não podem ser vistos, pois as nuvens jamais a abandonam, nem no verão nem no inverno; e os habitantes locais contam que essa montanha é a coluna do céu. E esses homens tiram seu nome dessa montanha; pois são chamados de atlantes. E contam que eles não se alimentam com nada vivo nem o que veem em sonhos.

185. Até esses atlantes, de fato, eu posso dizer quais sãos os nomes dos povos que habitam nessa montanha de areia, e depois deles não posso mais. Então, a montanha de areia se estende até as Colunas de Héracles, também fora delas; e existe um jazigo de sal nessa montanha de areia, através de um caminho de dez dias, onde homens também habitam. E todos eles têm suas casas construídas com grãos de sal; pois já esses lugares da Líbia são faltos de chuva; pois não poderiam se sustentar se chovesse, porque as paredes são feitas de sal. E o sal que se extrai dali tem um aspecto tanto branco como vermelho escuro. E após essa montanha de areia, no sentido do vento sul, em direção ao interior da Líbia,

---

alto com uma voz humana? E dizem que a pomba negra indicava que a mulher era egípcia." (*Histórias*, II, 57). In: Heródoto. *Histórias. Livro II – Euterpe. Op. cit.*

534. Habitantes do oásis de Ghat.

535. Nome de um gigante filho de Iápeto e da Oceânide Clímene, irmão de Prometeu e de Epimeteu. Participou da Gigantomaquia, a luta dos gigantes contra os deuses, e recebeu de Zeus o castigo de sustentar a abóbada celeste em seus ombros.

território é desértico, sem água, sem animais, sem chuva e sem árvores, também não existe nenhum tipo de umidade nele.

186. Assim, do Egito até o lago Tritônis, os líbios são nômades que comem carne e bebem leite; também não provam carne de vaca, por esse mesmo motivo que não a provam os egípcios, e não criam porcos. Então as mulheres dos cireneus também julgam que não é digno comer carne de vaca por causa de Ísis[536] do Egito[537], mas também elas realizam festas e jejuns em sua honra. E as mulheres dos barceus não provam carne de vaca nem de porco[538]. E de fato esse território é assim.

187. E depois do território que está na direção do poente do lago Tritônis, os líbios não são mais nômades, não adotam os mesmos costumes e não fazem com seus filhos o que os nômades costumam fazer. Pois os líbios nômades, se são todos eles, não posso dizer isso com certeza, fazem as seguintes coisas: quando seus filhos completam quatro anos de idade, com a lã gordurosa das ovelhas queimam as veias

---

536. Ísis é a esposa de seu irmão Osíris, mãe de Hórus, o deus dos céus. A deusa é considerada a mãe dos deuses e a divindade relacionada à magia. A representação mais recorrente de Ísis é a de uma vaca segurando o símbolo da Lua, por isso esse animal é consagrado à deusa. Outro aspecto interessante dessa divindade é que, ao contrário das demais divindades egípcias, Ísis não tinha um local específico para o seu culto, além de ter alcançado prestígio entre os antigos helenos e os romanos.

537. Heródoto refere-se a este relato sobre os egípcios: "Portanto, todos os egípcios sacrificam bois puros, os mais vigorosos e os vitelos, enquanto não lhes é permitido sacrificar as vacas, mas são oferendas sacrificiais de Ísis. Pois a estátua de Ísis era de uma figura feminina com chifres de vaca, conforme os helenos representavam Io, e todos os egípcios igualmente veneram de modo mais considerável as vacas de todos os rebanhos." (*Histórias*, II, 41). In: Heródoto. *Histórias. Livro II – Euterpe. Op. cit.*

538. Heródoto faz uma longa digressão sobre o uso da carne de porco entre os egípcios nos ritos sacrificiais egípcios, reproduzimos aqui apenas uma de suas anotações: "E os egípcios acreditam que o porco seja um animal impuro; também isso, se alguém tocasse em um porco passando entre eles, então ele se afastava, caminhava até o rio e mergulhava com suas túnicas; e isso: os porqueiros, mesmo sendo egípcios de nascimento, eram os únicos dentre todos que não entravam em nenhum templo do Egito, nem queriam dar suas filhas em casamento para eles, nem aceitar as deles em casamento, mas os porqueiros davam e aceitavam suas filhas em casamento uns aos outros." (*Histórias*, II, 47). In: Heródoto. *Histórias. Livro II – Euterpe. Op. cit.*

das suas cabeças, e alguns deles também queimam as das têmporas[539], por este motivo: para que no futuro a fleuma que desce da cabeça não lhes seja prejudicial; também por isso que os líbios dizem que são os homens mais saudáveis. Pois é verdade que os líbios são os mais saudáveis dentre todos os homens que nós conhecemos; e por causa disso, não posso dizer com certeza, mas que são os mais saudáveis, isso são. E se, quando fazem a queima, seus filhos tiverem espasmos, há um remédio que foi inventado por eles; pois derramam urina[540] de bode sobre eles e os salvam. E digo o que dizem os próprios líbios.

188. E os nômades têm sacrifícios do modo que se segue. Quando oferecem como primícia uma orelha cortada, atiraram-na por cima do ombro[541], e depois que fazem isso, eles torcem o seu pescoço; e eles sacrificam somente ao sol e à lua; então todos os líbios realizam sacrifícios desse modo, mas os que habitam em torno do lago Tritônis sacrificam especialmente a Atena, junto com Tritão e Posídon.

---

539. Hipócrates de Cós, 460-380 a.C., em seu tratado *Dos ares, águas e lugares*, 20, também relata que a maioria dos citas nômades queimava as partes mais doentes de seu corpo para que se tornassem mais saudáveis, o que nos permite concluir que se trata de um hábito comum aos territórios visitados por Heródoto neste Livro IV.

540. O uso da urina como remédio já é relatado por Heródoto neste episódio: "De fato, depois de ter ficado cego por dez anos, no décimo primeiro ano, veio-lhe uma resposta oracular da cidade de Buto, a qual proferiu que o seu tempo de punição estava terminando e que ele recobraria a sua visão, se lavasse os seus olhos com a urina de uma mulher, a qual tivesse sido frequentada por somente um homem e que fosse inexperiente de outros homens. Fero tentou cumprir a sua missão, provando usar a urina de sua própria mulher; depois disso, como ele não recuperou a visão, ele experimentou usar a de muitas, uma após a outra. E depois de ele ter recuperado a visão, ele reuniu as mulheres dentre as quais ele havia experimentado usar a sua urina, exceto a de quem ele usou a urina para lavar os seus olhos e com a qual recobrou sua visão, e as levou para uma única cidade, a que hoje se chama Eritrebolo, após tê-las reunido neste mesmo lugar, ele ateou fogo em todas junto à propria cidade. E a mulher da qual utilizou a urina para lavar seus olhos e com isso recobrou sua visão, ele a tomou como sua própria esposa." (*Histórias*, II, 111). In: Heródoto. *Histórias. Livro II – Euterpe. Op. cit.*

541. Com a ideia de que a orelha era atirada no telhado da casa da vítima.

189. E certamente os helenos fizeram as roupas e as égides[542] das imagens de Atena influenciados pelos líbios; pois, exceto pelo fato de a roupa dos líbios ser feita de couro e as franjas das suas égides não terem serpentes, mas serem feitas com correias, mas todas as outras coisas são feitas do mesmo modo. E, além disso, o próprio nome anuncia[543] que vem da Líbia a roupa dos Paládios[544]; pois as líbias colocam peles de cabra sem os pelos sobre suas roupas, adornadas com franjas e tingidas na cor vermelha, e dessas peles de cabras, os helenos o tomaram o nome. E eu penso que também lá surgiu primeiro o grito agudo nos rituais sagrados; pois as líbias usam esse grito agudo nos rituais e o fazem belamente. Os helenos também aprenderam com os líbios a atrelar quatro cavalos juntos.

190. E os nômades enterram os seus mortos conforme fazem os helenos, exceto os nasamões; é que estes os enterram sentados, e ficam vigilantes para que, quando sua alma sai[545], eles o sentam e não o deixam morto de costas. E suas habitações são feitas de talos de asfódelos e de juncos, essas também são móveis[546]. E esses são os costumes adotados por eles.

191. E o território em direção ao oeste do rio Tritão, dentre os auseus, já existem alguns líbios que utilizam arados e têm o costume de construir casas, que recebem o nome de máxies, os que mantêm cabelos no lado direito de suas cabeças enquanto os raspam do lado esquerdo, e pintam seus corpos com vermelhão. E eles dizem que são descendentes dos

---

542. Égide era o pé da cabra Amalteia, que amamentou Zeus no monte Ida; todo adornado com franjas de serpente, tinha um caráter protetor por servir de manto e de couraça, quando também trazia a imagem de uma Górgona na frente. Diferente de Heródoto que atribui o uso da égide somente à deusa Atena, Homero atribui seu uso a Zeus em *Ilíada*, IV, 167, a Apolo em *Ilíada*, XV, 229 e à própria Atena em *Ilíada*, V, 738.

543. Heródoto refere-se ao nome αἰγίς (*aigís*) que significa "pele de cabra" e dá origem ao nome égide, a partir do radical do seu genitivo αἰγίδος (*aigídos*).

544. Um paládio era a estátua de Palas, epíteto da deusa Atena.

545. Isto é, no seu último suspiro.

546. Relatos semelhantes são encontrados em Salústio, *Guerra contra Jugurta*, XVIII, e Tito Lívio, *História de Roma*, XXX, 3.

varões troianos[547]. E esse território e o restante do território da Líbia que está voltado para o poente é em muito mais infestado de animais selvagens e mais arborizado que o território dos nômades; pois o território da Líbia voltado para a aurora é onde os nômades habitam, e é baixo e arenoso até o rio Tritônis, e deste ponto em direção ao poente, o território é o dos lavradores, e é muito montanhoso, arborizado e infestado de animais selvagens. De fato, as serpentes, que são enormes, e os leões por essas regiões existem, também os elefantes, ursos, víboras, áspides, asnos com chifres, homens com cabeça de cão, homens sem--cabeça, que têm olhos no peito, essas coisas são realmente ditas pelos líbios, também existem os homens selvagens e as mulheres selvagens e uma grande quantidade de outros muitos animais selvagens fabulosos.

192. Entre os nômades, não existe nenhum desses animais selvagens, mas existem outros tais como antílopes de nádegas brancas, gazelas, búfalos, asnos, não os que têm chifres, mas outros que não necessitam de água (pois, de fato, não a bebem), também órixes, dos quais os braços das liras fenícias são feitos (e esse animal selvagem que é do tamanho de um boi), pequenas raposas, hienas, porcos--espinhos, carneiros selvagens, dictis[548], chacais, panteras, bóries[549] e crocodilos com patas de três côvados de comprimento[550], que se assemelham mais aos lagartos, avestruzes terrestres[551] e pequenas serpentes, e cada uma delas tem um único chifre. De fato, lá existem todos esses animais selvagens e os mesmos que existem no restante

---

547. Tucídides e sua *História da Guerra do Peloponeso*, VI, 2, relata que os troianos que escaparam dos aqueus fugiram para a Sicília e passaram a habitar os territórios próximos aos dos sícanos, e seguindo o rastro dos aques, os foceus foram buscar abrigo na Sicília, mas foram desviados por uma tempestade que os levou primeiro até a Líbia.

548. Animais desconhecidos da África.

549. Animal desconhecido da Líbia, talvez uma espécie de gazela. Na ausência de um nome em nosso vernáculo, optei por grafar "bóries", assim nomeando o animal em sua forma plural, conforme sua grafia em língua helênica: βόρυες (*bóryes*).

550. Cerca de 1,33 m.

551. Aqui Heródoto assinala o fato de o avestruz ser uma ave que não voa, por isso a adjetivação "terrestre".

da região, à exceção do cervo e do javali selvagem, não há de modo algum na Líbia tanto o cervo quanto o javali selvagem[552]. E existem, nesse mesmo lugar, três espécies de ratos: uns são chamados dípodes[553], e outros, zeguéries[554] (e esse nome é de origem líbia, e que na língua helena significa "colinas"), e outros, equines[555]. E existem ainda furões[556] que nascem no local onde há sílfion[557], semelhantes aos dos tartéssios. Portanto, esses são os animais selvagens que a terra dos líbios nômades tem, nós investigamos no maior espaço territorial tantos quanto nos foi possível alcançar.

193. E dos líbios máxies seguem-se os zaveces, entre eles as mulheres conduzem os carros para a guerra.

194. E desses seguem-se os gizantes, entre eles as abelhas produzem muito mel[558], e ainda, diz-se, que os homens artesãos o fazem muito mais. Então, todos esses se pintam com vermelhão e comem carne de macaco; e eles os têm abundantes e nascem em suas montanhas em grande quantidade.

---

552. Esta informação é encontrada também em Aristóteles, *História dos animais*, 606a, e em Plínio, *História natural*, VIII, 120.

553. δίποδες (*dípodos*) literalmente significa "de dois pés", mas, no contexto herodotiano, o nome destaca a qualidade que esses ratos tinham de saltar com as duas patas traseiras.

554. ζεγέριες (*zegéries*) não tem correspondência na língua helena, por ser de origem líbia.

555. ἐχινέες (*echinées*) significa "ouriços", o que nos leva a crer que os ratos tinham pelos grossos, algo parecido com o nosso porco-espinho.

556. Segundo Estrabão, *Geografia*, III, 2, 6, os furões eram utilizados na caça de coelhos.

557. σίλφιον (*sílphion*), o sílfion era uma planta da qual se extraía o sumo para fins culinário e medicinal, há relatos também de seu uso como cosmético. Para mais detalhes, consultar notas do capítulo 169.

558. Este mel era produzido a partir das palmeiras, conforme Heródoto relata a seguir: "E eles têm palmeiras nascidas sobre toda a sua planície, grande parte delas frutífera, a partir das quais produzem pães, vinho e mel" (Heródoto, *Histórias*, I, 194). In: Heródoto. *Histórias. Livro I – Clio. Op. cit.*

195. E os carquedônios dizem que se localiza no território deles uma ilha cujo nome é Ciravis[559], que tem o comprimento de duzentos estádios[560], mas de largura estreita, que se pode atravessar a partir do continente, e cheia de oliveiras e de vinhedos; nela existe um lago do qual as virgens dos habitantes locais, com plumagens de aves besuntadas com piche, retiram pepitas de ouro da lama. Se isso é verdadeiro, não sei, eu registro as coisas que se diz. E poderia ser tudo isso, eu mesmo vi em Zacinto[561] quando o piche era retirado da água da lagoa. Existem também muitas lagoas nessa mesma região, e a maior delas então tinha no total setenta pés[562], e sua profundidade era de duas braças[563]; nessa lagoa, colocam um ramo de mirto na ponta de um arpão e o mergulham nela, e em seguida retiram o piche com o ramo de mirto, que tem um odor de betume; é melhor que o restante do piche de Piéria[564]; e o lançam em uma fossa escavada bem perto da lagoa; quando reúnem uma grande quantidade, assim a partir desse buraco enchem suas ânforas. E o que cair nessa lagoa vai por baixo da terra e reaparece no mar; e que se distancia cerca de quatro estádios da lagoa[565]. Assim então, é que os acontecimentos da ilha que se localiza na Líbia estão estabelecidos, é provável que isso seja verdade.

196. E os carquedônios ainda dizem o que se segue, que existe um território da Líbia em que homens habitam e além das Colunas de Héracles que, quando chegam neste lugar, descarregam suas

---

559. Não se sabe ao certo qual é a localização desta ilha.

560. Cerca de 35,5 quilômetros.

561. É a terceira maior ilha do mar Iônio, localizada a noroeste da Hélade.

562. Cerca de 21 metros.

563. Aproximadamente 4 metros.

564. Local de nascimento das musas, filhas de Zeus e Mnemôsine, estava situado aos pés do monte Olimpo. Piéria também era conhecida pela qualidade excepcional de seu piche. Consultar: Plínio, *História natural*, XV, 128.

565. Cerca de 700 metros de profundidade.

mercadorias e as colocam alinhadas à beira do mar[566], entram em seus barcos e fazem sinal de fumaça para que os habitantes locais vejam a fumaça e venham para a beira do mar; em seguida, em troca das mercadorias, coloquem ouro e depois se afastem das mercadorias; então os carquedônios desembarcam para examinar o ouro, se lhes parecer que o ouro das mercadorias é justo, eles o levam e vão embora, mas se não for justo, eles embarcam de novo nos barcos e ficam sentados esperando, e os habitantes locais se aproximam e colocam mais ouro para eles, até atingir a quantia que lhes persuada. E nenhuma das duas partes comete injustiça uma contra a outra, pois nem os carquedônios tocam no ouro até que atinja o valor das suas mercadorias, nem os habitantes locais tocam nas mercadorias antes que eles peguem o ouro.

197. E esses são os que dentre os líbios nós pudemos nomear e a maioria deles não se preocupava com o rei dos medos nem um pouco, agora nem outrora. Tanto posso dizer ainda sobre esse território, que ele é habitado por quatro povos e não mais do que esses, o quanto nós sabemos, também que dois desses povos são autóctones, e os outros dois não; os líbios e os etíopes, aqueles estão na direção do vento norte, e estes habitam na direção do vento sul da Líbia, e ainda existem os fenícios e os helenos são os que vêm de fora.

198. Parece-me que a Líbia não é próspera nem boa, de modo que é comparada ou à Ásia, ou à Europa, à exceção apenas de Cínips[567]; pois a terra tem o mesmo nome que o rio. Essa é igual à melhor das terras

---

566. Esta prática dos carquedônios de expor suas mercadorias ao longo da praia revela um traço marcante de sua origem fenícia, já relatado por Heródoto ao registrar o episódio do rapto de Io: "Quando os fenícios chegaram a Argos, expuseram sua carga para a venda. No quinto ou sexto dia desde que chegaram, quando eles tinham vendido quase todas as suas mercadorias, vieram à beira do mar muitas mulheres, entre elas, a filha do rei; segundo eles mesmos e os helenos dizem, seu nome era Io, filha de Ínaco. Elas se posicionaram ao lado da popa da nau para comprar as mercadorias deles, as que tivessem mais vontade, e os fenícios encorajaram-se uns aos outros a capturá-las. Então, a maioria das mulheres escapou, mas Io, com outras, foi raptada; e eles a jogaram na nau e partiram, navegando, para o Egito." (Heródoto, *Histórias,* I, 1). In: Heródoto. *Histórias. Livro I – Clio. Op. cit.*

567. Rio e cidade localizados na região da Anatólia.

que produz o fruto e Deméter[568], e não se parece em nada com o restante da Líbia; pois sua terra é negra e abundante em água de fontes, e não se preocupa com a secura nem é devastada com muita chuva que absorve; pois, de fato, chove nessa terra da Líbia. E a produção da colheita desse lugar coloca-se à altura da feita na terra da Babilônia[569]. E a terra é boa, também o é a que os evesperitas habitam; pois ela produz em uma relação de cem por um, quando a terra é melhor que ela mesma, e a terra de Cínips tem a relação é de trezentos por um.

199. E o território de Cirene[570], quando se está do lado mais alto da Líbia em que os nômades habitam, tem ainda três colheitas por ano nele, é algo digno de admiração. Pois a litorânea é a primeira dentre essas colheitas que fica pronta para realizar a colheita e vindimar; depois dos frutos terem sido colhidos nos territórios marítimos, os territórios intermediários são os que têm a colheita pronta para recolher, eles os chamam "colinas"; e essa parte intermediária já feita a colheita dos seus frutos, também na parte mais alta de sua terra, o seu fruto já está maduro e pronto para ser colhido, de modo que, quando a primeira colheita é bebida e comida, a última já fica pronta ao mesmo tempo. Assim, os cireneus ocupam oitos meses com a estação da colheita. Então, foi dito o suficiente sobre esses territórios.

---

568. A expressão Δήμητρος καρπὸν ἐκφέρειν (*Dḗmētros karpòn ekphérein*), que significa "produz os frutos de Deméter", é uma forma poética de se referir à produção de cereais, que são um dos atributos da deusa Deméter, em especial o trigo.

569. Sobre o fruto de Deméter na Babilônia, Heródoto registra: "E esse é em muito o melhor de todos os territórios dentre os que nós conhecemos que produz o fruto de Deméter [...]; pois com as demais árvores não se tenta nem iniciar o seu plantio, nem figueira, nem videira, nem oliveira. O fruto de Deméter que brota é tão bom, que dá no todo duzentos por um, e quando são os melhores que há nesse mesmo território, brotam trezentos por um. E ali as folhas de trigo e as da cevada nascem, sem dificuldade, com a largura de quatro dedos; e o tamanho das do grão de milho e das do sésamo crescem bem parecidos com às de uma árvore, que não saberei dizer de memória, mas bem sei que aqueles que não foram ao território da Babilônia, quanto ao que foi dito sobre os frutos que possui, em muito se voltariam para a incredulidade." (Heródoto, *Histórias,* I, 193). In: Heródoto. *Histórias. Livro I – Clio. Op. cit.*

570. Para a história da fundação da colônia de Cirene, ver o capítulo 156 deste Livro IV.

200. E os persas[571] vingadores de Feretima[572], depois de terem sido enviados do Egito por Ariandes, chegaram a Barca[573], cercaram a cidade e anunciaram que eles lhes entregassem os responsáveis pela morte de Arcesilau; porém, como todo o seu povo era cúmplice disso, eles não acolheram suas palavras. Então, os persas fizeram o cerco de Barca por nove meses, enquanto cavavam fossos subterrâneos que os levavam para dentro da muralha e faziam os mais violentos ataques. Então, um homem que era ferreiro encontrou os fossos com seu escudo revestido de bronze, depois de ele ter planejado o seguinte: ele levava seu escudo por dentro da muralha em volta dela e o batia no chão da cidade; ele batia o bronze do seu escudo em cada um dos fossos, uns estavam mudos e outros tinham ressonância; onde os barceus escavaram fossos diante desses e mataram os escavadores persas. De fato, isso foi inventado assim, e os barceus repeliam os seus ataques.

201. Durante muito tempo, de ambos os lados, muitos estavam se desgastando e tombando, e não foram poucos dentre os persas; Amásis, o estratego da infantaria, tramou o seguinte: depois de compreender que os barceus pela força não seriam capturados, mas, pela astúcia, fez o que segue. À noite, escavou um fosso extenso e colocou sobre ele finas folhas de madeira e por cima dessas madeiras espalhou uma camada de terra, fazendo-a no mesmo plano que o do nível da terra. Ao amanhecer, convidou os barceus para uma conversa, estes a aceitaram com prazer, para que ele lhes permitisse fazer um acordo. E eles fizeram um acordo que era nestes termos, e depois de terem firmado um juramento com a imolação de vítimas sobre o fosso escondido, enquanto essa terra puder permanecer assim, o juramento estará valendo sobre este território, e os barceus disseram que pagariam uma quantia valiosa ao rei, e os persas não lhes causariam outra perturbação. E depois desse juramento, os barceus,

571. É interessante notar que Heródoto interrompeu sua narrativa histórica para descrever o território líbio e que somente agora retoma a história que contava no capítulo 167 deste Livro IV.

572. Sobres esta personagem, consultar os capítulos 162 e 163 deste Livro IV.

573. Cidade que integrava a chamada Pentápolis, na costa da Líbia, ao lado de Tauquira, Cirene, Apolônia, e Evespérides.

confiando em tais termos, eles saíram para a cidade e permitiram a quem quisesse dentre os inimigos entrar na muralha e abriram todas as suas portas. E os persas desmoronaram a ponte escondida que tinha colocado do lado de dentro da muralha. E desmoronaram a ponte que fizeram por causa disto: para que não cometessem perjúrio[574], porque firmaram um juramento com a imolação de vítimas aos barceus de que durante o tempo em que a terra pudesse permanecer como à época sempre o juramento estaria valendo sobre este território; quando eles a desmoronaram, o juramento não permaneceria mais valendo naquele território.

202. Então, depois que os barceus mais culpados foram entregues a Feretima pelos persas, ela os empalou ao redor da muralha, enquanto suas mulheres tinham os seus seios cortados e pendurados em volta da muralha. E ao restante dos barceus, ordenou que fossem colocados como butim aos persas, à exceção dos que eram batíadas, que não eram partícipes do assassinato; e Feretima lhes confiou a cidade[575].

203. Portanto, após terem escravizado o restante dos barceus, os persas partiram de volta e depois de chegarem à cidade de Cirene[576], os cireneus cumpriram os deveres religiosos de um oráculo e os deixaram atravessar sua cidade. E quando seu exército atravessava a cidade, Badres, o estratego da esquadra naval, ordenou que saqueassem a cidade, mas Amásis, o estratego da infantaria, não permitiu; pois Barce era a única cidade da Hélade contra a qual haviam sido enviados; após terem atravessado este lugar e se assentado na colina de Zeus Liceu[577], houve

---

574. Este é o segundo episódio deste Livro IV, veja-se capítulo 154, em que um juramento é quebrado para reparar uma injustiça; no primeiro, para evitar a morte de uma filha enganada pelo pai, e, no segundo, de uma mãe que teve seu filho assassinado. O perjúrio era considerado um crime na antiga Hélade.

575. Podemos depreender deste episódio que os batíadas eram filopersas e representavam uma facção política contrária ao poder instituído em Barca.

576. Sobre a fundação de Cirene e os primeiros anos de sua fundação, consultar os capítulos 156 a 165 deste Livro IV.

577. O templo de Zeus Liceu foi edificado nesta colina, sendo o maior de Cirene. O culto de Zeus Liceu é uma herança do Peloponeso, visto que Cirene foi colonizada pelos lacedemônios de Tera no século VII a.C. Há a versão mítica na qual Cirene, filha de Hipseu, rei dos Lápitas, que foi raptada por Apolo e levada para a

o arrependimento deles porque não dominaram Cirene. E quando tentaram, pela segunda vez, avançar sobre a cidade, os cireneus não permitiram. E, mesmo não havendo nenhum combate, um medo caiu sobre os persas, então eles fugiram por uma distância de sessenta estádios[578] e lá se assentaram. E logo que construíram seu acampamento militar, um mensageiro veio da parte de Ariandes[579] para chamá-los de volta. E os persas pediram aos cireneus que lhes dessem provisões de viagem, e depois que eles as receberam, partiram em direção ao Egito. E a partir desse momento, quando os líbios encontravam os que eram deixados para trás e retardatários, por causa da sua vestimenta e do seu equipamento, eles os matavam, até que chegassem ao Egito.

204. Esse exército dos persas alcançou o ponto mais distante da Líbia até Evespérides. E os que foram escravizados dentre os barceus, esses foram deportados do Egito junto ao rei; e o rei Dario deu-lhes uma aldeia do território da Báctria[580] e eles a habitaram; e eles puseram nesta aldeia o nome de Barce, a mesma que ainda também no meu tempo está habitada na terra da Báctria.

205. E nem mesmo Feretima terminou bem a sua vida. Pois, depois de ter se vingado dos barceus, quando regressou da Líbia para o Egito, o mais rapidamente, morreu de um modo terrível; pois, quando ainda estava viva, ela fervilhou de vermes[581], como então aos homens as vinganças excessivamente fortes tornam-se odiosas aos deuses. De fato, tal e tamanha foi a vingança de Feretima, mulher de Bato, para os barceus.

Líbia. Então, após Cirene dar à luz a Aristeu, no local de nascimento de seu filho, Apolo fundou a cidade de Cirene.

578. Um pouco mais de dez quilômetros.

579. Sobre Ariandes, ver capítulo 166 deste Livro IV.

580. Região da Ásia Central cuja principal cidade era Bactra. Sobre esta região Heródoto registra: "E dos bactrianos [...] até o território dos aiglos, o tributo que Dario recebia era no valor de trezentos talentos; e essa era a décima segunda província." (*Histórias*, III, 91). In: Heródoto. *Histórias. Livro III – Talia. Op. cit.*

581. Plutarco relata um fim semelhante a Sula, cuja carne foi tomada de vermes, por conta de sua vida desregrada ao lado de cortesãs, atrizes e tocadoras de cítaras (*Vida de Sula*, XXXVI, 1-3). É interessante notar a interpretação moral que ambos os autores destinam à morte de alguém que tem seu corpo definhado por vermes.

Referências bibliográficas

Edições e Traduções

AESCHYLI TRAGOEDIAE. *Prometheus vinctus*. G. Murray (Ed.). 2 ed. Oxford: Clarendon Press, 1955.

HERÓDOTO. *Histórias. Livro I – Clio*. Tradução, introdução e notas Maria Aparecida de Oliveira Silva. São Paulo: Edipro, 2015.

HERÓDOTO. *Histórias. Livro II – Euterpe*. Tradução, introdução e notas Maria Aparecida de Oliveira Silva. São Paulo: Edipro, 2016.

HESÍODO. *Teogonia: a origem dos deuses*. Estudo e tradução Jaa Torrano. Edição bilíngue. São Paulo: Iluminuras, 1995.

PLUTARCO. *Da malícia de Heródoto*. Estudo, tradução e notas Maria Aparecida de Oliveira Silva. São Paulo: Edusp/Fapesp, 2013.

Livros, Artigos e Capítulos

ARMAYOR, O. Kimball. "Did Herodotus Ever Go to the Black Sea?" *Harvard Studies in Classical Philology*, v. 82, 1978, p. 45-62.

BALCER, Jack Martin. "The Date of Herodotus IV.1 Darius' Scythian Expedition". *Harvard Studies in Classical Philology*, v. 76, 1972, p. 99-132.

CURRY, Andrew. "Rites of the Scythians". *Archaeology*, v. 69, n. 4, 2016, p. 26-32.

GODOLPHIN, Francis R. B. "Herodotus: On the Scythians". *The Metropolitan Museum of Art Bulletin*, New Series, v. 32, n. 5, From the Lands of the Scythians: Ancient Treasures from the Museums of the U.S.S.R. 3000 B.C.-100 B.C., 1973/1974, p. 129-149.

HARTOG, François. *O espelho de Heródoto:* ensaio sobre a representação do outro. Tradução Jacyntho Lins Brandão. Belo Horizonte: EDUFMG, 1999.

HAU, Lisa Irene. "Herodotus". In: HAU, Lisa Irene (Ed.). *Moral history from Herodotus to Diodorus Siculus*. Edinburg: Edinburgh University Press, 2016. p. 172-193.

HERINGTON, Arion. "The poem of Herodotus". *A Journal of Humanities and the Classics*, v. 1, n. 3, 1991, p. 5-16.

JONES, C. P. "ἔθνος and γένος in Herodotus". *The Classical Quarterly*, v. 46, n. 2, 1996, p. 315-320.

LIVERANI, Mario. "The Libyan Caravan Road in Herodotus IV.181-185". *Source: Journal of the Economic and Social History of the Orient*, v. 43, n. 4, 2000, p. 496-520.

McCALL, Daniel F. "Herodotus on the Garamantes: A Problem in Protohistory", History in Africa, v. 26, 1999, p. 197-217.

MacWILLIAMS, Susan. "Hybridity in Herodotus". *Political Research Quarterly*, v. 66, n. 4, 2013, p. 745-755.

O'NEIL, N. & HELMBOLD, W. C. "Herodotus 4.2.". *Classical Philology*, v. 47, n. 3, 1952, p. 157-160.

SMITH, Richard L. "What Happened to the Ancient Libyans? Chasing Sources across the Sahara from Herodotus to Ibn Khaldun". *Journal of World History*, v. 14, n. 4, 2003, p. 459-500.

WEST, Stephanie. "Introducing the Scythians: Herodotus on Koumiss (4.2)". *Museum Helveticum*, v. 56, n. 2, 1999, p. 76-86.

Índice onomástico

Ábaris 64
Adicran 149
Adrasto 137
Aerope 158
Afrodite Urânia 31, 67, 82, 89
Agamêmnon 114-5, 158, 169
Agatirso 24, 45
Agenor 73-4, 138-9
Ágidas 101, 137, 187
Aglaia 162
Aglômaco 155
Alazir 155
Alcímede 164
Alcmena 43, 69, 82
Alecto 140
Alexandre, o Grande 66-7
Alexandre (Páris) 145
Amalteia 173
Amásis 16, 36, 86, 151, 156-7, 179-80
Amazonas 34-5, 117-20
Ámon 14, 160, 167-8
Anacársis 74, 94-7
Anfitrião 82
Anfitrite 163
Ápi 31, 82
Apolo 31, 48-51, 62-4, 66, 81, 95, 107, 148, 153-4, 173, 180-1
Apolo Triópio 66
Apolônio de Rodes 65, 135, 164
Apriés 149-50
Aquemênida 39, 70, 102, 156-7
Aquiles 80, 96, 117
Ares 31, 82-3, 85-6, 117, 164-5
Arges 81
Argia 137
Argimpasa 31, 82
Argonautas 95, 103, 134-5, 164
Ariandes 156-8, 179, 181
Ariapites 96-7
Aristágoras de Cícico 132
Arísteas 27, 48-60
Aristodemo 137
Aristófanes 107, 159, 166, 169
Aristômaco 137
Aríston de Bizâncio 132
Aristóteles 8, 41, 53, 102, 116, 133, 146, 152-3, 175
Arpoxes 25, 42-3
Arquíloco de Paros 97
Arriano 168
Artabano 102-3, 134
Artabazo 101
Ártemis Basileia 62
Ártemis Ortosia 105
Ásia 7-8, 17-20, 26, 29, 36, 39-42, 46-7, 49, 64-8, 71-4, 89, 91, 95, 103-4, 109, 128, 132-3, 139, 163, 177, 181
Aspatines 128
Astíages 156-7
Astreu 112
Atena 101, 134, 165-6, 172-3
Atena Calcieco 101
Átis 96-8
Atlas 73, 76, 140, 170
Atreu 115, 158
Aurora 29, 46, 53-5, 57, 64, 67, 72, 76, 112, 123, 168, 174
Autesíon 137

Baco 99
Badres 157, 180
Báquio 99
Batíadas 149, 180
Bato 19, 35, 141, 144-9, 151-4, 156, 181
Belerofonte 117
Belo 73, 138
Bétilo 140
Bias 95
Bóreas 49, 112
Briareu 81

Cadmo 137-8, 140, 166
Calírroe 43
Cambises 128, 156-7
Candaules 97, 150
Canduídas 94
Caos 81
Cárites 106, 138, 162
Cassandane 156
Cástor 136
Catreu 158

Cestróbio 27, 48
Ceto 22, 44
Céu 25, 42, 77, 81-2, 108, 122, 129, 148, 170-1
Ciaxares 8, 40
Cíbele 95-6
Ciclopes 48, 64, 81
Cila 94, 97-100
Cílaca 72
Cílix 90, 138
Címon 101, 131
Cirene da Tessália 148
Ciro 39, 46, 70, 128, 156-7
Cita 24, 45-6
Cleóbulo 95
Cleômbroto 101
Clímene 170
Clitemnestra 114-5
Coes 110
Coios 81
Colaxes 25, 42-3
Copásis 122
Coróbio 142-4
Cótis 18, 73
Cotos 81
Crato 21, 83
Creso 24, 45, 73, 97, 153-6
Crios 81
Crisaor 43
Critobulo 156
Crono 42, 79, 81-2, 105, 140
Dáfnis de Abido 131
Dágon 140
Dânao 12
Dario 7, 18-9, 24, 33, 39, 42-3, 65-6, 70-2, 74, 86, 96, 102-3, 105-8, 110-2, 114-5, 121-31, 133-4, 144, 157-8, 181
Deméter 12, 20, 79, 178
Demonassa 137
Demônax 152-3
Diógenes Laércio 94, 127
Díon Crisóstomo 160
Dione 61
Dioniso 12-4, 48, 83-4, 94, 98-9, 105, 116, 166-7
Dioniso Báquico 98
Dióscoros 82, 136
Dóris 96
Dríope 56

Éace de Samos 132
Eácidas 105
Édipo 61, 98, 137, 140-1
Eeta 164
Egeu 39, 61, 64, 66, 71, 74, 104, 112, 135, 140, 143
Egidas 140
Eobazo 103
Eólico 140
Eórpata 34, 118
Épafo 73
Epicasta 140
Epimeteu 73, 170
Equidna 22-3, 44, 94
Erínias 96, 140
Erxandro 110
Esânio 141
Esmérdis 70, 97, 128
Éson 164
Esparádoco 100
Espargapites 96-7
Ésquilo 21, 73, 83, 137-8, 140, 169
Estrabão 50, 95, 175
Estrátis de Quios 132
Etearco 141, 144-5, 160
Etéocles 137
Eufemo 141
Eufrosine 162
Eumênides 140
Eurinome 162
Eurípides 103, 114, 153
Eurístenes 137
Euristeu 21, 43, 69
Euro 112
Europa 19-20, 29, 33, 36, 49, 64, 68, 72-4, 76, 106, 134, 138-9, 177
Evelton 153-4

Farnaspes 156
Febe 63, 81
Febo 27, 48, 114, 146
Febo Apolo 146
Fedra 114
Ferécides de Atenas 127

Feretima 153-8, 179-81

Filipe II 107

Filoctetes 135

Fórcis 22, 44

Frônime 141, 144-5

Ftia 80

Gebeleizis 189

Geia 22, 30-1, 44, 61, 64, 81-2

Gelono 24, 45, 116, 123

Gérion 21, 43-4

Geta 107

Getosiro 31, 82

Giges 81, 97

Gnuro 94, 96

Góbrias 128-30

Górgona 173

Grifo 49

Grino 141

Harmonia 117, 138

Hecateu 28

Hefesto 11, 21, 75, 138, 166

Helênico 142

Hélio 168

Hera 63, 82, 105-6

Héracles 13-4, 17-8, 21-5, 28, 31, 43-6, 53, 61, 69, 71, 82, 94, 99, 102, 117, 137, 143, 167-8, 170, 176

Heraclidas 137, 150, 154

Hermes 56

Heródoto 3-4, 7-37, 39-42, 45-9, 51-2, 54-60, 62-75, 77-8, 81-2, 84-9, 91, 93-9, 102-4, 108-9, 111-2, 116-7, 123-4, 127-9, 131-3, 136, 138-9, 141-51, 153-62, 164-75, 177-9, 181, 183-4, 189

Herofante de Pário 132

Hesíodo 22-3, 42, 44, 52, 58, 60, 73, 81-2, 112, 166

Héstia 30-1, 81-2, 126

Hipérion 81

Hipéroque 61, 63

Hípias 131

Hipoclo de Lâmpsaco 131

Hipócrates de Cós 172

Hipólito 114

Histaspes 39, 102, 107, 128

Histieu 131-3

Histieu de Mileto 132

Hofra 150

Homeridas 189

Homero 8-10, 13-4, 17, 25, 36, 48, 51, 59-60, 79, 82, 96, 115-6, 118, 135, 145, 162-3, 173

Horas 106

Hórus 171

Iápeto 73, 170

Idantirso 96, 122, 125

Ifigênia 114-5

Ilitia 63

Ínaco 177

Io 73, 138, 164, 171, 177

Ísis 14, 48, 167, 171

Jápeto 81

Jasão 65, 103, 134-6, 141, 164

Javé 150

Jocasta 137, 140

Laarco 151

Ladice 156

Laio 140

Laodamante 143

Laódamas da Foceia 132

Laódice 61, 63

Learco 151

Leda 136

Leto 62-3, 81

Líbia 16-21, 35, 59, 67-73, 77, 134, 138, 141-2, 144, 146-9, 151, 158-60, 162-4, 166-7, 170-1, 173-9, 181

Lico 96, 124

Licurgo 137

Lipoxes 25, 42-3

Lotófagos 162-3

Lóxias 154

Lúcio Postúmio 88

Lucrécio 168

Mândrocles 33, 105-6

Manes 18, 73

Mardônio 128

Medeia 103, 135, 138, 164

Megabizo 70, 128, 134
Megera 140
Melampo 12, 166
Membliaro 138-9
Memória 81
Menécio 73, 190
Métis 166
Metrodoro de Proconeso 132
Milcíades 131-2
Milita 81
Minos 74, 139, 142
Mitra 81
Mnemôsine 176
Mnersaco 109
Moiras 154
Musas 84

Nabucodonosor 68, 149-50
Neco 17, 68, 71
Nino 8, 40

Oceânide 170
Oceano 21, 30, 43-4, 51, 64, 67, 73, 80-1, 96
Octamasades 99-100
Odisseu 14, 17, 36, 48, 145, 162
Ólen 63
Opea 97
Ópis 63-4
Osíris 14, 167, 171
Otanes 128
Ovídio 96

Palas 163, 173
Pan 13, 56-7
Papeu 31, 82
Párteno 114
Pausânias 101, 105-6, 137
Pécile 138
Peleu 80, 96
Pélias 134
Pélis 164
Pentesileia 117
Perferes 62
Periandro 95
Persa 9, 121-2
Píndaro 10, 60, 135, 145-6, 148-9, 159, 164
Pítaco 95
Pitágoras 109-10
Piteu 114
Pítia 51, 141, 146-9, 151, 154-6
Platão 81, 109
Plínio 51, 159, 161, 169, 175-6
Plutarco 12-3, 43, 69, 83-4, 95, 146, 151, 181
Polícrates de Samos 105
Polideuces 136
Polifemo 48
Polimedes 164
Polimnesto 141, 145
Polinices 137
Ponto 21-2, 24-5, 33, 43-4, 46-7, 54-6, 65-6, 72, 74, 101, 103-7, 109, 112-3, 131
Posídon 21, 31, 43, 48, 73, 82, 112, 138, 163, 166, 172
Postúmio 88
Préxapes 128
Príamo 117, 138-9
Procles 137
Prometeu 18, 21, 73, 83, 170
Psamético 16, 67, 89, 150
Psâmis 150
Ptolomeu III 159

Quílon 95
Quíron 164

Radamante 74
Reia 42, 61, 79, 81-2, 95, 105
Relâmpago 81

Salmoxis 108-10
Salústio 173
Sarpédon 74, 139
Sataspes 70-1
Sáulio 96
Sedecias 150
Sêmele 98
Sesóstris 65, 75
Sete Sábios 94-5, 164
Seutes 100
Sídon 69, 138, 150
Sitalces 100
Sófocles 135, 141, 159
Sólon 24, 45, 95

Sóstrato 143

Sula 181

Tabiti 31, 82

Tagimasada 31, 83

Tales 95

Talia 39, 49, 62, 65, 70, 73, 81, 97, 112, 128-9, 142, 144, 162, 181

Targitau 25, 42, 43

Taxacis 122

Teaspis 70

Teeteto 191

Teia 81

Telefaassa 74, 138-9

Têmis 61, 81

Têmison 145

Temístocles 101

Teras 137, 139-41

Teres 100

Tersandro 137

Teseu 49, 114, 117

Tétis 30, 73, 80-1, 96

Tia 168

Timnes 96

Tindáridas 136

Tíndaro 136

Tisâmeno 137

Tisífone 140

Titãs 18, 168

Tito Lívio 88, 173

Tritão 163-5, 172-3

Tritogênia 166

Tritônis 163-6, 171-2, 174

Trovão 81

Tucídides 100-1, 142, 146, 174

Urano 63-4, 81, 140

Víbora 22-3, 44

Vigor 81

Xenofonte 52-3

Xerxes 70-1, 101-2

Zalmoxis 108

Zéfiro 112

Zeus 14, 25, 28, 30-1, 42-3, 49, 61-3, 69, 73-4, 81-3, 98-9, 105-6, 114, 126, 136, 139-40, 145, 162, 166-8, 170, 173, 176, 180-1

Zeus Liceu 180

Zeus Tebano 14, 167

Zeus Xênio 145

Zópiro 70

Este livro foi impresso pela Gráfica Santa Marta
em fonte Adobe Garamond Pro sobre papel Pólen Bold 70 g/m²
para a Edipro na primavera de 2019.